世界大战丛书

丘吉尔
第一次世界大战回忆录 02

世界危机（1915）

〔英国〕温斯顿·丘吉尔 著　刘立 译
吴良健 吴衡康　校译

北京时代华文书局

目　录

第一章　西线的僵局

对于协约国及整个世界来说，1915 年注定是个灾难深重的年头。当时，战火虽已熊熊，但尚未失控；坐失控制战火之良机，这是 1915 297
年铸成的大错。自此，战火四处漫延，直至燃尽方息。自此，事态的发展已大大逸出人们有意识选择的范围。政府与个人全都遵顺这场悲剧的节律，在绝望的暴力中蹒跚而颠踬地向前，并以愈益扩大的规模相互屠杀和浪费资源，直到造成的创伤影响人类社会的结构，这种创伤一个世纪也无法消失，可以想象，它对当今文明是灾难性的。然而，在 1915 年 1 月，糟糕的局面尚未不可收拾。事态发展本来可以掌握在人类手中，本来能够以正义和成果累累的胜利来结束一切，从而避免使全世界筋疲力尽，避免使各国山河破碎，帝国崩溃，欧洲毁灭。

事实却非如此。人类无法轻易逃脱这场将自己卷入其中的灾难。自尊处处受羞辱，无处得到满足。惊人的成就达不到光辉的和谐，战士的牺牲得不到应有的奖赏。胜利的代价如此高昂，其结果几乎与失败无异。胜利者甚至得不到安全。从来没有“紧跟伟大的和平二字之后的平静。”[1] 争斗的大震动之后，紧接的必然是战后一段时间虚弱无力的混乱。高尚的希望、深切的战友情谊和光荣的勇气在各国只能导致失望、希望幻灭和一蹶不振。各国人民遭受的痛苦与贫困可能制止战争，战败国的崩溃可能平息战火，但是他们的怨恨仍未缓和，他们的争执依旧得不到解决。有史以来在战场上取得的最全面的胜利却未能解决欧洲的问题，未能消除导致新战争的危险。

2

*　　*　　*

298 随着旧岁逝去，主要参战国之间在西线形成了陆、海战场的僵持局面。德国船队龟缩在防备森严的海港内，英国海军部欲诱其出港，却束手无策。战壕从阿尔卑斯山一直延续到海边，运动战已毫无可能。海军将领们完全信仰封锁策略；而陆军将领们则寄希望于消耗战，甚至更迫切，试图突破敌人的防线。在世界战争史上，修建这么一条延绵不断的战壕，可谓绝无仅有。350 多英里长的防御工事由数百万大军严密防守，有数千门大炮予以支持，从瑞士前线延伸至北海。在 10 月与 11 月，当这些防线尚薄弱之际，德国的军队试图突破。他们损失惨重。法国与英国的总指挥部还得到命令，必须用铁刺网与战壕内架设的机枪严守阵地。

鉴于现代火力的威力，40 余年来正面进攻的方式已被放弃。在普法战争中，德国人取得的重大胜利是使用相当大兵力于某一翼采取广阔迂回战术的结果。在日俄战争中，胜利的一方同样采用此种战术。在辽阳，黑木将军的部队从俄军左翼发起攻击；在穆克丹，乃木将军的部队专门从阿瑟港调出，攻击俄军右翼。正面进攻如果得不到侧翼迂回的配合，肯定代价高昂且有失败的可能。然而此刻，在法国与佛兰德，在战史记载中第一次出现了没有两翼迂回的战局。迂回运动这一最古老的战术已不可能实行。中立地区与大海阻挡了战线的进一步延伸，各路大军近在咫尺，虎视眈眈，却一筹莫展。

在这种形势下，法军最高指挥部协同英军再次求助于无望的正面进攻战术，尽管它已因以往的痛苦教训而被丢弃。同时，自日俄战争以后，现代兵器的火力已成倍增强，而且与日俱增。再者，由于使用了铁刺网，为摧毁它炮轰的时间就需要延长，这有效地防止了突袭的
299 机会。在那段时期，法国战场上根本不可能进攻得手；战线中央无法突破，又无两翼可供迂回。面对这种僵持局面，兵法已无能为力；将

领们及其参谋部除了正面进攻已经无计可施，而正面进攻却是他们的经验与训练所无法接受的。他们除了打消耗战别无良策。

战争中唯消耗战最为血腥，谋略中唯正面进攻最为下策。由于法、英两国军事当局采取这两种残酷的应急办法，在连续三年中消耗了他们国家中男子的精华。但消耗战造成的残酷屠杀对交战双方不是均等的。1915 年、1916 年与 1917 年英、法为其进攻付出的代价，几乎每次都大大超过取防守态势的德国，总的代价肯定远高于德国。情况不是一命抵一命的交换的对等。英、法军队往往需要牺牲两条甚至三条性命才能消灭一个敌人，严酷的数字最终证明，协约国到最后仍有数百万牺牲者的差额。职业军人以此种教条驱使勇敢而且服从命令的热血青年献身沙场，这在后代人看来不仅可怕而且不可思议。

这是数百万人的受难、伤残或灭绝的真实故事，是整整一代中所有最杰出、最高尚者牺牲的真实故事。今天我们生活在其中的这个支离破碎的世界，便是这些可怕事件的继承者。然而，避免这场屠杀，缩短这场灾难的办法是始终存在的。战线两翼原本可以找到迂回的地区；防线原本可以利用其他计策将其突破；这些计策原是可以找到和仁慈地实施的，这不需要违背任何军事艺术的原理，只需要真正理解军事原理并根据实情正确运用。

*　　*　　*

取胜之道在于杀戮与策略。将领对策略贡献越大，他就越显伟大，要求的杀戮就会越少。把“消耗战”奉为至上的理论，与历史相抵触，为自古以来的名将所不屑。被认为军事艺术中之杰作的战役，几乎无一不是具备战术变化的战役，通过这些战役将领们得以英名卓著，而敌人常发现打败自己的是某种新奇的应急手段或计策，是某种奇特的、迅速的、意想不到的突破或计谋。在许多此类战役中，胜方遭受的损 300
失总是微小的。伟大的将帅不仅需要广博的常识、丰富的推理能力和想象力，而且需要一点巧妙的花招、一点创新和一点奸诈，从而迷惑敌人、击败敌人。军事领导人之所以能得以重用，就是因为他们具有这些能确保胜利、避免杀戮的天赋，而他们的军事艺术也正是因此而被人推崇备至。如果他们的军事艺术只是一种单纯的生命交换和最后清点死伤人数的沉闷过程，那么军事领导人在世人心目中的地位就会大大降低。

* * *

战争过程中会采用多种策略，有些只发生在战场上；有些发生在敌人两侧，或后方的远处。时间策略、外交策略、机械策略、心理策略；所有这些策略虽远离战场，但对战场上的胜败有着至关重大的影响，其目的无非是寻找避免纯粹的屠杀、完成主要使命的较容易的途径。越着眼于高处，政治与战略的区别就越小。在最高层，真正的政治与战略是一件事。将结盟的国家拖入战场的策略，其功劳不亚于打赢一场大仗。若能用安抚或威慑吓服手段使某个危险国家保持中立，其价值高于抢占一个战略要点。可悲的是，我们在战争开始时缺乏一个交流中心，用以确定这些不同的相对价值从而适当处理。协约国军政要员在 1915 年 1 月召开过一次冗长的会议，那次大会原本可以让我们免遭难以估算的不幸。依靠通信解决不了问题。首脑人物必须聚集在一起，计划必须要协调一致。而事实却相反，协约各国各行其是，只是或多或少地把消息通知别的国家。各国的陆、海军都是各自为战。战争问题应被视作是一个整体问题，但却被来自许多不同方面的互不相关的观点扯拉。战争不知道法、俄和英盟国间的明确分界线，不知道陆、海、空三军种间的分界线，不知道取得胜利与获得同盟之间的区别，不知道供应人员与战斗人员的区别，不知道宣传与战争机器的区别，事实上战争只是在一段特定时期发挥作用的所有力量与压力的总和，而它却被零星地处理着。对这场战争的研究、思考、指挥与行动在达到甚至是不很完整的统一之前，人们接受数年的残酷教训是必要的。我们不能完全根据结局来评判战争初期的人们。教训与苦难是 301
在所难免的，但是那些最不善于汲取教训的人并不是遭受苦难最深的。

*　　*　　*

如果说西线已形成完全的僵局，东线的战况却日趋吃紧。笔者有必要简短回述一下东线的情况。

1914 年 8 月，德国人集中其五分之四的兵力对付法国，而留守东线阻挡俄军的兵力只有几个师；人们怀有极大希望，希望这一点微弱兵力将被俄军击溃或被迫撤退，德国会因此而遭受来自东面的不断入侵。在马恩河战役前的最困难时候，我们已不得不考虑巴黎陷落与沿卢瓦尔河进行拼死抵抗的前景，此时我们能安慰自己的是相信俄国大军会席卷但泽，席卷布雷斯劳，向前进入德意志帝国的心脏。我们指望东线不断增大的压力可以缓解西线的局势，可以迫使德国撤回入侵的军队以保卫本土。我们看到，在战争爆发后的两个星期里，由于沙皇忠诚的指挥和俄国军队与人民的奋勇精神，俄军迅速攻入东普鲁士。我们知道这场攻势触及了德国总参谋部的神经，促使他们在马恩河战役前的危急时刻从德国右翼的比利时撤出了两个军团。俄国的这场攻势是否对战争的胜败产生了决定性影响，这有待商榷。如果确实产生了决定性影响，等到这一代忘恩负义的人都离开人世之后，应该对沙皇及其士兵表示致敬。

但是俄国人为此辉煌成就付出了可怕的代价，双方军队在东线一交火，人们便发现俄军虽然骁勇、虽然势众，却远远不能与指挥有方、讲究科学、纪律严明的德军相匹敌。由 20 个骑兵师与步兵师组成的伦嫩坎普夫集团军和由 15 个师组成的萨姆索诺夫集团军迎击 14 个德国师。德军规模虽小，却是一支可靠的劲旅，其统帅便是刚占领列日、初露锋芒的兴登堡少将，当时他还鲜为人知，但他的名字将与历史上

的名将并列。经过两场恶战，即坦嫩贝格战役（8 月 25—31 日）与马
302 祖里湖区战役（9 月 5—15 日），萨姆索诺夫集团军被击溃，十万将士或阵亡，或被俘，而伦嫩坎普夫集团军也遭重创。兴登堡与鲁登道夫的大胆配合使得两支实力强于他们的大军在两周稍多一点时间内便被击溃。此事令世人非常震惊，以致对此的唯一解释是似乎有人叛国投敌。然而，历史强调的是结果，而我们当时面对的正是这些事实。

即便俄国军队起初士气高昂和装备完善，也不是德国人的对手，但对付奥匈帝国的杂牌军，俄军却呈现出绝对优势。尽管在北方的坦嫩贝格与马祖里湖区两次战役中均遭失败，俄军仍旧攻入了加利西亚，在辽阔的土地上进行了一连串混战之后，俄军在被称为伦贝格战役的战斗中取得了实质性的胜利。这场胜利掩盖并且部分抵消了北方战场上的灾难。事实上，由于法、英两国对加利西亚之战的胜利大肆渲染报道，东普鲁士战场上的灾难便被人淡忘了。兴登堡与鲁登道夫向溃败的奥地利军队伸出了救援之手，帮助他们加强与重整防线。随即开始了降临东线的冬季战事。在波兰与加利西亚的泥泞雪地里，俄军与对手进行着奋勇拼搏，漫长的防线随着运气的好坏而时进时退。马恩河战役后，德军在法国的形势、以及 10 月与 11 月期间朝英吉利海峡各港口的大幅度推进，已不允许他们撤出西线军队增援东线。一贯强硬的鲁登道夫组织了首次对华沙的进攻，但结果却证明他心有余而力不足。尼古拉大公顽强机智地挡住了他，波兰的冬天困住了进攻的德军，其境遇难以形诸笔墨。此时，德军再次展现出可靠的素质与高超的指挥，他们不止一次被几乎数倍的敌军围困，但每次他们都能凭借严格的军纪与决心杀出重围。对奥地利人，俄军依旧步步紧逼。1914 年 11 月，尼古拉大公仍能计划向前推进，穿越西里西亚，攻入德国的心脏地区。

但是此时厄运却不期而至。俄军参战时备有 5 000 门大炮，500 万发炮弹。在头三个月的战斗中，俄军每天平均发射 45 000 发炮弹。而俄国的工厂每月生产的炮弹数量不超过 35 000 枚。到了 1914 年 12

月初，原先储备的炮弹还不到 30 万枚，仅仅是一个星期的需求量。正当俄国陆军需要炮兵大力支援之际，他们的大炮却突然无声无息了。步枪的短缺也同样严重。经过头三个月不停地拼杀混战，550 万支步枪中已有 100 多万支或丢失，或被夺走，或被损坏。到了年底，已有 135 万俄军战死、受伤或被俘。俄国的兵营里挤满了强健的壮丁。80 万受过训练的新兵正整装待发奔赴前线，但是武器却发不到他们手中。303
俄军的炮兵连全都没有了炮弹；俄军的战斗力被削弱了三分之一。要补充炮弹必须等好几个月；要供应足够的步枪以弥补每天的耗损，则需要等更长的时间。此时的俄军已陷于残废瘫痪的境地，只得等待与忍受来自对手的报复。这就是开战之后第一个圣诞节前夕俄国及其协约国面临的局势。

在俄军总部，英国政府派驻了一名洞察力非常敏锐的代表——诺克斯上校。这位上校在 11 月和 12 月期间揭露并汇报了上面叙述的这些情况。陆军部长苏霍姆里诺夫将军可以盲目乐观、昧着良心坚持；彼得格勒的参谋部可以声称“军火的消耗速度并不足担心，”并以此回答霞飞将军 9 月底表示的忧虑；尼古拉大公本人可能由于专心于具体作战指挥而没有意识到他脚下的大地已开始晃动；但是俄国政府的可怕秘密已被诺克斯无情地发现与揭穿。他撰写了一系列一目了然、铁面无私的急信，向英国政府披露了现状。1914 年的最后几周里，我们的周围已是险象环生。

俄军在重新武装之前仿佛随时有可能被击垮。西线依旧维持着僵局，霞飞依旧坚持“Je les grignote”（蚕食政策），他的参谋部还在策划春季向德军防线发起正面进攻，此时有不竭兵源和粮食资源的俄国，却有可能完全崩溃，或被迫单方面媾和。如果那样，日耳曼大军的整个重量转瞬便会全部落到已备受压迫的法军与没有准备的英国陆军身上，协约国必定会长期处于虚弱无力、不敢出战和撤退的境地。

人们无法评估这一阶段的灾难事件。东线虽然表面上有一条连续不断的防线，但是该防线与西线大不相同。在东线，防线的距离要长

304 得多，通讯状况也差得多。防线的两端防守薄弱，任何决定性进攻都可能使防线向后凸出或崩溃。俄军在几乎没有炮火支援、机枪寥寥无几、步枪数量不断减少的情况下，如何能守住他们的防线？而且，正当俄国的悲惨处境日渐明显，各类武器弹药不断减少之际，土耳其又向俄国发起进攻，迫使俄国在 11 月份在高加索建立新战线，抵御前进的土耳其军队。

然而，俄国有一个最大的优势，即国土辽阔。幅员辽阔为俄军撤退提供了几乎是无限的可能性，而明智及时的撤退又为俄军确保了生死攸关的喘息空间。正如 1812 年一样，俄军可能再一次安然无恙地退入帝国的腹地，同时始终在他们防线前拖住大量的敌人。入侵者有可能再一次被诱入俄国的辽阔大地，而同时全世界的工厂可以开工生产武器，以供应和装备俄军。形势虽然糟糕，但不见得不可收拾。只要在艰难困苦面前俄国人的意志力不被击垮，只要俄国人能受鼓励追求胜利，只要俄国与西方各协约国能建立亲密持久的联系，那么，在 1915 年年底前她完全可以恢复元气。

就在这个基础上，1915 年的战略与政策可以单独研究。

* * *

战争问题的实质并没有因为其规模巨大而改变。中欧各国的战线从北海到爱琴海，又断续地延伸到苏伊士运河以东，但是这条战线与一支小部队横跨地峡构筑的战线从原则上说毕竟并无两样。只要法国被视为一个自给自足的场域，就会陷入一个彻底的僵局，有德国入侵的前线地带既无法被穿破，亦不能被转移。但是如果我们纵观战争的全局，这场大战就像一次战役，英国海军一旦发挥海上威力，协约国就有机会开展意义深远的迂回运动。这种迂回运动规模宏大、运作复杂，其本身相当于整个战争。它需要庞大的陆军，从任何其
305 他战争看，其数量也可算相当大。它有赖于海军力量，它要求有属

于它自己的、完整的外交政策。

每当法国的最高统帅部抱怨敌军两翼无懈可击时，日耳曼帝国的两翼实际上已脆弱不堪。由此可见，1915 年初的战争局势有三大特点：其一，作为中心舞台的法国形成僵局；其二，在俄国被压垮之前迫切需要摆脱这一僵局；其三，在两翼运用两栖作战与施展政治谋略，有摆脱这一僵局的可能性。

* * *

说到此处，我们不妨看一下战线的两翼。

北翼的居民由多个小民族组成，他们不仅刚健，而且有教养。所有这些民族都慑于德国的强大，与德国有多方面的联系；但他们都敏锐地知道，德国的胜利将使他们降为征服者的附属国；比利时遭遇的命运令他们不寒而栗。荷兰已动员起来全副武装，担心地守卫着她的边疆。丹麦是通往波罗的海的必由之路，当时实际上毫无防守。挪威与瑞典对俄国的忧惧不亚于对德国的忧惧。如果不能对这些国家提供海陆防卫并将他们的力量联合起来，那么就不应该促使其中任何一国卷入战争。如果能做到这一点，德国的处境就岌岌可危了。荷兰的军队不可低估。荷兰的一些岛屿可以为英国海军提供无比可贵的战略优势。丹麦可以为英国舰队打开通往波罗的海之门；而协约国控制波罗的海就意味着可以与俄国建立直接联系。如此一来，封锁就完全形成，整个德国北部就会时常面临着俄国从海上入侵的威胁。

南翼方面更值得注意。位于此处的塞尔维亚人发挥英雄气概，曾两度击退奥地利入侵者。而位于此处的土耳其才向协约国宣战不久，就表现得既虚弱又不团结，而且组织紊乱。巴尔干半岛上的三个好战国家，即希腊、塞尔维亚与罗马尼亚，她们由于憎恨不久前的战争，从第四国保加利亚分裂出去；但是这四个国家都是土耳其与奥地利的天敌，同时又是英国的传统朋友。这四国共拥有正规军达 110 万之多

（塞尔维亚 25 万，希腊 20 万，保加利亚 30 万，罗马尼亚 35 万）；她
306 们的全部军事人力的资源当然更多。她们摆脱了土耳其人几个世纪的压迫。只有在土耳其与奥地利受损害的情况下，她们才有可能扩张。塞尔维亚已经为生存对奥地利作战；罗马尼亚觊觎奥匈帝国的特兰西瓦尼亚；保加利亚对阿德里安堡、埃诺斯—米迪亚一线，当然还有君士坦丁堡垂涎三尺；同时，希腊则眼见其大量同胞依旧忍受着土耳其的奴役，在土耳其帝国的一些最美丽的省份与岛屿上的主要居民都是希腊族人。如果能诱导四个国家忘掉内部争吵，共同参加由英国领导的反土耳其与奥地利的战争，土耳其肯定会迅速垮台。土耳其与其盟国的联系便会被完全切断，她将被迫在 1915 年寻求单独媾和。巴尔干联盟便可在次年集中全部力量直捣奥地利的南部。如果我们认为土耳其帝国的战斗力大致为 70 万人，那么这 70 万敌对力量应该被抹掉，同时我方再增加近 100 万巴尔干军队，这将意味着在对德国与奥地利的力量对比上我方增加了约 170 万军队，亦即我们将减少 70 万反对我们的军队，增加 100 万我们一方的军队。争取这种战斗力的转移无疑是军事上的首选目标。

而且，巴尔干国家携手进攻土耳其，意大利对此不会漠不关心，这也是肯定的。我们知道，意大利对协约国，尤其对英国极为友好。她也是奥地利的宿敌，并对巴尔干半岛、土耳其帝国以及土耳其岛屿有巨大兴趣。英国如能在世界的这一地区大显身手，意大利完全可能成为协约国的一流盟友，带着约 200 万大军直接加入大战。

*　　*　　*

两栖突袭或入侵的成败取决于能否将压倒守方的优势攻击力量及时运抵目的地，以及能否给予进攻部队比敌人更快的持续增援。在这场进攻中，防守一方处于大为不利的地位。即便出征部队已经登船出
307 海，人们依旧难以断定突袭地点会选在何处。虽然中欧各国在内线作

战，但这种优势抵不过海军所具有的机动性优越。例如，1915 年英国可以在任何时候将 25 万军队（如果能获得那么多军队）送往地中海东岸的合适地点，所需时间之短与运送相等数量的德国军队或奥地利军队一样。而且，地点的选择直到最后一分钟对敌人来说也是个谜。毫无疑问，敌人无疑知道我方正在调兵遣将，集结部队登船出海。但他们无从得知部队是要北上或是南下。情况不明自然也就无法事先精密安排。两栖进攻部队可以制定多个计划，直到最后时刻再决定使用哪一个。进攻部队可以声东击西，可以在最后关头改变主意，可以充分运用战争中已知的虚虚实实的战术。因此，如果防守一方加强了北翼的力量，那就转而攻击南翼，反之亦然。因而，防守一方实际上只有等到挨打后才知道该做什么。此时，只有到此时才能将部队运往战场。即使道路畅通无阻——南翼的道路不畅通——没有几个月的时间，是无法将大量的军队与补给运往一个新战场并组织作战的。在战争的间歇期，海上入侵部队能有何作为？他们能占领哪些土地？能夺取哪些阵地？能构筑什么样的防御工事？能积存多少军火弹药？他们能击败或消灭多少地方武装？他们能与谁结成同盟军？所有这些都是在 1915 年春夏之际有待我们抉择的问题。

随着战争的进展，机会不断减少，困难不断增加。到了战争的后期，为确保南方战场速胜而必需的军队规模已超越精疲力竭的英国商船的运输能力。甚至两栖部队的海上作战能力也是有限的。由于负担日益加重和不断遭受攻击与损失，两栖部队的局限性渐渐明显。但是，1915 年它还是拥有压倒性的力量，有绝佳的机会。

在此斗争关键时刻，军方事实上制定了两个使用海上力量摆脱西线死伤累累僵局的伟大方案。两个方案均是为了攻入并控制被陆地包围的水域，这些水域保护了日耳曼军队的两翼。这两个方案实施后可 308
以与俄国建立直接联系，并将我们的东方盟友从可怕的孤立中解脱出来。两个方案均会对一批中立国家产生重大影响。两个方案若是成功，将大大消耗日耳曼帝国的资源。我们是否应求助于荷兰、丹麦、挪威和瑞典，或希腊、保加利亚和罗马尼亚？我们是否应突破波罗的海的狭长地区或在君士坦丁堡穿越达达尼尔海峡而进入黑海？

* * *

毫无疑问，所有这些行动方案不仅对于执行者而且对于制定者都具有风险。为此人们要做出规模巨大的紧张努力和付出一定的代价。这些风险、努力和行动的代价必须与不行动的危险与后果作比较。英国舰队突破波罗的海或穿越达达尼尔海峡的计划被认为“不安全”或不实际而遭到否决，入侵石勒苏益格—荷尔斯泰因的计划或派一支军队进入巴尔干半岛或加利波利的计划因“不完善”而遭到指责。但是，读者一定还记着发生在洛斯—香槟、索姆与帕斯琴德尔的几场血腥杀戮；读者一定还记着 1917 年和 1918 年 3 月 21 日发生在卡波雷托几乎致命的灾难；读者一定还记着俄国的崩溃、革命和退出战争；读者一定还记着 1917 年潜艇战造成的可怕灾祸。就是在这样的背景下，寻找通往胜利捷径的所有计划（采用突然的和复杂的策略或计谋）才能单独有效地提出来。

但是，要了解本文所揭示的这两个复杂而有争议的方案的关键，应先将某些实际前提予以阐明。如果这些前提能获得理解与认同，其
309 余也就能顺理成章地被接受，每种思想也有其合适的位置和正确的关系。因此，我将这些前提归类如下：

陆上作战。

1. 决战战场系指在任何特定时间可取得重大结果的战场。主战场系指主力部队或舰队集结的地区。这种地区并不是在所有时候都是决战战场。

2. 如果不能从正面或中央突破敌军，就应从其侧翼迂回。如果侧翼位于海边，就应依靠海军力量开展两栖战术进行迂回。

3. 应选择防守最薄弱的战略点展开攻击，而不要攻击防守最严密

之处。

4. 面对敌对联盟，一旦确定无法击败其中最强者，并且确定最强者没有最弱者不能继续存在，那么就应该攻击最弱者。

5. 不可轻易发动陆地攻势，除非已具备了展开攻势的行之有效的手段——人数优势、出其不意、军火充足或机械装备充足。

海上作战。

1. 除非为了海上决战，主力舰队不得为任何目的冒险。

2. 海战决策应尽早做出。

3. 海军应积极运用其多余力量援助陆军。

整个战争时期我自始至终以这些基本原则为指导。当然，这些原则与占主导地位的军事观点背道而驰，并且在一定程度上偏离了海军实情。事态的发展在何种程度上证实了这些原则的正确，这必须由他人判断；但是战争的历史将提供许多事例，说明这些原则被战斗双方所采用或摒弃，以及这些原则被采用或被摒弃之后所产生的后果。

注释：

[1] 鲁伯特·布鲁克写的最后一行意义极为深刻的诗句。

第二章　坦克与烟幕弹的起源

310 战争初期海上与陆上均形成僵局，这里既有战略原因也有同等重要的机械原因。由于水雷与鱼雷的威胁，最强大的舰队也丧失了攻击能力。由于使用了机枪，最强大的陆军也无法推进。军舰在进入攻击阵地时被水下爆炸击沉，士兵在进攻时被连续的子弹射倒。这就是造成我们困惑的祸害根源。把军舰关在港湾内以避免这个海上的祸害，为了消除阻碍陆上进攻的祸害，白白耗费了无数人的生命与斗志，这些都是徒劳无益。机械造成的威胁只有以机械的手段予以消除。一旦做到了这一点，较强的舰队与较强的陆军将重新获得其固有的进攻权利。在做到这一点以前，海军与陆军都将受挫，大家都将遭殃。这就是战争问题的关键。1914 年末之后，这已成为明显的事实，如果我们能把握这一事实，进一步的思考就会变得同样简单。我们必须找到某种方法以避免鱼雷继续祸害军舰，并避免让士兵们不必要地裸露着胸膛去对着机枪的扫射。一枚鱼雷或水雷可以将船底炸出一个大洞，由机器射出的无数串子弹中的任何一粒都可以穿透人体致人死命，这个十分明确的祸害和令人深恶痛绝的事实不容半点忽视。要想进行战争和赢得胜利，就必须克服它。这个说起来似乎是很简单的解决办法，但在好几个月甚至好几年的时间里被两大军事阵营内的许多头面人物轻蔑地拒绝和不予理会。

简单说一说它的基本原理，**就是在船体与逼近的鱼雷之间或在人体与逼近的子弹之间隔上一块薄薄的钢板**。

这就是 1915 年的战争与 1915 年的世界的一大秘密，但是当时几乎无人相信它。这个至关重要的天赐的无价之宝躺在尘土上，每个人都看得到，然而几乎所有的重要负责当局却对此视而不见。见到它的 311
那些人——士兵、水手、飞行员与平民百姓，他们是另一类人——难以左右正统观点，他们必须进行一场漫长而吃力不讨好的斗争才能转变当局观念，促使当局采取行动。他们终于成功了。海军当局较早开始采取行动，对于陆军来说，这个过程更为痛苦。铁甲舰与“裹皮船”或“硬壳船”是防雷舰队的先锋，而坦克则是防弹部队的先锋。一旦解决了这两项发明在应用上的困难，较为强大的海军与陆军将可以恢复其由于新器械发展而被剥夺了的攻击力。但是，当铁甲舰、“硬壳船”与坦克被设计、制造出来并被摆在海、陆军统帅的眼前时，它们的用途却大多被荒置了。铁甲舰——其原型无疑是很不完善的——并没有得到进一步的发展，而且从来也没有被用作海军攻击力量的一部分。坦克在数量上多到足以产生决定性效果之前，便被无远见地暴露给敌人。尽管如此，坦克还是被保留了下来并发挥作用。

与寻求海、陆进攻方法问题密切相关的另一大主题便是烟幕弹。用人造烟雾将某一区域遮盖住，以便当兵员或军舰通过或占领这一区域时敌人无法找到射击目标，这是第二种十分简单而且显而易见的应急办法。烟雾与钢板可谓是情同手足，它们相辅相成，大显身手。

烟雾之后又发展出一种更加邪恶的武器——毒雾；这种烟雾不仅阻挡视线而且损害眼睛，这种烟雾不仅使机枪手瞎眼而且使他窒息而死。

所有这些想法在 1914 年结束之前已经萌发。

*　　*　　*

在战争爆发后的头几个星期，英国海军部就奉命承担保卫英国免遭空袭的责任。于是，我们就有必要命令以敦刻尔克为基地的飞行中队驻扎在比利时与法国沿海，以攻击敌人可能在入侵领地上建造的齐柏林飞艇或飞机库。这就导致我们组建装甲车中队，以保护我们海军飞机可能需要使用的前沿基地。敌人深受装甲车之苦，便挖断了公路，我立刻寻求各种办法填补坑坑洼洼的公路。与此同时，装甲车数量开
312 始剧增，但是正当它们随着数量增多而开始显示威力时，双方战壕线的两端已经延伸到了海边，不再有任何开阔空间可供装甲车运动，两翼也已无迂回余地。由于我们已无法绕过战壕，显然只有从战壕上方越过去了。于是，我们去敦刻尔克的第一个原因就是考虑从其上方越过。随后我们又考虑采用装甲车，再往后我们才想到了坦克。在 1914 年 10 月的第二个星期，这条因果链正处在这个环节上。

自从海军上将培根从海军退役之后，他便一直担任考文垂兵工厂的总经理。1913 年我把这家工厂保留下来，它占我们重炮生产能力的三分之一，以后分配给它生产一些快速战列舰上使用的 15 英寸大炮与炮塔的任务使它充满生气。战争爆发后几天，我收到培根上将寄来的信，信中说他设计出一种可以通过公路运输的 15 英寸榴弹炮。我对这一惊人的宣布产生了兴趣，便派人把他召来。他劲头十足、充满信心地谈起了战争中大炮的普遍作用，并且特别做了预测。他认为现有的堡垒经受不住现代大炮或榴弹炮的轰击，这类大炮的威力实际上比建造之初所设想的要可怕得多。我饶有兴趣地听着，而在随后的两周里，起先是列日的堡垒，接着是那慕尔的堡垒均被德国的攻城大炮摧毁。我又派人将培根召来，对他说他的话不幸言中了。我问他能否为英国陆军制造重型榴弹炮，又问他需要多久能交货，他回答说他能在 5 个月内制造出第一门 15 英寸的榴弹炮，其后每两个星期便交付一门。因此我建议陆军部订购 10 门。

主管军需的冯 · 多诺普将军对制造这种“新奇大炮”的想法颇感犹豫，怀疑这种大炮是否能造出来，或造出来是否有用。但是基奇纳勋爵却对这个想法产生了兴趣，于是立刻发出订单。我许诺培根上将，假如他能在极短的时间内将榴弹炮组装起来，他可以在法国亲自指挥使用这些大炮。这项重大的应急任务由此得到了保障，事实上直到那

慕尔陷落之后才定制第一批这种大炮，在新沙佩勒战役中开始使用。

我始终密切关注着大炮的设计与进展情况，从一开始我就得知，那种大炮连同炮弹与炮床在战场上要拆散移动，需用 8 辆巨型履带车牵引运输，这些炮车的图形极具启发意义，当 10 月份培根将军领我看这些运炮履带车时，我立即问他这些履带车是否能带着大炮与炮手越过战壕，如果不能，他是否能制造出这样的炮车。这次讨论产生的结果就是培根上将的新设计。1914 年 11 月初，我吩咐他制造一个供实验用的样品，同时将计划提交约翰 · 弗伦奇爵士与基奇纳勋爵。1915 313
年 2 月 13 日，由于样品的表现符合要求，我便吩咐定制 30 辆。到 1915 年 5 月这些装有桥形结构车辆中的第一辆接受陆军部的试验。当时它被否决。原因是它无法从 4 英尺高的坡上驶下来，也无法穿越 3 英尺深的水域（即便到战争结束也没有一辆坦克能达到这个成绩），它还无法完成其他一些极其苛刻、令人实在恼怒的测试。然而，在这次测试之前，我 30 辆的订单已经取消，因为在那时候我们已经得到了由另一个完全不同的机构提供的更好的设计方案。大战期间，首次试图建造能跨越战壕的战车或所谓“坦克”的努力就这样以失败告终了。

第二次试图制造坦克并说服军方采纳的过程如下：

此事与上述的事情毫无关系，大约在 10 月中旬或下旬，派驻法军总部担任官方联络官的 E.D. 斯温顿上校，也意识到与预见到生产这类武器的必要性。他向汉基上校提到这个计划[1]。到了 12 月末，汉基上校写了一篇论文，阐述这种武器和其他一些机械装置的必要性。他把这篇文章散发给内阁中负责战争事务的各位成员。

读了这篇文章，我便联想到给培根将军下达的指示，于是 1 月 5 日我给首相写了一封信，在此我要摘录其中一些重要段落：

> 短期内用小小的装甲外壳将一批蒸汽履带车装备起来，这将是一件轻而易举的事。这种车里面可以坐人，可以安置机枪，而且可以防弹。如夜间使用，炮火不会对其有任何影响。由于装有

履带，它可以十分容易地越过壕沟，车身的重量可以捣毁所有铁刺网。这样的车子秘密地准备 40 或 50 辆，夜间将它们带入阵地，它们定然能够冲入敌人的战壕，利用机关枪和车顶扔出的手榴弹，将一切障碍物摧毁，将战壕扫平。它们可以为英国的增援步兵提
314 供许多冲锋的掩护点。然后它们可以继续向前攻击第二道战壕。为此需付出的代价是微小的。如果这项试验不成功，那又能造成多大损害？显然，若早有明智之见，这样的工作在两个月前就应该开始做。现在当然更应该干了。

护罩显然是另一项早该开始大规模做的试验。要问哪种护罩最好，这有什么关系呢？我们应该制作大量的各种类型的护罩；有的适于手持，有的适于穿戴，有的适于护轮。如果目前的泥泞地妨碍牵引机护罩发挥作用，第一场霜冻便能将其作用充分发挥出来。有鉴于此，我已在一个月前命令，根据海军航空部队能达到的最高水准，设计制造 20 套车轮护罩。这批护罩很快将竣工，如果有必要，可以用做试验。

第三件应该大规模系统使用的武器就是人造烟雾。我们可以制造小型烟雾筒，这种烟雾筒点着之后能产生大量的黑色浓烟，浓烟可以随意停止或释放。与此紧密相关的其他几件事已引起你的关注，由于这些事涉及机密，信中我就不再一一陈述。

我们面临的最大危险之一就是德国人可能正在制造或准备制造所有这些惊人的武器，以致我们在任何时候都可能会发现自己遭受到全新样式的进攻。一个由军官工程师与其他专家组成的委员会应该长期设在陆军部里构想各种方案和审查各种建议。我要在此重申：在多数情况下事先不可能进行长时期的试验。如果某些武器要拖到符合需要才能制造出来，那么生产这些武器就必须与试验这种武器同步进行。这样做最坏的结果无非是浪费了一笔小钱。

在接到我 1 月 5 日写的信之后，过了两三天，阿斯奎斯先生亲自将信放在基奇纳勋爵面前，敦促他立即对信中所言之事展开研究。基奇纳勋爵完全赞同我的计划，于是将计划交给了军械署。这种处理实际上断送了第二次制造坦克的努力，这项计划就这样被体面地埋进了陆军部的档案堆里。

我不知道写给首相的信最后结果如何，也不知道陆军部采取了什
么措施；但是我的印象是，我们并没有取得真正的进展，军事当局完 315
全不相信制造这种机器的可行性与这种机器制造出来之后所具有的价值。然而，每当海军部与政府公务的巨大压力提供机会时，我总要时常考虑起这件事。因此，1915 年 1 月 19 日我给空军署署长送去一份备忘录，指示他以蒸汽压路机进行某种实验，目的在于利用压路机自身的重量压毁敌人的战壕。对于机械我当然没有什么专业知识，所以只能提供一些建议性意见，负责筹措资金，下达进行各项试验的命令。这场特殊的试验（汉基上校在他 12 月 28 日的文章中提到此事）由于机械上的缺陷而失败，但是无疑也发挥了重要作用，它有助于装甲军军官及与此相关的专家们达成共识，为进一步寻求更有效的解决办法提供了想象力。

为了生产与运用这种以后被称为“坦克”的车辆，我们进行了三次相互完全没有联系的努力，但所有这些努力最后都由于机械缺陷或官员阻挠而付诸东流。这种僵局很可能会无限期地拖延下去。法国的军事当局在随后的好几个月里也没有对这类武器提出要求；文职部门或其他部门提出的这类建议也全都被陆军部否决了。接着达达尼尔海峡的战役便开始了，我几乎每时每刻都埋头处理海军部的重要公务。然而，指挥装甲车中队的威斯敏斯特公爵，其本人又是讨论这类话题的中心人物，于 2 月 17 日邀请我吃饭，旨在见见装甲车中队的几位军官。席间话题转入越野装甲车辆，赫瑟林顿少校也属于这个装甲车中队，并了解已经进行的几次试验，他对这件事发表了语气强烈、颇有见地的观点，主张建造前所未有的陆地战舰。

通过这次谈话，回家后我决心立即下达紧急命令，以这种或那种方式推动我历来深信不疑的项目。于是我指示赫瑟林顿少校递交他的计划，他当时的设计是一个安装在直径为40英尺[2]巨大轮子上的平台。两天后我将他的计划转交给第一海务大臣（费希尔勋爵），敦促他
316 拿出大量精力与他在机械方面的才智将该计划付诸实施。此外，在第二天，即20日，我还召来海军主任建造师坦尼森－德恩考特先生[3]，那天下午我们召开了一次会议，由于我当时生病，会议便在海军部我的卧室里举行。会议的成果是根据我的命令组织一个海军部陆舰委员会，该委员会由坦尼森－德恩考特先生担任主席并直接向我汇报，我督促他们最紧张地、不遗余力地和千方百计地寻找解决问题的办法。

自从1915年2月20日该委员会成立，直到1916年8月坦克在索姆河战役中问世，这之间有着不间断的因果关系。

3月20日坦尼森－德恩考特先生向我汇报工作，他负责的委员会研究出了两种类型的车辆，一种靠大车轮行驶，另一种靠履带行驶，这两种车辆都比赫瑟林顿少校最初设想的要小许多。我立即以备忘录形式要求他将时间与花费估算出来。

得到数据之后，3月26日我负责订购18辆这种车辆，其中6辆是车轮式的，12辆是履带式的，这种车辆当时被称为陆地战舰。

我因此对这笔7万英镑的公款开支承担了个人责任。我没有让海军部领导班子与我分担这个责任。我没有通知陆军部，因为我知道他们会反对我插手这个领域，此时我知道军械署对这类想法很不以为然。我也没有通知财政部。

将这么一大笔款项用于如此冒险的一个项目，而且陆、海军方面的任何高层专家均未肯定过这个项目的优点，这可是一个开不得玩笑的重大决定。更何况这件事完全在我这个部门的范围之外，也不在我的权限之内。如果事实证明坦克彻底流产，不能为军方接受或不能在战争中使用，如果我因此事而遭到议会委员会质询，如果我被指控将公款滥用在一件与我无关的事情上，并且从未就此事征求有关军事部

门的专家意见，我将无法替自己找到有效的辩护词。我的辩护词只能是严酷的战争形势与我的个人信心——我相信有必要打破僵局以便 317
生产这种车辆。但是只有当这种车辆取得巨大成功之后我的辩护词才能有效。

可以听到的普遍的评价意见是，能够运载大炮与士兵、能够越野过沟以及翻越其他天然障碍物的装甲车辆，并不是什么新奇想法。H.G. 韦尔士先生在 1903 年的一篇文章中实际上囊括了所有这方面的想象力。而且，战争的历史从最初就充满了用以攻打堡垒或工事的这种机械。运用这种想法的基本原理也是相当明白的。当时，防弹装甲经过各道硬化工艺已经达到了高度完善。提供动力的内燃机已经问世。履带系统也已广为人知并在世界各地得到广泛应用。因此，构成坦克的三要素在原理上已是唾手可得，想法付诸实现只是举手之劳。

然而，有两点必须要区分清楚：

(a) 首创与支持坦克诞生的行动责任，

(b) 除主要原理外，解决设计中的一些极端困难的问题的功劳。

这些方面是完全独立的。任何时候我们都不可能说坦克是被“发明”的。任何时候我们都找不到这么一个人，可以说是“此人发明了坦克”。但是确实有过明确下令制造第一批坦克的时间，确实有过根据这个命令设计出一辆有效坦克的时间。

我认为在技术上完成这个计划应归功于坦尼森－德恩考特先生。若没有他的高度权威与精湛的专业知识，这个计划不可能获得成功。在他的指导下，威廉·特里顿爵士和威尔逊少校在修改设计与制造过程中做出了无法估量的贡献。但是我批准使用这笔公款的依据是坦尼森－德恩考特先生的天赋与知识和他做出的机械困难均能得到解决的保证。无论他说某件事能办到或办不到，某个机械问题可以绕过去或直接解决掉，我都相信他，正如在前一个项目中我相信培根上将一样。只要他说某件事办得到，我就准备承担风险与责任，向他提供必要的
资金并赋予必要的权力。我只与他一个人打交道，他也只从我这儿接 318

受命令。

其他一些人，诸如斯温顿上校与T.G. 塔洛克上尉，都了解了制造坦克的构想，在1915年1月曾向陆军部提出特别建议。然而，这些人没有足以成事的权力，他们的努力全都因上司的阻挠而不了了之。他们的不幸在于无权调度采取行动所需的资源，或无法说服有权力调度资源的人。

1915年5月底我离开海军部之后，这项事业再度面临重大威胁。新组建的海军部领导班子四人中有三人是旧领导班子的成员。有了新任第一海务大臣亨利·杰克逊爵士的支持，他们似乎认为，这笔已经发生大约4 500英镑的开支是不合适的，完全不符合海军部的利益。因此，他们对我当时卷入的事物普遍持否定态度，并建议终止合同，取消整个项目。然而，坦尼森－德恩考特先生始终忠实于我委任给他的使命。他预先通知我海军部即将做出的决定或已经做出的决定，因此，作为内阁战时委员会成员的我亲自向新任海务大臣贝尔福先生呼吁。贝尔福先生在听取我的呼吁后，经过一番考虑，决定应该继续建造一辆试验用坦克。虽然只有一辆保留了下来，但是它证明自己是"坦克之母"。于1916年1月在哈特费尔德公园展出，并成为1916年8月索姆河战役使用的坦克的真正模型，成为大战中作战的所有重型坦克的样本和理论上的原型。

* * *

我在1月5日写给首相的信中有一个段落谈到烟雾的使用并提到其背后隐藏的秘密，此事值得一提。

1914年9月上旬，中将邓唐纳德勋爵（著名海军上将科克伦的孙子）在与基奇纳勋爵的谈话中提到他祖先传下来的制造烟幕以及利用有毒却不一定致命的浓烟把敌人赶出阵地的各种方法。邓唐纳德勋爵写道，"基奇纳勋爵立即告诉我，他认为这些方法对于陆战毫无用途，既然这些方法是由海军上将发明的，我最好还是去海军部讨论这些方法。”[4] 于是有人介绍邓唐纳德勋爵给第二海务大臣弗雷德里克·汉 319
密尔顿，后者于 9 月 28 日会见了他。第二海务大臣的态度基本上是赞成的，他写道（9 月 29 日）：“我与路易斯亲王谈了此事，他认为你最好去见丘吉尔，但不要对他提及我们。”我曾在邓唐纳德勋爵的旅里服役，参加过南非的莱迪史密斯城的解救战役，因而我立即约见了他。对他的想法我顿时产生了兴趣，便要求看一看杰出的科克伦传下来的方法。邓唐纳德勋爵考虑了几天之后给我的答复是：他觉得国家的危难使他最终决定公布他珍藏了一生的秘密。10 月中旬，他把这些历史性的文件带给了我，这些文件在克里米亚战争期间曾一度交由英国政府处理。在文件的扉页上，那位海军老将用优美的字体写道：“对于帝国的智者一语已足：在敌垒上风点燃大量硫黄，所有堡垒尤其海上堡垒处在浓烟笼罩下，能使敌人不抵抗而投降。”读者被其赞美话所迷，无疑会对它高度重视，并立即了解其全部含义。我刻不容缓地派人请来了第一海务大臣（巴腾堡的路易斯亲王），与他长时间讨论这个问题。

我当时千方百计探索这个主题，但又不能泄露秘密。首先我求助于阿瑟·威尔逊爵士，他讲求实际和具有创造性的智力似乎特别适于担当此任。然而，结果却被否定。在随后的几个星期里，邓唐纳德勋爵不断向我提出基于他祖父思想的一些出色的建议，我在发出了进行试验的决定性命令后，继续秘密地努力寻求有能力的专业人员的认可。10 月，他在给我的信中写道：

> 此方法的成功使用主要取决于有利的风向……从荷兰海岸到柏林的风向统计资料表明，（从西面）吹来的风远比吹自相反方向或指南针东区的风更为经常，11 月、12 月、1 月以及 2 月期间尤其如此……
>
> ……装载硫黄的船只应该由戴防毒头盔的人员指挥与操作……

对数英里长的战壕的进攻，则应对敌方战线分段施放硫黄和烟雾，介于中间的几段不施放硫黄只施放烟雾，以便使敌人大炮看不到目标。

320 毫无疑问，邓唐纳德勋爵在那时候完全掌握了毒气与烟雾战术的整个概念，他是直接从其祖父的文件中取得这种办法的。现代化学为这些概念提供了可怕的可能性。使用有害或有毒烟气是国际法明确禁止的。因此，我们不能使用这种武器，除非敌人首先使用了这种武器。但是在战争的紧张状态中，我时时想到这个问题，一想到德国的化学与德国人的才智，我就益发不安。由于很难得到陆军或海军高层的支持，而且我也没有精力思考这些额外的问题，于是我只能另想他法。1 月份，我建议邓唐纳德勋爵将他祖父的方案拿给汉基上校审阅，3 月 21 日，我命令围绕这项研究组成一个强有力的技术委员会，邓唐纳德勋爵任委员会主席。然而，我清楚地表明，我们不能背离业已接受的战争法。

我与委员会的工作保持着密切联系。即使在有限领域内，我们也要受国际法和国家政策的限制，所以工作进展缓慢而且时断时续，但是到了 4 月 10 日，我在写给约翰 · 弗伦奇爵士的信件中已能这样说：

丘吉尔先生致约翰·弗伦奇爵士

1915 年 4 月 10 日

我见到了在我命令下进行的惊人的制造烟雾的试验。这是一种结构十分简单、轻便可携的金属圆锥形容器，高 3 英尺、底部宽 6 英尺，借助重力将苯输入底部。喷在圆锥体表面上的一层油可以产生浓烟，你只需拧紧燃料供应的开关就能瞬间关闭烟雾。

我是为了海战的目的研制这种武器的，但是，经过深思熟虑，我越来越相信它对于你正在进行的那种战争也同样重要。如果风向有利，你可以在几分钟内彻底笼罩整块区域，使敌人的炮兵与

> 步兵失去目标。你可以用它遮蔽一个村庄或一段战壕，直到你的士兵端着刺刀实际上指着敌人。你也可以用它在关键时刻掩护一支骑兵大队，到达决定性的地点。

1915 年 4 月 22 日，德国人悍然违背战争法，在进攻中首先使用了毒气，第二次又在伊普尔战役中使用。德国人的愚蠢罪行最终注定招致严厉报复，因为其对手在风向上享有有利地位，而且在科技上最终也略高一筹；但是其对手出于对国际惯例的尊重一直克制着自己，没有利用自己的优越条件。

* * *

有关坦克，还有一段故事需要追述，因为我颇希望这件事能载入 321
史册。1915 年 11 月我从涉及的环境中辞职，退出内阁，加入了驻法英军，我自以为给他们带去了一件好礼物。这件好礼物就是战斗与胜利的概念；我知道总司令约翰·弗伦奇爵士会满怀友情仔细研究我提出的建议。所以，到达司令部之后我草拟了一份文件，日期是 12 月 3 日，题为“进攻方式的改变”，这份文件后来印给帝国国防委员会。我将文件交给约翰·弗伦奇爵士，随后又交给他的后任道格拉斯·黑格爵士。这些“进攻方式的改变”中的第一个摘录如下：

> **履带车**
>
> 履带车这类车辆可以用于摧毁敌人的铁刺网，控制敌人的火力。英国已有大约 70 辆即将竣工，等待验收。这些车辆要么不用，要用就必须一起使用。它们应秘密布置在整条进攻线上，每隔两三百码布置一辆。在进攻前 10 分钟或 15 分钟，它们应通过最佳路线推进到前边空旷地带，在准备进攻的地点穿越我们的战壕。它们能逾越任何普通的路障、沟渠、防护墙或战壕。每辆履

带车携带两三挺马克沁式重机枪，并且装备火焰喷射器。除非被野战炮迎面击中，否则它们将势不可挡。到达敌人的铁刺网区，它们将转向左面或右面，与敌人的战壕平行前进，扫平敌人的胸墙，并以略微蛇行的路线碾毁敌人的铁刺网。在战斗中，由于履带车十分接近敌人的战线，所以对方大炮对它们也无能为力。通过这样造成的突破口，持盾步兵可以奋勇前进。

如果使用大炮清除铁刺网，必须在几天前就要宣布进攻的方位和即将开始的时间。但是依靠履带车，在铁刺网清除之后进攻几乎就可以立即展开，也就是进攻可以赶在敌人进行增援或采取任何特殊防卫措施之前。[5]

履带车实际上能够逾越敌人的战壕，并且继续推进切断敌人的交通壕；但是目前没有必要急着走这步棋。以后可一步一步走。一旦敌人的前线落到了我们的手中，为履带车寻找深入推进的最佳点就容易了。履带车什么样的坡都能爬。简而言之，它们是移动的机枪扫射塔和铁刺网碾毁机。在海军使用的鱼雷网切割器的前端装上引导器可以帮助收集铁刺网，这种方法被证明十分成功。切割铁刺网并把它缠绕起来的这种机器颇为壮观，只有亲眼目睹人们才会相信。切割机的操作像是自动割捆机收割庄稼。只要提
322 前三四天通知堑壕作战部门，该部门便能进行示范演习。

在当前季节，发起上述形式的进攻显然需要霜冻天气，在黑暗无光下进行突然袭击。履带车面临的障碍有两种：其一是防卫雷区、定向地雷以及埋在地下的炮弹等；其二是隐藏在胸墙后的野战炮。如果这种方式的进攻奏效，下一步还可以设计新的办法。这些履带车在没有真正运抵法国之前是无法完全估量其威力的。但是我们可以相信，借助冬天的漫漫黑夜，我们不仅能够占领一条战壕，而且能够连续占领数条战壕。当履带车进入敌人的阵地，敌人的大炮就更难以朝它们开火，随着混乱的加剧，敌人几乎不可能确定这些移动物体的位置并瞄准它们。白天它们会成为活靶

> 子；[6] 但是，如果到白天情况全已变样，它们即便无法撤退，也能发挥应有的作用。它们能够带领步兵一起进攻，起到引导进攻和确定进攻路线的活动据点的作用。

进攻时运用履带车的计划直到1917年11月第一次康布雷战役中才付诸实施。根据随后几年的经验能够查出首次使用履带车的许多问题；但是它可以成为军事研究的一个主要基础。3个月后，即1916年2月，在帝国国防委员会秘书处工作的、曾亲眼见过“坦克之母”早期试验的斯温顿上校，开始着手制定详细的大规模坦克战计划，即便如此，最高指挥部还是花了两年多时间才学会如何按照坦克最初设想的特性使用坦克。在这段时间，各种可以想象得出的错误全都犯了，这说明对坦克缺乏了解。在索姆河战役中，尽管我提出了抗议，阿斯奎斯先生和劳合·乔治先生也提出了更为有力的反对，首批20辆坦克还是被鲁莽地暴露给了敌人。巨大的出人意料和突然打击的优势就这样白白断送，而此时坦克数量很少，它的效能还在试验阶段，坦克兵也几乎未受训练。仅仅为了夺取几个已变为废墟的村庄这么一个小小目的，就将坦克这个无价构想泄露给了德国人。如果这个构想能够在一定规模的基础上得到整体运用，它定能赢得一场伟大而辉煌的胜利。不幸中的万幸，各国的高级军事当局的思想都是从一个模子里出来的。
这次泄露并没有引起德国指挥部的注意。虽然充满新奇而恐怖的坦克 323
已不再是幽灵，但是我们至少在1917年没有遇到大批德国坦克。

那一年，还出现英国的坦克进一步被误用的情况。他们未能在干燥天气、在未受炮击没有弹坑的地面上、在容易使用坦克进行突然袭击的地区一下子全部使用坦克，而是把它们作为步兵辅助物三三两两地投入帕斯琴德尔的沼泽地与弹坑地里。敌人已对这种零零散散使用坦克的方法习以为常，何况坦克自身已陷入泥泞动弹不得。事实上到1917年末，英国陆军中的许多高层单位几乎已经认定坦克毫无用处，那些华而不实、自以为是的人又开始老调重弹，对这种非专业的应急手段大加指责。幸运的是，坦克的滥用以及由此在德军那里获致的失败，在德国人的心目中也产生同样的印象。敌人又一次错失良机，未能“用我们自己的石头”砸我们的脚。

尽管两年前就已开始论证，尽管坦克部队的军官不断呼吁和争辩，直到帕斯琴德尔战役之后坦克才有显露身手的机会。它们终于可以大打出手了。它们终于获得机会表明，它们无需开炮惊动敌人便能够摧毁铁刺网，从而恢复了现代战争进攻的突发性。1917 年 11 月 20 日开始的康布雷战役应归功于宾将军指挥有方。虽然在坦克运用上有些迟缓和犹豫，但是却取得了决定性的成果。几个小时便获得胜利，几乎没有遭受什么损失。然而，由于事前没有做好利用战果的准备，接下来的结果令人失望，几天后甚至演变成了一场灾难。直到 1918 年，烟雾与坦克开展配合以及用烟雾掩护坦克群的挺进均可实现，坦克才在战场上被实际采用。如果战争持续到 1919 年，那么每辆坦克便都能具备自己施放烟雾的功能，所有坦克战都将在人造烟雾下行进。但是康布雷战役之后，坦克确立了自己的名声，于是，在整个 1918 年它们成了敌我双方的法宝，成了英、法和美军进攻时的决定性武器与特色。

注释：

[1] 即后来任帝国国防委员会大臣莫里斯·汉基爵士，此时他任战时会议秘书。

[2] 似有误。——译者

[3] 即以后的尤斯塔斯·坦尼森-德恩考特爵士。

[4] 见唐纳德伯爵备忘录（未出版）。

[5] 这段文字是新添的。

[6] 我低估了它们对付敌人和保护自己的能力。

第三章　选择

新年降临时海军部正面临风雨欲来、变幻莫测的局面。我们见到 324
海军中将贝利怎样被调离大舰队，奉命前去指挥在诺尔的第五战列中队，以及这个中队怎样成为一支特训炮击舰队的核心，其目的是期望发展海军攻击的手段。中将从北方回来，对把他从原来指挥“无畏”级战舰改为指挥“敬畏”级战舰中队，他一点也不觉开心。正如大多数水兵一样，他仍留恋大舰队；但是他还是以历来养成的热情投入新的工作。他从海军部那里获准率领中队进入英吉利海峡巡航。在海军部为他安排的小舰队护航下他于白天穿越多佛尔海峡，12 月 31 日一整天在波特兰海外进行演习。小舰队护送他过海峡后，在黄昏时分离开他返回多佛尔，白天没有发生不祥事端。天黑以后军舰向西拐入海峡行驶，凌晨两点已接近斯塔特。海上刮起风浪，但天上依旧是月光皎洁。当时的航速为 10 节，航线笔直，而不是曲曲折折。在海峡水面游弋的一艘德国潜艇，由于波涛翻滚，在月光下居然没有被发现。潜艇随即朝位于舰队末尾的舰只“敬畏”号发射了一枚致命的鱼雷。两个半小时后，这艘军舰沉没，舰长劳克斯利与 500 多名官兵牺牲——这是各级官兵崇奉的最高纪律与献身精神。

这个噩耗是在元旦那天传到海军部的。费希尔勋爵对指挥中队的方式大为恼怒。要求中将所做的解释，难令其海军上司们感到满意。从个人以及从更深的原因上说，最使我感到遗憾的是决定解除他的司令职务。于是我委任他管理格林尼治学院，他在那里待了一
段时间。[1] 325

为了了解总的形势并制定春季计划，我们做了种种努力。1月1日财政大臣劳合·乔治先生发布了一份极其重要的文件，要求我们关注对战争局势普遍存在的盲目乐观的情绪，关注俄国作为主要支柱正日趋衰竭，关注巴尔干半岛的局势，以及需要在巴尔干半岛采取的行动，以便将希腊与保加利亚拉入协约国。汉基上校也提供了一份内容充实且颇有预见性的备忘录，这份备忘录是在达达尼尔委员会的报告中提到的，这两份文件全都指出，近东地区是1915年我们采取主动行动的真正场所。念了这两个文件的清样之后，我在12月31日向首相呈交了一封信，内容如下：

我们的意见大体一致，我们的结论也并不矛盾。

宣战时我就想要进攻加利波利……同时困难在增加……我认为战时会议在下周应连续几天每天开会。隔一周开一次会的讨论，对什么问题都不会带来有效的结果。

1月2日我收到基奇纳勋爵给我的一封信，内容如下：

毫无疑问，你一定看了布坎南有关俄国人与土耳其人的电报；若没看，菲茨杰拉德将给你送去。

你是否认为，海军采取行动能够阻止土耳其（人）宁愿君士坦丁堡防御力量空虚而将更多的军队运入高加索？

随这封信菲茨杰拉德上校给我送来了电报，其中下列摘录有重大意义：

本周初俄国人在高加索的处境令人焦虑，土耳其人展开的包围运动严重威胁俄军的安全。高加索军总司令急切要求增援，许多高加索军队正在对付德国人，但是大公已通知总司令必须设法像他那样挺住……

然而，大公要求基奇纳勋爵利用海军或陆军在其他地区展开一次针对土耳其人的佯攻，然后将消息传开；在他看来，土耳其人很容易突然改变行动计划，这个消息可以促使土耳其人撤出一部分在高加索与俄军战斗的军队，从而缓解俄国人的处境。[2]

大公补充道，即便基奇纳勋爵无法援助，他仍将坚持目前计划。

那天较晚时，基奇纳勋爵又亲自来海军部见我，我们详尽讨论了发自俄国的电报以及海军能否给予援助。在土耳其战场上所有可供 326
选择的办法我们都提到了。我们两人都还记得11月份我们曾讨论过从埃及袭击加利波利的各种可能性。我们也都清楚地看到进攻君士坦丁堡成功所具有的深远意义。如果在下一阶段认真进攻，有占领达达尼尔海峡的可能，那么现在仅仅为了佯攻而惊动他们，将是极大的莽撞之举。我阐述了这个观点，并建议寻找其他途径帮助俄国人。对此见解基奇纳勋爵并无异议，但是他再一次坚定表明他已没有多余的军队，所以无法承担更多的军事义务。这次谈话我没有记录，但是在同一天（1月2日）基奇纳勋爵送来的第二封信可以证实我的回忆。

基奇纳勋爵致丘吉尔先生

1915年1月2日

我认为我们无法非常认真地帮助高加索的俄国人。

土耳其人显然正在将其大量军队从阿德里安堡撤出，以此增援对付俄国人的军队，或许会通过黑海运送军队。

在高加索与波斯北部，俄国人处境困难。

我们没有军队去任何地方登陆。在士麦那佯攻毫无好处，或许会引起对基督徒的屠杀。我们在亚历山大勒塔已经尝试过，再

> 来一次不会有多大效果。叙利亚海岸也不会有效果。
>
> 唯有在达达尼尔海峡的佯攻也许能起到阻止土耳其增援部队东进的效果。正如大公所言，如果使君士坦丁堡受到威胁同时能把消息立即传开，效果将尤其显著。
>
> 几个月内我们无法做好大干一场的准备。

同一天，无疑是他与我谈话的结果，基奇纳勋爵通过外交部向彼得格勒发去如下电报：

> 请向大公保证，我们将采取行动展开针对土耳其人的佯攻。然而，我们担心我们设计和实行的任何行动不太可能严重影响敌人在高加索的数量或导致他们撤军。

这份电报让我们承担了向土耳其开展某种佯攻的义务，但是在佯攻的方向、性质或规模等方面我们没有承担义务。这是回复一个备受压迫的协约国的要求所能说的最简短的话。

第二天上午（1月3日），费希尔勋爵出面了。他把所有的问题都考虑到了，他读了内阁的各种文件以及俄国的电报，而且对我和基奇纳勋爵的谈话也一清二楚。他现在寄给我的信十分重要。此信完整清楚地表明了他的立场。信中文风紊乱，但丝毫不影响其观点的犀利与深刻。我认为费希尔勋爵从未采取过或表达过与最初确定的那些基本原则相冲突的行动或观点。他始终赞成制定大规模计划以对付土耳其人，也赞成联合巴尔干各国。他始终相信保加利亚是
327 这一地区形势的关键所在。他始终准备冒险把老式的战列舰作为大规模海军、陆军与外交行动的一部分。这些庞大计划未能实施不是他也不是我的过失。

33

1915 年 1 月 3 日

尊敬的温斯顿，

汉基已经通知我，战时会议将于下一个周四开会，我以为这次会议将如同一场九柱戏！每人都会怀揣一个方案，一个木柱倒下会碰倒边上的木柱！我认为进攻土耳其是站得住脚的！——但只有马上进行！然而这一点却做不到！我们宫廷式的委员会要休会直至两周后的星期四！（注意：我们上一次开会是什么时候？取得了什么结果？？？）

我们将做出的决定无非是徒劳无益地炮轰达达尼尔海峡，这样的炮轰只会白白耗损“不倦”号上那些无法更换的大炮，也许军舰本身也需要更换了。上次的炮轰带来什么好处？有没有从高加索赶走一个土耳其人？那儿的战争照样进行！你需要一个人决断！我的土耳其方案如下：

一、任命现在的军需主任 W. 罗伯逊爵士为远征军司令。

二、立即用英国本土军取代约翰·弗伦奇爵士指挥的所有印度兵与 75 000 名能吃苦耐劳的军队（如同你所提议的那样），然后派遣这支表面上去保卫埃及实为远征土耳其的军队登船！尽一切可能从马赛出发！直接在贝西卡湾登陆，在进攻海发和亚历山大勒塔的埃及英军来到之前仍应保持先前的假象。考虑到亚历山大勒塔拥有难以估价的伊甸园的油田，应该真正占领它，那里有铁路直接通达。我们要赶走盘踞在亚历山大勒塔拥有大量土耳其特许权的德国人——那里是英国的头号敌人冯·比伯斯泰因元帅的最后一个舞台！

三、在我们进军贝西卡的同时，希腊人进军加利波利，保加利亚人进军君士坦丁堡，俄国人、塞尔维亚人和罗马尼亚人进军 328
奥地利（你自己说过这些！）。

四、同时让斯特迪率领“威严”号级军舰与“老人星”号级军舰强攻达达尼尔海峡！上帝保佑他！

但是正如伟大的拿破仑所说，“迅速”——否则——“失败”！

在世界历史上——没有一个团体做成过大事！你需要一个人决断！

你的　费希尔

费希尔的整个方案从未有过最小机会付诸实施。他建议委以重任的威廉·罗伯逊爵士都可能会强烈反对这个方案。无疑如他自己所描述，他的政策主要集中在决定性战场上。从约翰·弗伦奇的麾下撤出印度军团和75 000名能吃苦耐劳的军队，用本土师团替换他们，这可能会遭到抵制，问题会严重到在全体参谋支持下总司令提出辞职。霞飞将军和法国政府可能会明确表示抗议。费希尔勋爵在第三点中谈到了希腊人、保加利亚人、塞尔维亚人以及罗马尼亚人，准确表达了每一个人想要的做法。对于世界的这一地区来说，这显然是最高目标。问题是：如何达到这个目标？这就是问题的症结。与此点相关，费希尔勋爵的第四点给我深刻印象。他在这里建议使用老式的战列舰攻击达达尼尔海峡，这却是第一次。

这一系列有分量的表述感动了我。我发现在我一直抱着极大希望的进攻达达尼尔海峡这个方针上大家的意见有巨大会合。赞成它的议论已成压倒多数。现在政界、海军和陆军的最高权威人物显然已准备全力以赴。劳合·乔治先生的所有主张和影响似乎都投入土耳其和巴尔干国家领域。虽然他的方法不同，但他的最终目的——也就是联合巴尔干国家反对奥地利与土耳其——是相同的；他的所有论点对两种方法都同样适用。通过与贝尔福先生的谈话，我了解他也对在东南战场上可能取得成功的军事行动的有利因素有深刻印象。最后，外交部和爱德华·格雷爵士当然对此颇感兴趣。在这件事情上意见取得很大统一。在这件事情上似乎终于获得了行动所需要的足够动力与团结。
329 但是有切合实际的计划吗？我决心找出这样的计划。1月3日，在费希尔勋爵的积极支持下，我与专门研究这个战场从而为我们献计出谋的亨利·杰克逊爵士谈了一次话后，我给正在达达尼尔海峡负责指挥的卡登中将发去一份电报，内容如下：

海军部致卡登中将

1915 年 1 月 3 日

海务大臣提出咨询如下：

你是否认为单用军舰攻击达达尼尔海峡切实可行？

有人认为可以使用装配防水雷器的老式战列舰，以运煤船或其他商船作为防水雷和扫水雷船在前面开道。

结果的重要性将证明，付出严重损失是正当的。

我想知道你的看法。

这一切都是试探性的。在那个阶段，我甚至没有对进攻土耳其的总原则做出表态。我想权衡各种条件，以便确定制定这样的计划事实上要求怎样的支持。当时，正如上一章中所说，我们的事务因正在讨论的两项计划而复杂化，一项是陆军沿着海岸挺进，另一项是封锁泽布吕赫。

我仍旧在煞费苦心地考虑北方战场，考虑博尔库姆岛与波罗的海的情况。1 月 4 日，我给第一海务大臣写了一张便条，就有关第二天要在战时会议上讨论的几个问题谈了一下看法。“在做出决定之前，我们最好听听别人对土耳其方案的意见。我不惜派遣 10 万军队，以求获得巴尔干半岛的巨大政治后果。”

同一天他答复说：“占领君士坦丁堡带来的海军优势和获取黑海的小麦至关重要，所以我认为，汉基上校的土耳其行动计划极为紧要，刻不容缓。”[3]

如果战时会议决心以巨大规模和必要干劲大力推进，我们则毫无疑问可以齐心协力、满怀热忱地开展南方的两栖行动计划。

1 月 5 日，卡登中将的答复到了。他的答复值得注意。

330 卡登中将致海务大臣

1915年1月5日

关于你本月3日电报，我认为达达尼尔海峡不能迅速攻克。调动大量军舰和展开持久战可以攻占达达尼尔海峡。

那天下午，在战时会议上，讨论的主要议题之一就是进攻土耳其和在近东进行佯攻。每个人似乎都对它的有利因素很热心，大家饶有兴趣地听我念完了卡登中将的电报。这份电报的意义在于它提供了一种前景，即在不承担新的大规模的军事义务的前提下，以决定性方式影响东方局势；不仅如此，它还提供了一种有效的手段，借此我们既可以帮助大公，又不必仅仅为了一次佯攻而浪费进攻达达尼尔海峡的机会。回到海军部后，我发现参谋长奥利弗上将和亨利·杰克逊爵士都赞同利用持久战逐步占领达达尼尔海峡的想法。我与亨利·杰克逊爵士进行了一次谈话，那天，他为那个问题做了完整的备忘录（几天后我念了他的备忘录）。亨利·杰克逊爵士反对任何急攻达达尼尔海峡的努力，但是他谈到11月3日的短期炮轰起到了一定作用，一步一步地削弱堡垒的想法引起了他的兴趣，尽管需要陆军紧随和完成海军的进攻，尤其是占领君士坦丁堡。于是参谋长、研究这个特殊战场的将军，以及负责指挥的将军在原则上取得了明显的一致。分散在遥远的不同环境中的军官们表达了一致意见之后，我深受触动，因此，1月6日我给卡登中将发去如下电报：

海务大臣致卡登中将

1915年1月6日

你的观点已获此地高层权威人士的同意。你认为能取得什么成果，需要什么兵力以及如何运用兵力？请来电详谈你的看法。

1 月 8 日，战时会议又召开了一次会，长时间讨论了东方战场的形势。研究了各种不同条件，基奇纳勋爵发表意见赞成进攻达达尼尔海峡。他告诉战时会议，达达尼尔海峡似乎是一个最合适的军事目标，因为陆军可以与舰队合作发起进攻。他估计 15 万人足以夺取达达尼尔 331
海峡，但是在进行具体研究之前他保留他的最终意见。他不提供部队，而且清楚表明没有部队可供使用。因此，他的贡献是，而且有意成为纯粹理论上的。

1 月 11 日，卡登的详细方案到了。这个方案的细节主要是由一名非常能干的海军陆战队军官——戈弗雷海军上校（中将的参谋之一）——和“不屈”号上的一名大炮专家两人制定的。我在此将所有要点列举出来。

军事行动的可能性：

（A）完全铲除入口处的防御工事。

（B）铲除海峡内的防御工事直到包括凯佩茨据点的 8 号炮台。

（C）铲除恰纳克狭窄段的防御工事。

（D）清理通过布雷区的通道，经狭窄段向前挺进，铲除狭窄段上的堡垒，最后向马尔马拉海进军。

…… 需要兵力：12 艘战列舰，其中 4 艘装备防水雷器；3 艘战列巡洋舰——进入马尔马拉海时应有 2 艘可以使用；3 艘轻巡洋舰、1 艘小舰队领航舰、16 艘驱逐舰、1 艘补给维修船、6 艘潜水艇、4 架水上飞机及其运载舰“福德”号、12 艘扫雷舰包括 4 艘快速扫雷舰、1 艘医疗救护船；在泰内德斯岛需要 6 艘运煤船、2 艘军火供给船。以上兵力已将损失考虑在内。

行动细节：

水上飞机频繁侦察必不可少。

（A）对堡垒实行间接炮轰，在有效射程内则进行直接炮轰完全铲除目标；摧毁入口处的鱼雷管和控制布雷区的大炮；清理布雷区。

(B) 战列舰以扫雷舰开道进入海峡，然后朝上游行驶，直到可以将 8 号炮台摧毁的位置。

(C) 由战列舰定位，战列巡洋舰从加巴山朝堡垒猛烈炮击，在有效射程内直接炮轰，将堡垒彻底铲除。

(D) 战列舰以扫雷舰开道进逼狭窄段。首先从加巴山炮击 22 号、23 号、24 号堡垒，由水上飞机对 22 号堡垒定位，然后直接火力攻击。清理狭窄段的布雷区，用直接火力铲除纳加拉堡垒，然后继续由扫雷舰开道朝马尔马拉海进军。

在 (C) 阶段弹药消耗会很大，但是若供应充足结果应能成功。
332 如果“格本”号从纳加拉出动增援，(B) 阶段的难度会大大增加。除非潜水艇的进攻获得成功，否则就得从加巴山调来或直接增派战列巡洋舰。

军事行动所需时间在很大程度上取决于敌人经受炮轰后的士气，取决于主要由德国人训练的守备部队的顽强程度，还取决于天气的好坏。目前大风频繁。完成所有军事行动大约需时一个月。

将会消耗大量弹药。要准备需用的大致数量。

任务完成后中队部署：在马尔马拉海，2 艘战列巡洋舰、4 艘战列舰、3 艘轻巡洋舰、1 艘小舰队领航舰、12 艘鱼雷艇驱逐舰、3 艘潜水艇、1 艘供应船只和 1 艘弹药船、4 艘扫雷用运煤船。

其余兵力用于保持海峡开放以及保护扫雷艇完成扫雷任务。

这个方案令所有看过的人印象深刻。方案之详尽令我耳目一新。我的电报曾仔细考虑了属于有组织“速攻”性质的某些问题，应与费希尔勋爵的关于让斯特迪上将率领“老人星”级战列舰强攻达达尼尔海峡的建议取得一致。我将电报的副本立即送交首相及其他一些人，让知情者对它进行自由讨论。第一海务大臣与参谋长似乎赞成这个方案。从来没有一个人在任何时候对其技术上的完备提出过丝毫质疑。例如，在四五个各自有一套技术班子的海军权威人士中没有人在私下里说，“这个方案荒唐。军舰不能与堡垒战斗，”或对方案的细节进行批评。相反，他们均认定它极为吸引人，是颇有希望的建议；在海军部的秘密圈子里已产生一种十分清晰的赞成这个军事行动的见解。就在此时，战时参谋部提出了一个建议，对这个问题肯定产生了重大影响。

“伊丽莎白女王”号——在5艘快速战列舰中她排行第一——配备了15英寸大炮，此时已准备完毕。决定让她去安全而平静的地中海水域进行射击演习和校准火炮。她实际上已接到命令开往那里。现在参谋部又建议她应该去达达尼尔海峡试验舰上的巨炮，而且指出她可以在远离土耳其堡垒射程之处开炮。这种情况我以前没有碰到过，一经提出，其重要性便显而易见。大家都觉得正面对一个新的事实。而且，“伊丽莎白女王”号加入争论产生了累计效果。卡登中将从未梦想得到她。我们以前的讨论和他的详细方案都没有想到她能提供的帮助。

* * *

作为我们讨论的结果，此刻我要求参谋部制定具体的方案和指示，同时，我还大概举出这次军事行动显然可以使用的舰艇。

1月12日 333

战时国务大臣，

第一海务大臣，

参谋长，

(1) 按提议那样对达达尼尔海峡发动进攻，我军强大得足以击败土耳其舰队的海军中队到达马尔马拉海，这将是最最重要的胜利，它将使整个东方战局向我们倾斜。

(2) 有可能提供卡登中将所需兵力而不削弱领海所需要的实

力对比上的最低优势。领海内有如下军舰：

“大洋”号、“速捷”号和“凯旋”号（已经在或被派往这一水域）。

“复仇”号和“老人星”号（从大西洋调来）。

“阿尔比恩”号（从好望角调来）。

“恺撒”号和“乔治王子”号（从直布罗陀调来）。

“胜利”号、“火星”号、“辉煌”号和“汉尼拔”号（已经奉命在国内拆卸）。

“伊丽莎白女王”号（已经被派往直布罗陀装配大炮）。

“不屈”号（奉命赴地中海接替“不倦”号）。

“不倦”号（已在此地）。

由此可见，除了四艘已奉命拆卸的主力舰外，所有其他主力舰都不离开领海。

(3) 上述兵力还未将在场的四艘法国战列舰与六艘据报告可使用的其他军舰计算在内……

(4) 军事行动可以于2月1日开始，由“伊丽莎白女王”号对入口处的堡垒进行远程炮击。在军事行动的第一阶段的效果明朗化之前，没有必要展开全面进攻。为使计划顺利实施，一切安排都应秘密协调进行，水上飞机和辅助船只及时供应。卡登中将负责指挥……

相应制定具体方案。

W.S. 丘吉尔

费希尔勋爵批准了这份草案，后来（2月9日）他又亲自在舰队名单上添加了两艘准无畏级战列舰“纳尔逊勋爵”号和“阿伽门农”号。这大大加强了这次行动的力量，但同时也在相同程度上降低了大舰队的最低优势。

1月13日，我将计划送交战时会议。我24小时前已将卡登中将的电报交该会议的主要成员传阅，当然包括首相和基奇纳勋爵。

基奇纳勋爵认为这个方案值得一试。他说，如果炮击被证明无效，我们可以放弃。费希尔勋爵和阿瑟·威尔逊爵士都在场。他们没有发 334
表意见，我自然以为他们都同意了。会议一致通过了决定，并以如下奇怪的形式记录在案：

> 海军部应立即考虑在亚得里亚海的卡塔罗或其他地区采取有效行动的可能性，旨在（尤其）对意大利施加压力。
>
> 海军部还应在2月份准备一支海军远征队，以君士坦丁堡为目标，炮击并夺取加利波利半岛。

会议休会之后，我征得费希尔勋爵的同意给卡登中将发去如下电报：

海务大臣致卡登中将

1915年1月15日

在昨天的内阁战时会议上第一海务大臣和我提交了你的计划，在原则上获得通过。

2月15日以前提供你所要求的兵力，包括“伊丽莎白女王”号，我们觉得没有困难。

我们完全同意你采取德国人在安特卫普所使用的方法，将堡垒一个一个逐步铲除的计划。

我们提议将此次军事行动委托给你。

德·罗贝克将军也许会成为你的副手。

我们开始行动越早越好。

你将很快接到部里的正式命令。

继续完善你的计划。

*　　*　　*

我现在着手与法国政府商谈此事，除了商讨其他问题外，地中海的指挥权应当重新调整。我概述了我们进攻达达尼尔海峡的计划，并做如下补充：

> 鉴于此次作战行动的极端重要性，海军部并不希望此时对地中海那个区域的局部指挥权做任何变更。然而，海军部希望法国战列舰中队以及法国潜艇、驱逐舰和“福德”号水上飞机运载舰能在一位法国海军少将的指挥下与我们进行合作。

在将此照会送交法国海军武官之前，我特意要求首相、基奇纳勋爵、爱德华·格雷爵士以及第一海务大臣和参谋长在文件上正式会签。这种预防措施对于处理极端重要事务是合适的，这样做对以后不致产生误解至关重要。

335 我给尼古拉大公也送去了同样的通报。

不难看出，这个方案的形成及其详尽细致的内容，从其性质上说纯粹是海军的专业性很强的精心策划。利用远程炮击逐个清除堡垒的方法是卡登中将及其参谋部的炮兵军官提出的。接受这种想法并研究和批准其细节的则是亨利·杰克逊爵士及海军参谋部。不管是对还是错，这是一项由海军制定的方案。同样，海军部的执行细则纯粹由参谋长及其助手拟定。我概述了由我们管辖的全部老式战列舰资源。但是参谋部提议增加“伊丽莎白女王”号以及由此舰增加的所有附属设施。正是由于第一海务大臣的建议，进攻达达尼尔海峡的舰队中又增添了另外两艘最强有力的军舰“纳尔逊勋爵”号和“阿伽门农”号，这个方案的专业概念完整性没有受到任何外行或文职人员的干涉或损害。

我这样写丝毫不想减轻或推卸责任。我的意图不在于此。我没有也不具备能力制定这个方案。但是当方案由海军当局制定出来经高级技术权威人士修改和认可并由第一海务大臣批准之后，我便抓住这个方案将它送上执行之路；以后我又竭尽全力支持这个方案。当别人提不出新的理由却想削弱或改变它们时，我便牢牢地使方案符合先前的决定；为了协约国的共同利益，我扎扎实实地使方案得到切实执行。

*　　*　　*

关于倡议进攻达达尼尔海峡的方案的第一阶段叙述，就到此为止。关于文件本身几乎没有什么争议。这项计划在当时主要的海军权威人士与战时会议的成员中讨论了 20 天。在海军部，它是我们秘密圈子里争论最为激烈的问题。直到此时，所有意见都是赞同这个方案的，还没有出现反对它的声音和提出反对它的论点。澳大利亚官方史的作者认为，用下面这段结论来概括这段历史是正确的：

“于是，由于丘吉尔过多的想象力，由于外行对大炮的无知，由于热情的年轻人说服了头脑迟缓的老年人，加利波利悲剧终于发生。”

我历来对于澳大利亚人民具有一种庄严的责任感，所以我希望他们研究事实真相要为自己负责，不要满足于如此粗糙、不精确、不完整和带有偏见的判断。

注释：

[1] 刘易斯·贝利海军中将在战争后期阶段完全证明他具有令人信服的崇高品质，这一点人人皆知。

[2] 重点号系丘吉尔所加。

[3] “计划”这个词不大正确。汉基上校提出的是对土耳其战场的重要性的一般评价。

第四章　多格滩战斗

336 1月中旬，政府上层的秘密圈子表现出对海上形势的不安。约翰·杰利科爵士在他的书中描述，在这关键时刻，他认为大舰队的状况特别虚弱。在他写给第一海务大臣的信中充满了令人不安的计算数字，这些数字表示发生大战时英、德两国海军的相对力量。他说英国的几艘无畏级战舰正在进行常规整修；另外两艘，“君主”号和“征服者”号，由于碰撞而暂时瘫痪了。他又搬出了去年11月形成的那套理论：德国人秘密地采用火力十分强大的大炮装备其最新的战列舰。去年11月他提到有4艘军舰装备了14英寸的大炮，而此时增加到6艘军舰装备了15英寸大炮。说德国有此种变化当然是不可能的。我们的情报保证能正确得知这些军舰在什么日期离开船坞开始活动，因此，敌人完成如此巨大的建设是不可信的。所以我不得不批驳这些论点以及其他性质同样令人吃惊的言论，为此还特别建立了一个由第三海务大臣领导的委员会，以平息因相信德国出现这种大规模重新武装而产生的忧虑。

总司令的另一个要求也让我十分为难。他对驻扎在福斯湾的战列巡洋舰表示极度担忧，希望能将她们撤往克罗默蒂，以便更靠近主力舰队。如果同意这个建议，我们将失去对付德国人袭击我们沿海的有效手段。12月16日敌人曾袭击了哈特尔浦和斯卡伯勒，倘若他们故伎重演，我们将无能为力。克罗默蒂距离黑尔戈兰湾与斯卡帕距离黑尔戈兰湾同样远，贝蒂上将和战列巡洋舰如撤退到这么遥远的一个泊地，我们将毫无必要地陷入无助的境地。说实话，我宁愿整个战列舰队全都南下进驻福斯湾。但是，即便做不到这一点，我也要强烈反对将战列巡洋舰撤离这一在战略上将遭逢敌人快速舰的要地。因此，1月 20 日我给第一海务大臣送去一份备忘录： 337

战列巡洋舰应该聚集在一起，如此我们便可时常保持一支强大力量，足以击败德国的所有快速军舰。如果将战列巡洋舰调往克罗默蒂，她们将鞭长莫及，无法保卫英国的海岸。克罗默蒂到黑尔戈兰湾的距离与斯卡帕到黑尔戈兰湾的距离相同。因而我以为，不能分散她们或将她们调离福斯湾，除非贝蒂上将报告说他发现该处航行条件有危险。

第二天早上，关于这个问题和其他一些涉及大舰队实力的事情，我和费希尔勋爵做了全面的讨论，他同意我所持的观点。于是，我在 21 日下午给参谋长送去一份备忘录：

战列巡洋舰应该和目前一样集合在福斯湾，除非贝蒂上将报告说，该处航行条件有危险……依此行事。

这种忧虑引起的反应在战时会议上表现出来。1 月 21 日首相写信通知我，他要在 28 日召集战时会议，他希望邀请约翰 · 杰利科爵士出席会议。我意识到海军部四周再一次掀起了逆流。我认为，当我们的力量正处于吃紧之时，当各种迹象表明敌人活动很可能出现之际，让约翰 · 杰利科爵士离开舰队来伦敦出席战时会议是不对的。因此我拒绝召约翰 · 杰利科爵士来伦敦。

* * *

年初德国海军参谋部与德国皇帝举行了一次商谈，结果是对德国舰队施加严格限制。德皇这些决定的后果是，冯·因格诺尔上将把最强大的第三战列舰中队派往波罗的海训练，这支舰队由“恺撒斯”号和“柯尼希斯”号组成。然而，他打算让驻扎在北海的舰队先开展一次有限的军事活动。由于天气恶劣，这项活动一拖再拖。到了1月中旬，他和德国海军参谋部得出结论，英国海军即将展开一次大规模进攻。他们听说在贝尔法斯特已经在建造假军舰，于是便将此事与另一个计划联系了起来，即我们打算将阻塞船驶入黑尔戈兰湾几条河的河
338 口。他们兴奋激动了好几天，并处于高度戒备状态。19日上午，一架德国水上飞机在黑尔戈兰湾60英里外发现了“众多向东行驶的英国军舰，其中有数艘战列巡洋舰，四周还有近百艘小船”。他们当时认为这是一次巨大的封锁行动。实际上这只是一次由哈里奇港驱逐舰与潜艇小舰队在战列巡洋舰支持下进行的例行侦察。结果什么也没有发生。德国人得到的情报表明，英国舰队的大批军舰靠近了他们的海岸线，但随后又退走了；由此冯·因格诺尔得出结论，阻塞行动已被放弃或者无论如何被推延了。20日他立即解除了特别警戒，并于21日命第三中队穿越基尔运河，驶往波罗的海演习。这些相互矛盾、互不连贯的决策被别扭地写入了德国的官方历史。[1]

戒备状态普遍解除之后，按照德军总司令在他的报告和战时日记中规定的指导方针，在北海采取进攻行动变得比以前更为消极是十分自然的事。但是就在此时天气开始转好，参谋长埃克曼中将想要利用这个机会弥补恶劣天气时的无所作为。于是，在1月22日他向总司令以书面形式提出下列建议：

如果明天的天气依旧像今天下午和晚上一样，派一艘巡洋舰和一艘驱逐舰前往多格滩是很可取的。不需要特别准备，明天早上给高级军官和侦察舰艇发一道命令就够了。

夜间出发，午前到达，晚间返回。

一位德国历史学家说，冯·因格诺尔上将立即意识到这个建议与刚刚规定的指导方针相矛盾，他在报告页边写道：

只有当舰队一起行动时我才赞成军舰出海。可惜目前做不到这一点。

然而他却批准了……

第二天上午 10 点 25 分，下述命令通过无线电报发给冯·希珀少将[2]：

由高级军官侦察队选派的第一、第二侦察组，即驱逐舰和两支小舰队的高级军官前往多格滩侦察。他们今晚天黑后离港，明晚天黑后返回。 339

* * *

23 日，费希尔勋爵得感冒卧床休息，尽管有种种观点分歧，他在杰利科事件上一直很坚定，支持我。于是我到与海军部大楼毗连的拱门楼看望他。我们就各类问题愉快地谈了很长时间。当我回到海军部我的房间时，已经接近中午。我还没坐稳，房门就被突然打开，阿瑟·威尔逊爵士未加通报就闯了进来。他盯着我看，眼神透出一道光芒。他身后是奥利弗，手中拿着海图和罗盘。

“海务大臣，这些家伙又出来了。”

“什么时候？”

“今天晚上。我们让贝蒂去那儿还来得及。”

我们一封接一封发出了下列电报：

海军部致海军舰队 T 准将[3]，哈里奇取消Z方案。今夜需要你掌管的所有驱逐舰与轻型巡洋舰。派驱逐舰去希尔内斯护航一事取消。

海军部致“雄狮”号中将，罗赛斯

所有战列巡洋舰、轻巡洋舰与远洋驱逐舰立即做好出航准备。等待进一步命令。

海军部致大舰队总司令

第一、第二和第四战列舰中队、巡洋舰与轻型巡洋舰准备今晚天黑后出航。

发完电报，阿瑟爵士简单解释了他根据被截获的德国电报（我们的密码员已将电文破译）和一些其他情报（他是搞情报的老手）得出的结论。所有德国快速军舰将在天黑时出海，英国海岸显然要遭到袭击。我的同僚们接着开始致力于为英国军舰确定会合地。海图和罗盘经纬度圈立刻表明，只有贝蒂从福斯湾出动、蒂里特从哈里奇出动才能在德舰袭击和逃逸前拦截她们。大舰队在第二天下午之前不可能到达现场，驻扎在克罗默蒂的任何舰只也到不了该地。然而，对于贝蒂和蒂里特来说，他们的军舰有时间，白天即可在多格滩附近会合。威
340 尔逊和奥利弗在海图上已经标出敌人的可能行动路线，事后证明他们标出的路线几乎完全精确。他们根据猜测的德舰航速用罗盘一小时一小时地测定敌人航线，直到他们到达我们海岸。然后他们又画出贝蒂和蒂里特从福斯湾和哈里奇出发拦截敌人的路线。我们的意图是，英国军舰拂晓时在敌人后面约10英里某处相遇和会合，或者在敌人向西过去半小时之后随即在敌人和其老巢之间的某处相遇和会合。我们还讨论了是否应冒更大的风险，即让我们的军舰在更靠东的会合点集结。这样做可以更加确保处在敌人与其老巢之间，但是如果天气变得多雾就更有可能找不到敌人；回想起12月16日发生的事情，后一种可能

性就会变得非常大。因此，集结时间与地点被确定为第二天，即 24 日清晨七点，在北纬 55° 13′、东经 3° 12′，此处离黑尔戈兰湾 180 英里，几乎在黑尔戈兰湾和福斯湾形成的一条直线上[4]。下面这份电报分别发给斯卡帕的大舰队总司令、第三战列舰中队布雷德福上将、罗赛斯的战列巡洋舰司令贝蒂上将以及哈里奇的轻巡洋舰和驱逐舰司令蒂里特准将：[5]

> 4 艘德国战列巡洋舰、6 艘轻巡洋舰和 22 艘驱逐舰将于今晚出航，前往多格滩侦察，可能将于明晚返回。罗赛斯的所有可使用的战列巡洋舰、轻巡洋舰与驱逐舰应驶往北纬 55° 13′、东经 3° 12′ 的会合点，明晨 7 时到达。T 准将率领哈里奇的所有驱逐舰和轻巡洋舰于清晨 7 时在上述会合点与“雄狮”号上中将会合。如果 T 准将在穿越敌人行进路线时发现敌人，应对其发起进攻。除非万不得已，不许使用无线电电报机。本电文发给国内舰队总司令、“雄狮”中将、第三战列舰中队中将及 T 准将。

计算与讨论花去了将近一个小时，而第一海务大臣对所发生的一切却还一无所知。于是我让阿瑟·威尔逊爵士和参谋长将海图和电报稿送往拱门楼，如果没有不同意见就将电报立刻发出。费希尔勋爵对提出的决策表示满意，随之就采取了行动。

读者可以想象在那个漫长下午和晚上的时间里充满了何等紧张的 341
情绪。我们无法与任何人分担这个秘密。那天晚上我出席了法国大使招待米勒兰先生的宴会，他当时任法国陆军部长，为一项重要使命来伦敦。我们感觉到有一层内心孤立、自我专注的薄膜，把我们与聚集在这里的高贵客人隔开。在 12 月份，我们几乎没有可信的情报来源。一切都捉摸不定。看上去甚至什么事都不会发生。现在心里压着这么一件大事，只有一个念头主宰着头脑——黎明时的战斗！这是历史上两支强大的超级无畏级战舰的第一次战斗。同时还有一种令人震颤的感觉，就仿佛眼见猎物正一小时一小时地朝陷阱悄悄靠近。

*　　*　　*

第二天凌晨，天还没亮，我们便已起床忙碌起来，等到门外天色明亮时，费希尔、威尔逊、奥利弗和我都已经来到作战室。各个部门平时值夜班的工作人员都还没有下班。突然，像命定一样必然，像阅兵一样准时，从舰队截到的电报送到了我们面前。这是第一轻巡洋舰中队发给“雄狮”号（贝蒂）和“铁公爵”号（杰利科）的电报：

（上午 7 点 30 分发出，上午 8 点 01 分收到）

急电。发现敌人。北纬 54°54′，东经 3°30′。向东行驶。包括战列巡洋舰和巡洋舰，数目不详。

两分钟之后：

急电。北纬 55°24′，东经 4°15′。发现敌人，包括巡洋舰、驱逐舰、战列巡洋舰和轻巡洋舰，朝东南与正南之间方向行驶。

于是，敌情再一次得到证实！

在海军部的安静的屋子里，我们分分秒秒地跟踪着一次海上大战的具体细节，人的精神经历中不可能注入比这更多的冷酷刺激。在远处蓝色的大海上，在格斗的军舰上，在大炮震耳欲聋的爆炸巨响中，历史事件的片断正一幕幕地展现在肉眼前。那里有最强烈的战斗感觉；
342 那里有战斗的愤怒；那里充满强烈的、默默经受的肉体与精神上的苦楚。但是在白厅只有钟在滴答走动，一些沉默不语的人匆匆走进来，将铅笔写的纸片搁在另一些同样沉默不语的人面前，他们或在画线条或在潦草计算，不时地用手指指点一下，或者压低嗓音简短地评说几句。电报一份接着一份，间隔只有几分钟，在收到并译出这些电文时顺序经常颠倒，意思也常常含混不清；在这些之外，在头脑中一直有一幅图像在闪烁变化，围绕这幅图像想象在每个阶段都会冒出希望或恐惧的闪光。

第一轻巡洋舰中队致总司令

（上午 8 点发出，上午 8 点 20 分收到）

敌人军舰改变航线转向东北。

“雄狮”号致总司令

（上午 8 点 30 分发出，上午 8 点 37 分收到）

发现敌人 4 艘战列巡洋舰，4 艘轻巡洋舰，驱逐舰数目不详，方位南 61 东 11 英里。我的位置北纬 54° 50′，东经 3° 37′。航向南 40 东，速度 26 节。

总司令致第三战列舰中队

（上午 9 点发出，上午 9 点 18 分收到）

朝黑尔戈兰湾方向行驶。

蒂里特准将致总司令

（上午 9 点 05 分发出，上午 9 点 27 分收到）

第一与第三小舰队在战列巡洋舰后。2 英里。

总司令致第三战列舰中队

（上午 9 点 20 分发出，上午 9 点 28 分收到）

支援第一战列巡洋舰中队作战。

“雄狮”号致总司令

（上午 9 点 30 分发出，上午 9 点 48 分收到）

正与敌战列巡洋舰交火。距离 16 000 码。

第一轻巡洋舰中队致“雄狮”号

（上午 10 点 08 分发出，上午 10 点 18 分收到）

敌人派最后面的一艘战列巡洋舰离开舰队。我被赶走。

第一轻巡洋舰中队致“雄狮”号

（上午 10 点 21 分发出，上午 10 点 27 分收到）

我正与敌人保持接触。

第一轻巡洋舰中队致总司令及“雄狮”号

（上午 10 点 15 分发出，上午 10 点 59 分收到）

敌人飞艇，方位东南东。

343 将近一个半小时我们没有听到“雄狮”号发来电报，这段时间里也许她与第一战列巡洋舰中队正在激战中。约翰·杰利科爵士显然也感觉到了这种压迫性沉寂的重量。

总司令致“雄狮”号

（上午 11 点发出，上午 11 点 09 分海军部收到）

你在战斗吗？

随后又是 20 分钟的沉寂，但感觉上似乎要长得多。然后，到了 11 点 37 分，终于传来了电报，这个电报不是从“雄狮”号或第一战列巡洋舰中队发来的，而是指挥第二战列巡洋舰中队的高级军官发给总司令的：

与敌人战列巡洋舰猛烈交火。北纬 54°19′，东经 5°05′。

有人说，穆尔正在报告：“雄狮”号显然遭重创。

这时我的心里浮现出一幅纯粹无关的画面。我回想起曾多次去威斯敏斯特教堂参加的追悼会：人群、军服、覆盖着英国国旗的灵柩，还有哀乐。贝蒂！这个场景至少不是真的；但是，天呀，实在太真实了！“雄狮号遭重创。”

* * *

现在该逃避一下作战室的紧张气氛，去看一看海上的军舰。

当清澈的冬天早晨的第一道阳光照在平静的大海上时，贝蒂将军率领 5 艘战列巡洋舰（“雄狮”号、“猛虎”号、“皇家公主”号、“新西兰”号和“大无畏”号）以及 4 艘轻巡洋舰到达了会合点。10 分钟后，他看到蒂里特准将乘坐“曙光女神”号，带领 7 艘速度最快的“M”级驱逐舰形成的哈里奇舰队的先锋。几乎与此同时第一门大炮的闪光出现。在几英里后，以最快速度紧跟着准将的“奥罗拉”号和第一与第三小舰队的“大胆”号和其他 28 艘驱逐舰立即与冯·希珀上将进行交火，后者率领“赛德利茨”号、“莫尔特克”号、“德尔夫林格”号和“布吕歇尔”号，在 4 艘轻巡洋舰和 22 艘驱逐舰的护卫下正沿着威尔逊和奥利弗事先预料的时间和路线行驶。“曙光女神”号朝一艘德国轻巡洋舰开火，并且立即发出她已与“公海舰队”交战的信号。于是，三条进军的路线几乎在一个点上汇集。 344

我们已经知道是什么原因促使冯·希珀上将决定这次远征。天亮时他将军舰分布成横行，以相当宽度并肩行进，毫无疑问是想搜寻英国渔船和轻型巡逻舰艇。接下来发生的事极其简单。当德国指挥官发现自己面对包括战列巡洋舰在内的众多英国战舰时，他立刻做出了决定，他将军舰聚集在一起，掉转头全速往老家驶去。此时贝蒂上将以同样的激情加大了速度，已经驶到德舰的南面，8 点钟他在距德舰 14 英里的下方位线上与他们平行前进。一场规模巨大的、集两支海军最快军舰之大成的赛跑现在开始了。由于后撤敌舰会往身后扔水雷，所有英舰都没有紧随敌舰的航迹，古迪纳夫准将带领的 4 艘轻巡洋舰位置稍稍靠北，蒂里特带领的所有驱逐舰和巡洋舰位置稍稍靠南，英国的战列巡洋舰位置更为靠南。

陆地追逐，战场是静止的，而军队是移动的；海上尾追，军舰缓慢而逐步地改变其相对位置，而战场却像战马奔腾一样一晃而过。于是，交战双方就在这种态势下持续了一阵子。同时，英国的战列巡洋舰不断加速，不久，她们明显地就要赶上德舰。到了 8 点 30 分，“大无畏”号与“新西兰”号的速度已达到 26 节，超过了设计速度一节。贝蒂上将打信号说，干得好，“大无畏”号！并且要求在短时间内连续加速至 27 节、28 节甚至 29 节。这么高的速度只有他的 3 艘主力军舰才能达到：“雄狮”号在前，后面是“猛虎”号和“皇家公主”号。他打算赶上敌人，马上以他的 3 艘军舰与 4 艘敌舰交战。

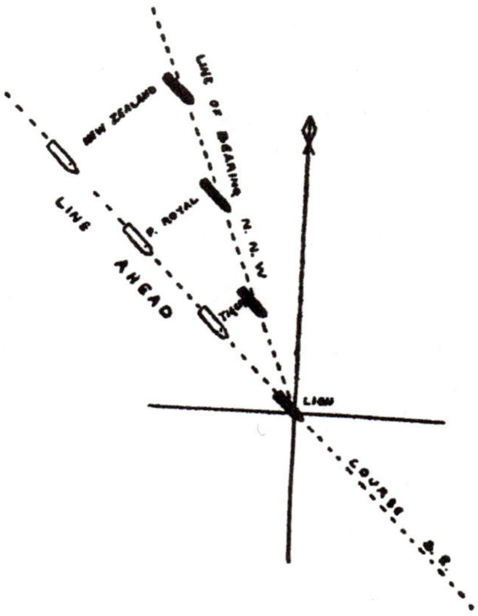

Line of Bearing N N W 航向西北北
Course S E 航向东南
Line ahead 前进路线
Lion “雄狮”号
New Zealand “新西兰”号
P. Royal “皇家公主”号
Tiger “猛虎”号

落在最后的德舰与领先的英舰之间的距离逐渐缩小。这些超级无畏战舰的速度是如此之快，以至于驱逐舰几乎跟不上她们。

随着战斗开始，在与敌人接触之际，蒂里特带着 40 艘战舰正行驶在两支敌对的战列巡洋舰中队之间的航线上。这个位置颇不便利，因为向前进展到与战列巡洋舰并行的方位——如同快速“M”艇那样——它们产生的巨大烟雾就会遮挡战列巡洋舰的视野。另一方面，以当时军舰行驶的速度，它们不可能移向南侧，试图在那里以最低 27 节的速度强行赶上。如果落在英国战列巡洋舰的后面，然后倾斜地拐弯， 345
它们就会被甩出，永远没有机会加入这场围猎行动，他们将无法赶上去拦截敌人，只得被困在英国战列巡洋舰内侧稍后的位置上。

大约 9 点钟，“雄狮”号开火了。[6] 直到 1914 年，军事演习时的最大射程是 10 000 码。那年春天，我下令试射 14 000 码距离，当时令世人惊诧的是试验立刻达到了相当精确的程度。但是这个课程学习还未及娴熟战争就爆发了。现在，在这场超级无畏级战舰之间的首次角逐中，追逐的一方在迄今尚无前例的 20 000 码距离开火。第二发炮弹飞越“布吕歇尔”号，此时“雄狮”号特意选中这艘军舰开炮。随着射程逐渐缩短，“猛虎”号和“皇家公主”号也加入了进来，落在“布吕歇尔”号上的炮弹几乎立即可以观察到。9 点 15 分，德国人开始还击。现在“雄狮”号向“德尔夫林格”号开炮，“猛虎”号和“皇家公主”号继续炮击“布吕歇尔”号。炮击对这两艘德舰产生了作用。第三次齐射击中了“布吕歇尔”号的吃水线，降低了她的速度；第四次齐射给她造成了巨大破坏，使她的两座后炮塔和 200 至 300 名水手丧失了战斗力。到了 9 点 35 分，“新西兰”号的射程达到了“布吕歇尔”号，贝蒂上将向他率领的军舰发出信号，要她们与各自对手交火，一舰对一舰，而他自己则朝引导撤退德舰的旗舰“赛德利茨”号开火。“雄狮”号的第一发炮弹从 17 000 码之外击中“赛德利茨”号，使她遭受重创，击碎她的船尾，打坏她的两个后炮塔。舍尔上将这样描述道：“两个炮塔上的全部炮兵顷刻之间便全都丧命；炮塔上升起的火焰有房子那么高。”

然而与此同时，敌人也开始炮击。由于误解了命令，“猛虎”号和“雄狮”号一起炮击“赛德利茨”号，但是命中率很低。“皇家公主”号正确地向“德尔夫林格”号开火；“新西兰号”对“布吕歇尔”号开火；“大无畏”号还没有进入射程之内。这样，“莫尔特克”号摆脱了任何攻击，可以不受干扰地向“雄狮”号开炮。[7] 所有德国的3艘主力舰都将炮火集中在“雄狮”号上；在接下来的一个半小时里，这艘尊贵的军舰，悬挂着上将那面坚定不屈的旗帜，以最高的速度冲向风暴的中心。海浪在她的四周汹涌翻腾，几百吨的海水洒落在她的甲板
346 上。一时间爆炸四起，弹片横飞。自9点半起，她就连连不断地被击中。将近10点钟后，她的最前面的炮塔被轰倒，其中一门大炮失去了作用。几分钟之后她的铁甲被一枚11英寸炮弹打穿。10点18分“德尔夫林格”号射出的两枚12英寸炮弹击中了她——其中一枚穿透甲板在甲板后面爆炸，导致几个防水隔舱进水；另一枚射穿吃水线下的铁甲板。上将不屑于待在指挥塔里，索性与他的参谋人员一起站在露天舰桥上，继续指挥他的旗舰以最高速度向前猛冲，当时她还没有受大损伤，时时曲折行驶以便躲闪敌人的炮火。形势是有利的。我方的战列巡洋舰还没有一艘遭到重创，“无畏”号有能力对付任何受伤的敌舰。战斗的关键时刻现在来到。

10点22分，贝蒂上将发现他的军舰受到烟雾的严重妨碍，他命令战列巡洋舰“排成西北北方位线”[8] 继续以最高速度行驶。他的目的是想躲开烟雾与水花，并使中队的后部能贴近敌人作战，此时敌人已形成以“赛德利茨”号的左舷为准的方位线。德国小舰队通过右转舵改变航线，不无威吓地让贝蒂穿过它们的尾迹，也就是说，让他进入可能会撞上他们布下的水雷与鱼雷的水域。这种“回马枪”式的威胁迫使贝蒂上将放弃他的包抄战术，顶着猛烈的炮火恢复了平行航线。“布吕歇尔”号此时燃起了大火，落在德国舰队外面；到了10点45分，贝蒂上将命令落在后面一段路但很快会赶上“布吕歇尔”号的军舰“无畏”号，“攻击向北突围的敌人”。贝蒂上将做进一步努力以靠拢敌人，但是到了10点52分，正当与“赛德利茨”

号、“莫尔特克”号和“德尔夫林格”号打得不可开交之际，已经中了 14 弹的“雄狮”号突然又中一弹，这一弹不仅严重影响了她的速度，而且如事实所证明的那样，对我们的全面胜利也造成最大的影响。她的左舷机器失灵，舰体倾斜 10 度，几分钟内速度降至 15 节。

“雄狮”号渐渐落在方位线后面，“猛虎”号、“皇家公主”号和“新西兰”号迅速越过她，此时（10 点 54 分），在“雄狮”号前桅平 347
台上的贝蒂上将接到报告，在舰首右舷有潜望镜的水波纹，上将和指挥人员都看到了。如我们现在知道，德国的潜水艇当时就在那个水域。为了迅速躲避危险，贝蒂上将迅速做机动决定，他命令全中队一起朝左舷转向 8 点，即成直角穿过敌人的后部恢复他先前的航向。这个动作打算在最短时间内完成，4 分钟后上将改变航向，发出信号“航向东北”。然而，事态已完全超出了他的控制。“雄狮”号已远远落在了她伙伴的后面。她的无线电已被击毁，探照灯也被击碎，只有两条发信号用的旗绳还残留着。在这个危急关头，当巨大战舰们（不管我们的还是敌人的）以将近 30 英里的时速劈浪前进时，一旦有偏斜，那她们之间的空间关系每秒钟都会发生改变，载着体现整个作战精神与方向的贝蒂上将的“雄狮”号却在这个时候瘫痪了，而且几乎成为了哑巴。她发出的最后两个信号，第一个是“攻击敌人的尾部”，第二个作为临别嘱咐是，“更紧地咬住敌人，重复上将此刻发出的信”号。但是没有一艘战列巡洋舰接到最后的命令，因为很难读懂末端被风吹到上边的信号旗。

在此关头，面对此种情况，海军少将穆尔接管了指挥权，他的旗帜飘扬在方位线上排在第三的“新西兰”号上。我在海军部任职的大部分时间里，他任第三海务大臣，他杰出的才能发挥了难以估价的作用。他一直渴望获得能与他的军阶和职位相称的海军指挥权。他的愿望得到了满足，可是现在命运女神却以嘲弄和不可揣摩的姿态立刻出现在他的面前。起初他无法确定是否由他接管指挥权。权力从来没有正式移交给他。他不明白贝蒂上将为什么会突然急转向北。发现敌人潜水艇的事并没有向他报告。“攻击敌人的尾部”的信号在“雄狮”号上挂起时，“航向东北”的方向信号还未收到。因此，所有的战列巡洋舰把这两个信号视作一个，穆尔少将把信号解释为向被遗弃的孤单的“布吕歇尔”号发起进攻，当时这艘军舰正处于他的东北方向。无论是穆尔少将或是其他战列巡洋舰都没有见到“更紧地咬住敌人”这个信号。于是他也就容忍了他的导航舰“猛虎”号按照对贝蒂上将命令的同样
348 误解继续沿她的航线行驶。“雄狮”号脱离方位线后将近一个小时，直到 11 点 52 分之前，他没有发布任何命令。

整个作战因此变得支离破碎。英国的 4 艘战列巡洋舰全都停止了对撤退德舰的炮击，转而开始包围倒霉的“布吕歇尔”号，她已是千疮百孔，而且已被轻巡洋舰和“M”级驱逐舰缠住。到了 12 点 10 分，以拼死的勇气战斗到最后的“布吕歇尔”号终于翻倒沉入波浪之下。舰上将近 1 200 名官兵中有 250 名被英国的驱逐舰和轻巡洋舰救起；如果没有德国水上飞机的干扰，不分青红皂白地朝快要淹死的德国人和英国抢救人员扔炸弹，还有更多人能够获救。与此同时，冯 · 希珀上将被命运之神从几乎肯定的毁灭中解救出来，继续以最大速度朝 80 英里外的黑尔戈兰湾逃去，他留下来的 3 艘军舰中有两艘燃烧着熊熊大火，船上到处是遭毁坏的设备，挤满了伤亡人员。已经进入毁灭险境的德国战列巡洋舰中队就这样再一次逃脱。

根据海军部穆尔少将的上司们的意见，他当时所做的或未做的事情均已得到批准。他没有背离他的军舰接到的实际命令的严格含义。前面的命令没有被贝蒂最后发出的一个信号“更紧地咬住敌人”所纠正，似乎表明有某种穆尔少将不知道的理由导致我们这位最大胆的海军将领突然终止战斗。当“雄狮”号落后时，指挥权是何时真正交到他的手中的？要确定这一点不是一件容易的事。他对贝蒂上将的信任越大，他接受指挥权的过程就越慢，对改变航向穿越敌舰队后部的信号的印象就越深。这种考虑所占的时间有一刻钟可能就足够了，而一刻钟是一段很长的时间。军舰在追逐时或者只保持各

自的位置，或者与其他军舰保持着一定的位置，此时只能允许极小的速度差异，一旦稍稍偏离平行的航线，距离很快就会拉开。一旦他确信自己已掌握了指挥权，确信贝蒂上将不再指挥，他肯定明白应恢复平行航线，重新追逐失踪的冯·希珀的军舰。但是他在进入有效射击距离之前肯定有长时间的耽误；他的中队本来始终可以更靠近黑尔戈兰湾和德国的公海舰队。

* * *

执掌高级指挥权的海军将领们在海战中要经受的考验，较之陆军将领们在陆上战斗中要经受的考验更为严峻。海军将领要亲自带领舰队，如同舰队中的任何人一样，他也会遭到大炮的猛轰，也要冒很大 349
的危险；而陆军将领却别无选择，不管他愿意不愿意，他必须待在完全宁静的指挥部里，这个指挥部可能距离战场有 10 英里、15 英里，甚至 20 英里。陆军将领必须依赖别人送上来的报告，这种报告来自旅部、师部和军部，在和参谋人员商量完以后，他的命令又通过同样的渠道传达下去；而海军将领则用自己的眼睛观察，用自己的嘴唇发布会导致整个重大事件发生变化的命令。海军军事行动的各个阶段彼此衔接，间隔时间只有两三分钟；然而在现代战争中，陆军司令可以过两三个小时，有时甚至要过几天才有必要做出新的决策。海军一旦加 350
入海战，整个战局都掌握在海军将领或他的继任者手中，只要他还能够发信号；然而在陆地上打仗，只要进攻发动的钟点敲响，战局暂时几乎完全脱离了将领的控制。

陆战失败可以有上百个方法解释其原因和掩盖任何错误的后果。关于失败，最简单的处置方法就是第二天换一个方向或在不同的条件下继续进攻。但是在海战中绝没有第二次机会。敌人消失几个月，战斗也就过去了。海军将领每分钟口头发布的命令都永远记录在参战军舰的航海日志上。海军舰艇，除非其机械装置停止运转，否则

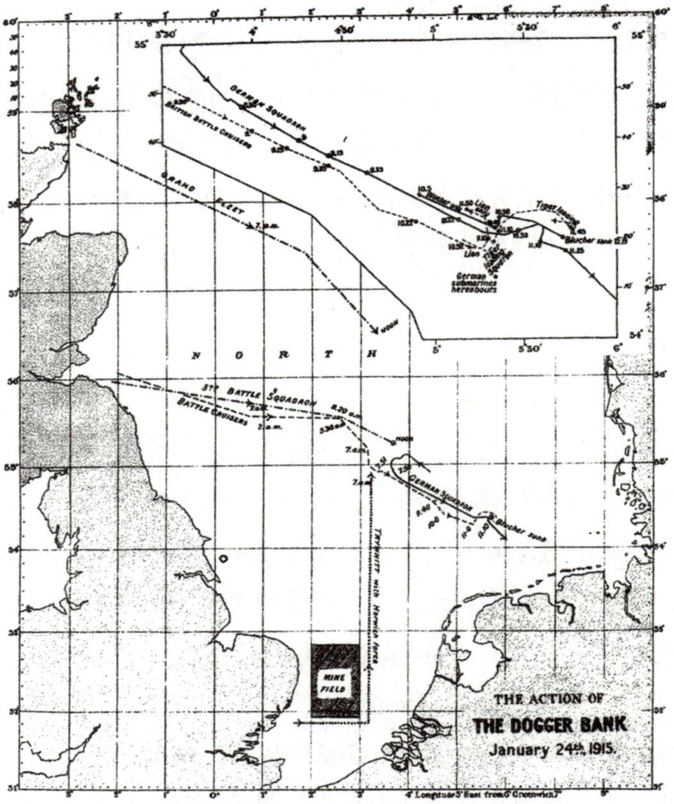

2 a.m. 上午 2 点
3rd Battle Squadron 第三战列中队
5.30 a.m. 上午 5 点 30 分
7 p.m. 下午 7 点
7.a.m. 上午 7 点
9.20 a.m. 上午 9 点 20 分
Battle Cruisers 战列巡洋舰
Blücher only 只有 1 艘“布吕歇尔”号
Blucher sunk “布吕歇尔”号沉没
Britsh Battle Cruisers 英国战列巡洋舰
German Squadron 德国中队
German Submarines hereabout 德国潜艇出没处
Grand Fleet 大舰队
Lion “雄狮”号
Lion only 只有 1 艘“雄狮”号
Longitude East from Greenwich 从格林尼治起的东经度
Mine Field 雷区
Noon 正午
North Sea 北海
Tiger leading Squadron 由“猛虎”号领航的中队
Tyrwhitt with Harwich Force 蒂里特及哈里奇海军

多格滩作战图(1915 年 1 月 24 日)

就要准确而死板地服从由人的意志发出的指示。每艘军舰在每一时刻的航线与航速全都要记录下来。沉没的每艘军舰的价值都是众所周知的。沉舰的名单会被公布。人们制造了海图和罗盘，每艘军舰的位置和行动几乎可以精确无误地相对其他军舰位置标出。战场是平展的，几乎没有变化。在每一个点上都可以要求做出正确解释，在历史的强光下可以再现和分析当时的紧张场面。我们在做出判断时必须牢记这一点。

*　　*　　*

虽然这些严峻的事情就此定局，但远远落在后面并相信追逐正在继续的贝蒂上将，决定离开受伤的“雄狮”号，他将他的旗帜悬挂在“进攻”号驱逐舰上，继续向前追赶还在交战的我方舰队。可是，中午过后不久他看到他的军舰迎着他回来。在得知剩余的敌人已经逃脱后，他感到十分懊丧，他命令恢复追击，然而现在没有机会取得成功。20 或 30 分钟的宝贵时间已被耽搁，这就意味着与敌人的距离已经拉下两三万码。这是无法挽回的。意识到继续追逐已毫无用处，他只好返航驶向“雄狮”号，为这艘军舰提供安全保障，使她能顺利返回福斯湾。

“雄狮”号的情况有一阵子显得岌岌可危；她的速度降到了八节，
她的倾侧程度增大，人们对她忧心忡忡。最后，她的蒸汽机变得根本 351
不能产生蒸汽，只好让“无畏”号拖行，就这样开始她缓慢、漫长而危险地驶向福斯湾的归程。24 日整整一夜、25 日整整一天一夜，蒂里特准将率领的 60 艘驱逐舰都一直团团围绕着她，保护她免遭鱼雷或潜水艇的攻击。准将命令：“如果发现潜水艇就狠打猛轰，别管周围的军舰。”26 日白天，“雄狮”号在众人的欢呼声中安然抵达，在罗赛斯抛锚。

*　　*　　*

多格滩的胜利暂时中止了已开始聚合的、反对我掌管海军部的不友好动作。贺词从各方不断涌来，我们再次享受到我们应得的威望。“布吕歇尔”号被击沉，其他德国军舰遭到重创后逃跑，这些已被视为实实在在、无可争议的战果，确保了德国皇帝再次处于1914年8月28日战争开始后承受的阴暗情绪中。德国海军部的一切宏大计划再次完全被压制，除了潜艇战之外，将近15个月里北海以及全部领海都一直太平无事。中立国家将此次战役视作英国在海上至高无上地位的铁证；即便在国内，海军部也感到，人们的信心与善意明显增加。这带来了好处。

注释：

[1] 第六章。

[2] 原文第348页称其为上将。——译者

[3] 指挥小舰队的军官蒂里特准将在海军中称为鱼雷准将，或简称“准将T”。同样，潜艇艇长称作“艇长S”。

[4] 请读者注意本章末所附的地图和计划。

[5] 这份电报已发表在菲尔森·扬先生对此次军事行动的叙述中，见《与战列巡洋舰在一起》(*With the Battle Cruisers*)第174页。

[6] 我的叙述主要根据官方历史学家的记载，并按照当时在“雄狮”号前桅平台上的目击者菲尔森司令的口述修改，还依据其他第一手资料校正和补充。

[7] 官方海军史错误地将“莫尔特”号记作“德尔夫林格”号。根据德国人记述，“莫尔特克”号很清楚是未受攻击的军舰，只有她没有对手，也没有伤亡。

[8] “方位线”是一种梯形队形。

第五章　再次思考和最后决定

直到 1 月 20 日前后，大家似乎一致同意海军对达达尼尔海峡采取 352
军事行动。陆军部、外交部和海军部的代表们似乎有同样的决心。战时会议已做出决定。这个决定确实并不是最终的或不可更改的决定。它只是授权海军部审察自己的资源和制定方案。如果这些方案在准备中出毛病，我们可以很容易地向战时会议报告并停止进行。但是谋划工作依旧进展顺利，所有有关海军将领的意见显然完全一致。但是到了 1 月底，当时与法国和俄国政府的谈判已大大提前，当时许多工作凭费希尔勋爵授予的全权已经准备就绪，许多命令已经发出，许多军舰已在行动，但此时费希尔勋爵却开始对这项计划表露出越来越多的厌恶与反对。

此时，英国海军在北方海域采取攻势或两栖行动的可能性变得越来越渺茫。总司令与约翰 · 杰利科爵士的通信表明，他反对做进攻博尔库姆或进入波罗的海这一类的事情。这个部门提倡的海军政策的要点和实质是千方百计加强我们的海军力量，给大舰队增添新战舰，但保持一种消极期待的态度。同时，由于霞飞将军反对约翰 · 弗伦奇爵士提前用武力在比利时海岸进军的计划，因而这个方案也宣告结束。显然，在北方战场上进行认真的海军进攻将是件遥遥无期的事，任何可能逐步完善这种进攻的计划都休想得到大舰队总司令的鼓励。

基于上述种种原因，我更迫切想在地中海采取行动。那似乎是——因为其他选择已失败或被耽误——为我们剩余军舰和军火保留的出路。这是唯一的出路，因为我们有着切实可行的方案，该方案由

353 参谋人员妥善设计，有海军和政界舆论强有力的一致支持。

然而，当总司令一得知战列巡洋舰“伊丽莎白女王”号和其他一些大型战舰要被调往地中海战场，他便再次开始强调他的舰队力量荏弱，调动的余地不足。现在他第一次找到了知音，那就是第一海务大臣。费希尔勋爵突然讨厌起达达尼尔方案，这次似乎大部分由于，甚至主要由于他不愿采取炮轰和封锁泽布吕赫的做法。由于陆军已放弃沿比利时海岸进军的打算，这个行动现在尤其显得必要。战时会议、海军参谋部，特别是阿瑟·威尔逊爵士都强烈要求采取这个行动。1 月 4 日，阿瑟爵士写道：“如果我们不封锁泽布吕赫运河，我认为我们必将不可避免地失去更多的军舰和运输船只。如果上次炮轰时就封锁运河，我们就不会失去‘敬畏’号。我们不可能把军舰全部关在港口内而不让它们锈烂。迄今为止我们的军舰由于积极参战而蒙受的损失微乎其微。”我由衷同意这种观点。众所周知，最后我们不得不在遭受惨重损失之后在极困难环境下封锁泽布吕赫。第一海务大臣发现在这个问题上他是完全孤立的，所以变得非常焦躁不安。他对泽布吕赫行动的厌恶之情不仅发展成反对达达尼尔计划，而且进一步发展为反对任何没有大规模陆军配合的海军进攻敌人海岸的计划。他最终亮出了自己的观点，他似乎反对在任何地区进行任何形式的海军干预。这可是一个大大的转变，与他早先和后来的态度迥然不同，这种转变引起了我的关注。

费希尔勋爵的论点没有采取批评这两个军事行动细节的形式。例如，他没有议论达达尼尔计划中的炮火配置或其他纯技术的问题，而任何有效的论据都无法回避这些问题，否则就得放弃计划。他坦言他现在担心的是大舰队的安全与对敌人优势的差距。我对这种说法太熟悉了。难道两个月前在 11 月讨论中，我们没有和总司令一起对全部理由与根据进行过探讨？当时并没有出现我现在面对的忧虑并没有任何实质性的东西。然而，在这种情况后面隐藏着一个重要的事实。费希尔勋爵经再次思考，考虑了某种激励因素或其他原因之后，才转而反对这个此前他乐意支持的军事行动。然而事情已经向前发展到了这个地步，仅仅因为存在一些模糊不清的忧虑就取消这个行动是不允许的。354
取消行动需要有充分的理由和新的事实。

1月20日，我给第一海务大臣送去一份备忘录，对他那种真心的或佯装的担心做了回复。信中说：

第一海务大臣：

自任职以来，你对英国大舰队和德国公海舰队的相对实力的看法似乎有所改变。在11月，你建议从大舰队中抽调“皇家公主”号、“不屈”号和“无敌”号，外加8艘“爱德华国王”级，5艘“邓肯”级，总计16艘一流军舰，其中一部分用于执行临时重要任务，但是战列舰全部派往南方长期服役。这个部署得到完全贯彻。从那时起，总司令已经收回了8艘“爱德华国王”级以及“皇家公主”号；此外，他还得到了“大无畏”号、“勇士”号、“爱丁堡公爵”号、“黑王子”号、“格洛斯特”号、“雅茅斯”号、“卡罗琳”号、“加勒蒂亚”号、“多尼戈尔”号、“海怪”号，外加16艘驱逐舰以及——我估计——大约50艘拖船和快艇。他的力量已大大加强。约翰·杰利科的部队没有得到大力加强之前，我们尚且不担心，现在并没有出现新的情况，敌人的实力也没有增强，我看不出有什么值得担心的。

费希尔勋爵没有争论这个基本论点，但是他再次指责驱逐舰的问题，这个问题是我们最薄弱的环节。他要求将整个小舰队从达达尼尔海峡撤回。我不能同意这么做，因为这会使达达尼尔舰队瘫痪，从而断送参谋部慎重做出的计划。与此同时，阿瑟·威尔逊爵士仍继续迫切要求对泽布吕赫采取行动。

这种双重压力使事态达到紧要关头。

1915年1月25日

海务大臣：

我不想在战时会议上继续徒劳地抵制我不能苟同的计划，但是我要求在下一次会议之前将附在信中的文件印发给会议的成员。

费希尔

他的备忘录的观点是：一直坚持舰队的“稳定施压政策”和保持消极态势，除非是要迫使敌人进行决战。段落摘引如下：

在所有的战略态势中，德国采取的海军防守战略最难对付，
355 此战略普遍被人看成怯于作战，这很危险，正如交战一方在陆上如我们一样的软弱，另一方在陆上如德国一样强大。然而，在我们的整个历史中，我们遇到过同样的局面。法国人在与我们进行的几乎全部海战中的策略，就是现在德国人采取的策略。我们今天的回答必须是与当时一样的回答，即满足于掌握对海上的控制权，节省实力，运用海上力量逐步施加压力，直到迫使敌人舰队在不利的形势下攻击我方。

在七年战争中，法国人保持他们的舰队五年不进行决定性战争。纳尔逊在土伦海外长达两年。与之相比，约翰·杰利科等待六个月是短的，何况这六个月里已有过几次交锋，一定程度上削弱了敌人力量。

与过去相比，如今海上力量产生的压力也许不是更小而是更大，它更能迅速地使对方投入战斗；但是，这仍旧是一个缓慢的过程，需要很大的耐心。到时候它几乎肯定会迫使敌人谋求海上决战，尤其当敌人意识到他们的陆地进攻已被粉碎之后。这是节省我们资源的一个理由。另一个理由是，海上战争的延长与陆上战争相比，占优势的海军强国由于激怒中立国，更容易招来新的敌人。要遏止这种趋势，只有使他国确信，行使海上权力的国家

背后有压倒一切的至高无上的海军力量。

如果我们贸然将战舰用于小打小闹，例如炮击敌人海岸，或没有陆军配合就进攻设防地区，那么我们就落入了德国人的圈套，因为如此我们将增加德国人以接近平等的力量与我们舰队作战的可能性。炮击海岸和让舰队去进攻设防地区（例如处心积虑地让我们舰队长期炮轰达达尼尔海峡），只有一个正当理由，那就是迫使敌人在海上决战。迄今没有其他理由是正当的。

只要德国的公海舰队保持着目前的强大实力与高超的炮击效率，除非英国舰队认为极为重要和实际上必须，就不应采取破坏我们目前优势的任何军事行动……即使旧式战舰也不能用于冒险，因为它们的损失也就意味着人员损失，而人员是大舰队的唯一后备力量。

我们的最大需要和困难就是保持消极态势，除非我们能迫使敌人放弃守势，并出动舰队进行决战。

……有人说，英国陆军的第一项职能就是协助海军取得制海权。在进攻泽布吕赫或强攻达达尼尔海峡这样的战斗中，陆军与海军合作有可能将德国舰队与土耳其舰队引出。这样的目的或许可以达到，然而，这一点现在显然做不到。英国陆军分明还要继续在法国的协约国前线分担一小部分战区，它在那儿不会比它在廷巴克图对海军更有帮助。

既然我们已经有了一支强大舰队能给予国家一切，我们就应 356
该继续静静地安享这种有利条件，没有必要在不能改善我们地位的军事行动中消耗我们的力量。

费希尔

在我看来，除了最后有特色的几句外，这份文件并非出自费希尔勋爵之手。文件是根据他的授意拟写的。当然，它与我的信念绝对相反。肯定没有人会希望“在不能改善我们地位的军事行动中消耗我们的力量”。这样写是为了规避问题。但是从最后这句话体现出来的海军策略，使我们注定毫无作为。无所作为的策略无疑就是在我离职之后总司令与海军部奉行的，这种策略直接导致了1917年严重的潜艇灾难。

* * *

26日那天收到俄国人发来的我向大公报告达达尼尔计划的电报的复电。他们的答复当然是赞成，但无助于事。爱德华 · 格雷爵士把电报给我时附有下面这些话：

> 这是俄国人关于达达尼尔计划的答复。它表明俄国人虽然不能帮忙，但是表达了他们对此行动的全部良好祝愿。大公认为它的成功至关重要。
>
> 可以让奥加尼厄[1]了解这个事实，以表明我们在这个问题上必须前进，要不然就会让俄国失望，并对陆军形势产生十分不利的影响，法国人和我们此刻都对它特别担心……

现在我将把注意力放在第一海务大臣的文件上，我把它连同如下答复转给首相，并将答复的副本给了费希尔勋爵。答复如下：

海务大臣备忘录

1915年1月27日

第一海务大臣文件的主要原则是无可争议的。我国海军政策的基础就是保持战列舰队及附属军舰处于安全的位置上，使她们能在任何时候在海战中击败德国的公海舰队，并保证这个目的高于和先于其他一切任务。这条原则已经得到并将继续得到全面而严格的遵守。

英、德双方参加星期天战斗（多格滩）的军舰，就各艘军舰的质量而言，在相当程度上代表了在舰队大战中将要对峙的两国军舰的水平。这场战斗证明，我方占五比四的优势是决定性的。 357
在这种条件下，德国军舰只会想到撤离，英国军舰想到的唯有进攻。德舰蒙受了惨重损失：4艘军舰中有一艘被击沉，另外两艘遭重创。如果战斗打下去，其余军舰将难逃覆灭的下场。

我们现在已不再处于仅仅是猜测的阶段。双方航海技能和炮术的相对素质已得到验证，结果证明我方丝毫也不逊色，同时我们的13.5英寸大炮的优越性和较厚装甲的效果，现在已经基本明了。因此，我们完全有理由相信英国21艘最好的战列舰与战列巡洋舰可以彻底击败同等数量的21艘德国无畏级战舰。在这个数字上增加战舰必须看作是一种预防水雷与鱼雷造成意外损失的保险。

宣战之初，双方可用的领海内军舰的最高数目为：英国24艘，外加2艘“纳尔逊勋爵”级；德国，21艘。英国随后有下列一流战舰陆续加入舰队：“伊丽莎白女王”号、“爱尔兰”号、“阿金库尔”号、“本鲍”号、“印度皇帝”号、“猛虎”号、“无畏”号；第二个月又有下列战舰加入：“不屈”号、“无敌”号，或许还有“澳大利亚”号；与此相比，我们损失了“大无畏”号。此外，大舰队和哈里奇打击力量还增添了18艘巡洋舰和36艘驱逐舰。[2]

同时德国领海舰队没有增添任何新生力量，反而损失了下列现代军舰：“布吕歇尔”号、“马格德堡”号、“科隆”号、“美因茨”号，以及10艘或12艘驱逐舰。

必须承认，舰型的不断改进十分显著，服役期超过12年的军舰只能在战争中起辅助作用。它们或许会由于速度限制而无法参加重要战争，除非同等军舰彼此作战；如果被最新式的军舰赶上，它们就难逃厄运。然而在这种前无畏级战舰中，我们也占有巨大优势。8艘“爱德华国王”号级已构成大舰队的一部分，而且2艘“纳尔逊勋爵”级[3]和剩余的6艘“敌畏”级可以随时加入大舰队以增强其实力。这支舰队肯定可以轻而易举地摧毁整个德国前无畏级战舰组成的舰队。

展望今年，我们可以得到8艘战列舰加强海军力量，或弥补战争损失，这8艘战列舰中有5艘航速在26节以上，全都装备了15英寸大炮，由它们组成的中队也许可以单独敌过德国海军的两个最好的中队。自从战争爆发，8艘轻巡洋舰已在领海服役；在随后的三个月里又会有8艘交付使用，再隔三个月还会增添4艘。所有这些巡洋舰无论在速度还是在火力方面都比德国现有的轻巡洋舰优越。今年里我们还将得到56艘驱逐舰，50到75艘潜水艇，24艘执行协助任务的小炮艇，还有其他各种辅助舰艇。由
358 此可以肯定，原本力量就已很充足的大舰队现在已得到大大加强，而且还将继续增加。第一海务大臣制定的第一条原则已经获得最全面贯彻。

海军的第二个重大职责是保护贸易和控制海上交通。德国在国外的所有巡洋舰与炮艇或被炸沉，或被堵住，或被扣押，除了“卡尔斯鲁厄”号和“德累斯顿”号。这两艘军舰躲藏了起来。“卡尔斯鲁厄”号已有将近三个月销声匿迹，其效率大可怀疑。据信，有两艘德国武装商船（“威廉王公”号与“艾特尔·弗里德里希亲王”号）尚未捕获；其余42艘商船原准备武装之后，去贸易航道上放手搞破坏，但已全部被堵住、扣留、击沉或俘获……

同时海军的其他一些任务也都得到了履行，包括控制英吉利海峡及其进路，巡逻多佛尔海峡，组织小舰队巡逻东海岸，建立哈里奇特别打击力量。

除了上述事实，我们在满足所有海军要求之后，还富余下列战舰可供使用，这些战舰人员齐全，武器弹药等储备充足，它们是：

5艘“邓肯”级军舰。

6艘“老人星”级军舰。

9艘“威严”级军舰。

1艘“君主”号。

4月初至7月末这段时间，我们还将得到14艘装甲厚、吃水浅的重炮艇:2艘装备两门15英寸大炮,4艘装备两门14英寸大炮，8艘装备两门12英寸大炮，最后这8艘还将装备由“威严”号级军舰上拆下的炮塔。具备这种火力，有人便建议可以用她们执行特殊任务，如果必要，可以随时用于炮轰，以促成具有战略与政治重要性的目的，其中下列目的特别值得一提:

1．达达尼尔海峡军事行动；

2．支持陆军的左翼；

3．炮轰泽布吕赫；接着

4．夺取博尔库姆。

我们相信，只要谨慎小心和方法得当，损失可以降到最低程度，与军事行动的重要性和必要性相比，损失肯定是可以忍受的。虽然军舰（除了“邓肯”级外）已不需要了，也不适合打仗，但我们不能说使用她们就违背了第一海务大臣为海军制定的策略和任何健全原则。由于担心军舰损失将引起的轩然大波，便不敢将它们用于需要的地方，这是错误的。如果在这些军舰上服务的皇家海军官兵中一定比例的牺牲可以达到重要的战争目标，可以挽救陆地上更多的我们的官兵和协约国官兵的生命损失，那么，我们决不应当从这个目标面前退缩。

W.S. 丘吉尔 359

第一海务大臣内心不会担心大舰队的实力。他知道，我了解他对舰队是有信心的，他不打算继续虚假讨论，但是却表示不愿参加第二天（28日）召集的战时会议。这当然不行。我坚持他应出席会议，并安排我们两人在开会前一起于首相处私下会晤。费希尔勋爵同意这一点。

战时会议开会前20分钟我们如期来到阿斯奎斯的房间。这次讨论没有保留书面记录，但是谈话没有出现任何争议。达达尼尔委员会成员记录说："除了要求使用确切语言这样意义不大的几点外，阿斯奎斯先生与费希尔勋爵向我们叙述了这次私下会谈中发生的事情。"费希尔勋爵非常简短地表示他反对泽布吕赫和达达尼尔这两个计划，并表示他宁愿在波罗的海打一次大仗，或者让陆军在海军的强力支持下沿比利时海岸全面推进。达达尼尔委员会成员说，费希尔勋爵"没有对进攻加利波利半岛本身的是非曲直进行批评。他也没有向首相提到，如果他的意见被否决他有辞职的念头。"这是完全真实的。我当时争辩说，泽布吕赫计划与达达尼尔计划全都应该执行，但是，如果二者必舍其一，那就放弃泽布吕赫计划，对于这个计划第一海务大臣似乎尤其反对。听完双方的意见之后，首相表示同意我的观点并决定放弃泽布吕赫计划，继续执行达达尼尔计划。费希尔勋爵总的来说似乎还满意，和他一起下楼时我的印象是一切都不错。

战时会议已经在等我们了，汉基上校记录了随后的讨论情况，它已公布在达达尼尔委员会的报告中。

> 丘吉尔先生说，他已向尼古拉大公和法国海军部通报了海军进攻达达尼尔海峡的方案。大公热情作答，并相信这（进攻）会对他有所帮助。法国海军部也发来赞成回答，并许诺给予配合。2月中旬开始行动，目前正在准备之中。他询问战时会议是否重视这个无疑包含某些风险的行动。
>
> 360 费希尔勋爵说，他明白这个问题不会在今天提出。有关此事首相清楚他的观点。
>
> 首相说，鉴于已经采取了步骤，这个问题不能搁置。
>
> 基奇纳勋爵认为海军进攻至关重要。如果进攻成功，其成果相当于新陆军成功地打赢一场战役。这个方案的一个优点在于，如果进展不顺利，进攻可以中途取消。
>
> 贝尔福先生指出，进攻达达尼尔海峡成功可以取得下列成果：
>
> 它可以将土耳其军队切成两部分；

它可以将君士坦丁堡置于我们的控制之下；

它可以给我们获得俄国的小麦的好处，使俄国能恢复出口；

它可以恢复俄国的对外贸易，由于不能出口，俄国外贸下降，引起巨大困难；

它还可以打开通往多瑙河的通道；

很难想象还能有什么更好的军事行动。

爱德华·格雷爵士说，它还能最终稳定保加利亚和所有巴尔干国家的态度。

丘吉尔先生说，地中海的海军总司令曾表示进攻是可行的。他要求三个星期至一个月的时间完成此任务。所需舰只已在前往达达尼尔海峡的途中。在回答贝尔福先生的提问时，他说，法国政府对他的要求作了答复：法国人相信，奥地利潜水艇不会来到达达尼尔海峡那么远的地方。

霍尔丹勋爵问，土耳其人是否有潜水艇。

丘吉尔先生说，他可以肯定他们没有。他估计我们在实施炮轰时不会蒙受太多损失，但在清除水雷时难免会有一些损失。在外围堡垒被摧毁之后，真正的困难才会出现，所以有必要进攻狭窄段。他借助地图解释了进攻计划。

然而，这份记录并没有记载下全部过程。在战时会议开会期间发生了一件事，这件事后来传得沸沸扬扬。以下是费希尔勋爵本人所做的记述：[4]

战时会议第9次开会，1915年1月28日上午11时30分。

（注：会议前首相与丘吉尔先生和费希尔勋爵一起讨论了拟议中的达达尼尔军事行动，决定同意考虑这个方案，反对费希尔勋爵的意见。）

达达尼尔计划

丘吉尔先生问战时会议是否重视拟议中的无疑具有风险的达达尼尔军事行动。

361 费希尔勋爵说，他明白这个问题不应在这个会议上提出。首相清楚他（费希尔勋爵）对此事的看法。

首相说，鉴于已经着手做了准备，这个问题不能搁置。

（注：于是费希尔勋爵离开了会议桌。基奇纳勋爵跟在他身后，问他打算干什么。费希尔勋爵回答基奇纳勋爵说，他不想再回到会议桌旁，他要辞去第一海务大臣的职务。基奇纳勋爵此时向费希尔勋爵指出，他（费希尔勋爵）是唯一异议者，达达尼尔军事行动是首相决定的；他力劝费希尔勋爵明白，费希尔勋爵对国家承担的任务就是履行第一海务大臣的职责。通过进一步谈话，费希尔勋爵勉强听从基奇纳勋爵的话，回到会议桌旁。）

此处必须强调，基奇纳勋爵 1915 年 5 月 14 日向战时会议发表的声明中提到，费希尔勋爵认为，无论在战时会议或在其他地方与上司海务大臣丘吉尔先生争吵，对自己来说既不合适也不得体。正确的做法是要么沉默，要么辞职。

会议结束之后，我们休会了几个小时。虽然战时会议做出的决定我由衷赞成，没有人反对这项海军计划，但是我认为我必须和第一海务大臣达成完全谅解。我注意到他离开会议桌，基奇纳勋爵跟他走到窗前与他争辩，但我不知道他最后是怎么想的。午饭后我要他到我房间来看我，我们谈了很长时间。我强烈要求他不要在达达尼尔行动上退却；经过长时间友好的谈话，内容涉及海军部的各个方面以及海军的地位，最终他明确同意接受任务。以后有关此事我们之间再也没有发生争执。“当我最终决定投入时，”费希尔勋爵对达达尼尔委员会成员说，“我就全身心地投入了进去。”下午我们又回到了战时会议，参谋长海军上将奥利弗与我们同来，征得费希尔勋爵的同意之后，我代表海军部宣布，我们决定承担战时会议如此迫切地给予我们的任务。我将此举看作最终决定。从此我决不再回头。我们已经离开了讨论与协商、权衡与担忧的阶段。现在进入了行动的阶段。

我对老海军上将持续施加了重压，对此我决不隐瞒。由于基奇纳勋爵的个人影响力，由于战时会议的集体意见，由于首相的权威决定，这个压力尤显得沉重。它不仅是舆论的压力（舆论压力是压倒性的），362
而且是费希尔无法回答的说理的压力。就技术方面而言，海军部有极大的支持力量。费希尔勋爵后来说："海军部的观点一致，所有人都站在丘吉尔先生一边。我成了唯一的反对者。"

向第一海务大臣施加这种压力错了吗？我不这么认为。战争就是一种有可怕压力的事业，加入战争的人如果不能坚强地承受压力，他们就必定失败。如果仅仅是一名政治家与平民，只要我对达达尼尔计划没有信心，我就决不赞同它，我就会尽最大努力在争论中驳倒它，安排舆论反对它。如果我处在费希尔勋爵的位置上，并持有他的观点，我就会直截了当地拒绝。他没有必要辞职。只有第一海务大臣才能命令军舰行驶，大炮开火。面临选择之际，第一海务大臣必须正视事实，果断做出决定。当一个艰巨复杂的计划已经展开，风险已经承担，牺牲已经付出，此时再对决策产生动摇，这就完全是另外一回事了。在选择阶段，一个人必须不屈不挠地维护自己的观点。但是一旦选择已经做出，大家就必须齐心协力地贯彻这个事业。

*　　*　　*

最近这些年来我常问自己，如果当初我接受了费希尔勋爵的意见：除非战时会议能够动用足够陆军猛攻加利波利半岛，否则断然拒绝在达达尼尔海峡采取任何行动，那么，情况又会如何？如果我们坚持这种做法，我们会得到足够的陆军和一个完善的计划吗？我们能否拥有达达尼尔政策所有的有利条件，而又能避免我们为此不得不付出的代价高昂的错误和不幸？达达尼尔委员会成员从截然不同的角度研究了这个事件，它显然觉得，如果没有海军的作战计划，以后注定会出现策划周密、配合完美的真正的两栖进攻。谁也无法十分深入地探讨这种假想的局面，谁也不能据此妄下结论。但是我个人认为，正是因为大家亲眼目睹达达尼尔海峡的战略意义和实实在在的证据，正是因为这次进攻对所有巴尔干及地中海国家产生的诸多影响，才足以使人们心里明白，从主战场抽调大量军队是可能的，此外别无他法。我相信，除了这些巨大的希望加上急切的需要之外，别无其他因素能使基奇纳勋爵将陆军从法国与佛兰德抽出。没有热情，进攻达达尼尔是决计做不到的。任何将大批兵力调往南方战场的企图，只要它还是纯理论性的建议，都会被我们的总部与法国参谋部否决。一会儿他们会告诉我
363 们，由于俄军失败，大量德军正回到西线发起最强大的进攻；过一会儿他们会说，他们一发子弹也省不出来，由于子弹短缺而深陷困境；以后他们又会说，他们有了发动巨大攻势的出色计划，它将粉碎德国人的防线并将他们从法国的大部分地区驱赶出去。事实上他们利用了所有这些理由，其目的在于（我们将看到）破坏达达尼尔军事行动，甚至在这个行动实际开始之后仍然如此。他们会不遗余力否决任何有关东方战役的纸上计划。如果照他们的意愿行事，本来就不会有达达尼尔行动，也不会有这个行动带来的希望、光荣和损失，更不会有令人心碎的最终失败。

但是谁敢说会发生其他什么情况？倘若意大利晚几周加入战争，倘若俄国在加利西亚的持续惨败使意大利最终不可能加入战争，倘若保加利亚向我们提前宣战几个月，除了塞尔维亚之外所有巴尔干国家都会集合在日耳曼旗帜下。在加利波利半岛被击溃的土耳其陆军精锐部队的大部分，肯定会在某处与我们或我们的协约国军交战。高加索的俄军也不可能长时期逃脱灭顶之灾。我不相信采取消极态度时我们就真的会有漂亮的、策划周密的两栖作战行动。我们根本不会有什么行动，遇到的将是在整个南方与东方战场上完全不利的

外交与军事反应。扪心自问，我不后悔为这次行动所作的努力。我们能做到这一步是对的。

不坚持，那就是犯罪。

注释：

[1] 法国海军部长。

[2] 舰名略。

[3] 2艘“纳尔逊勋爵”级军舰（即“纳尔逊勋爵”号和“阿伽门农”号），费希尔勋爵尚未将她们加入达达尼尔舰队。

[4] 费希尔勋爵《回忆录》（*Memories*），第80页。

第六章　陆军进攻的起因

364 截至此时，关于达达尼尔行动，战时会议和海军部都毫无疑问地接受了这么一个前提，即陆军将不参与进攻土耳其的战争。基奇纳勋爵在1月2日写给我的第一封信中说："我们没有军队可以在任何地方登陆……在几个月内我们不准备大干。"在1月3日发给卡登中将的第一封电报中我们问道："你是否认为单用军舰攻击达达尼尔海峡切实可行？"在1月28日做出最后决定的战时会议的晚间会议上，基奇纳勋爵重申："我们目前腾不出军队。"正是基于这个原因，我们采取纯粹使用海军进攻的全部决策。但是随后出现了一系列新的事实与压力，逐渐改变了任务的性质，大大扩大了任务的规模。在不到两个月的时间内，在这些事态的影响下，把握不大但是代价与风险较小的海军进攻变成辅助手段，取而代之的是陆军的大规模卷入。海军部失去了对这个新计划的控制权。我们的建议不受重视；我们的批评不受欢迎；即便是询问，我们也要拐弯抹角、小心谨慎。然而，这次陆军行动我必须承担失败产生的后果。

毕竟有了陆军了。从最终决定纯粹使用海军进攻的那一时刻起，陆军便从各处冒了出来。从那时起，每人心中逐步产生以这种或那种方式动用陆军的压力。由于放弃或无限期推迟沿比利时海岸进军的决定，原准备增援约翰·弗伦奇爵士的一部分军队解脱了出来；由于土耳其对埃及的进攻软弱无力并且已被击退，集中在那儿的大部分陆军解脱了出来；这支军队中的澳大利亚军和本土军在训练中不断进步，
365 因而日益适合进攻作战；由于镇压了南非的叛乱，其他一些忧虑也随

之解除。与此同时，第一与第二新军（总计 12 个师）在训练中质量提高，装备改善，许多本土师装备齐全，状态良好，他们的训练现已大有进步,也可在国内使用。在英国国内有大量有组织的武装士兵，应该消除海外入侵的担心了。

在随后的三个月里，部队实际上已断断续续地获得命令前往达达尼尔海峡：

从英国调遣：

第 29 师。

两个一线本土师。

皇家海军师。

一个义勇骑兵师。

从埃及调遣：

两个澳大利亚师。

外加一个澳大利亚旅。

兰开夏本土师。

一个印度旅。

从法国调遣：

两个法国师。

所有这些部队此时都已做好出发的准备。由海上运输这些部队的交通工具已准备就绪。随后，这些部队，甚至更多的部队，全都派了出去。它们一起组成了一支至少 15 万人的大军。这支大军可以在 3 月底某个时候集中在地中海东部，准备在任何选定地点进行干预。假如在 1 月份的任何时候就精心策划决定使用这支大军，根据妥善计划和坚定目的进行大规模的旨在夺取加利波利半岛的联合作战，从而为舰队打开通道，几乎没有人怀疑我们必将获得全面的胜利。另一方面，除了第 29 师之外，所有这些部队都是在战争爆发之后才招募起来或建立编制的。鉴于它们欠缺训练和弹药供应普遍不足，要开展一次大规模的新战役实在是一个极其严苛的决定。这就是主张海军进攻的正当理由。一种合乎逻辑的和前后一致的战争计划就是在此种条件下提出来的。计划是可以辩解的，但是对于随后发生的事情却无法辩解，只能归因于人类的弱点。事先没有明确的决策和周密的计划，就一步一步地进入一场新的战役，这本来就让人们嘲笑。可是，在这些问题提出时一些人总是那么躲躲闪闪，而且夹杂的个人因素又如此令人困惑，因此战时会议不知不觉、不可抗拒地被拖入了深渊。

*　　*　　*

366 基奇纳勋爵在这段时间的心理活动形成一种特色，几乎就像战争问题本身一样令人迷惑。他的声望和权威如日中天，成了陆军部在战时会议中的唯一喉舌。对他的性格人人都钦佩不已，在战争爆发后的最初几个月里发生的捉摸不定的可怕事件中，他的指挥使大家勇气倍增。只要是他做出的决定，无一例外都会被当作是最终决定。我相信，在巨细无遗的军事问题上，他的主意从来没有被战时会议或内阁驳回过。所有部队的调度要经过他的同意，而且要听从他的意见。会议上几乎无人胆敢与他争论。大家尊重此人，同情他的辛勤为公，信任他的专业判断能力，并且相信他的计划比我们深谋远虑。因此，无论在战时会议还是在陆军部都没有人敢表示疑虑和进行争辩。他手握重权，不动声色，含蓄冷漠，当时凡涉及陆军的组织和调度事务，他绝对控制我们的决策。

然而，在这种不凡和辉煌的外表后面却存在许多缺陷，这些缺陷的明显表现令人们越来越不安。战时国务大臣的重担压在他肩上，这副重担没有人能单独承担，即便三个像他那样有雄才大略的人也难以恰当完成。他已经把整个陆军部吸收进他宽广的个性里。参谋部已完全失去作用，变成了向他提供情报的机器。即便作为这样一台机器，它也软弱得令人可悲。参谋部和陆军委员会里所有最卓越出众、最有主见的人——除了陆军军需主任约翰·考恩斯爵士——全都迫不及待地跟远征军跑到国外，如今驻在法国。他们感到，应该根据圣奥默英军总部局部责任制的观念，控制整个战争指挥工作。在他们留下的位置上，充任极为重要职位的是些已列入退休名单的军官或其见解在英国军事理论界无足轻重的人。基奇纳勋爵的个性和地位使这些军官成了木偶。他们中间没有一个人能表现出天赋的能力，敢于以人与人间平等的身份同他激烈争辩，把问题争个明白。他穿着元帅军装，身为内阁大臣，巍然挺立在大家面前，而大家就像在练兵场上的下属向他行礼致敬。他们从来没有就战争的全过程向他提供经过周密思考的总体设想。他们准备尽其所能执行他的决定。他让战时会议的成员撰写有关战争的总体战略思想的文件，让财政大臣劳合·乔治先生了解俄国迫在眉睫的军事崩溃，并以准确无误的语言向内阁宣布。在没有全 367
面军事计划情况下，无论如何我还是提供了一种影响近东政治局势的方法。面对纷至沓来复杂多变的事件，基奇纳勋爵自己并没有清晰精辟的理论和周密的分析来作为他决策的依据。

因此，他时而决定向东，时而决定向西，他的决策显然受他日常得到的印象的摆布，而这种印象却常常是短暂多变。结果是他的决策有时自相矛盾。两种鲜明的战争观点折磨着他，两种观点都不乏力量与热情，以及大量事实与论据，都使他折服。英国陆军的所有主要人物以及法国高级司令部的权威都主张：通往胜利的唯一道路就是将全部士兵、大炮和炮弹都运到法国前线去“消灭德国兵”，在西部突破他们的防线。而战时会议的所有成员（当然包括已成为这一代公共生活中风云人物的人）的观点是，1915 年的战役应该集中在南方与东方战场，基奇纳本人对东方的情况既有兴趣也有了解，所以强烈倾向于这个观点。他完全清楚这一地区的胜利将意味着什么，但是他也感到法国前线对他不断施加另一种可怕的压力，而我们却感觉不到同等的压力。

这个问题并非不可解决。调和这两种表面上互相对立的概念不是不可能的。一份深思熟虑、精心制定的计划或方案可以在 1 月份设计出来，在 3 月、4 月、5 月甚至 6 月，在近东采取行动，随后在 1915 年秋季在西线集中兵力和进行大战，如果推迟到 1916 年春季在更有利条件下进行则更为理想。倘若能将有关重要权力部门争取过来，这两种政策完全可以恰当有序而成功地开展，因而每个政策都得到完整执行，这是完全可能的。然而，结果是基奇纳勋爵屈从于相互冲突的势力和相互矛盾的政策。

这些考验与重担他肯定承受不起，此外，他还有招募、组织与装备新军这一大堆事务。随后又逐步出现一系列有关生产与购买军火的问题，其规模之大是此前任何人做梦都想不到的。这些问题涉及国家
368 的整个社会生活与工业生活，触及世界的整个经济与金融制度。并且，他每天还得去内阁和战时会议说明军事情况，这是基奇纳勋爵最难受和劳累的事务，也是他觉得最不好做的工作；另外，还有对庞大战场的军事行政事务的决策，包括重大战事和自成系统的远征。可以理解，落在这位国王最伟大臣民身上的重担比普通人所能承担的重得多。

然而必须说，基奇纳勋爵决不试图减轻这些可怕的重担。相反，他敏感地憎恨任何人插手和检查他负责的巨大领域。他顽固地抵制自 1 月份起有人试图将各种军火生产工作从他作为战时国务大臣的控制下转移出来的行为。他尽量不把工作职责移交给下级。他试图仍旧采用一手包揽的方法领导这场大战，以前他领导那次小小的尼罗河远征战役，就采用了这种方法并且大获成功。他还使参谋部或类似的机构处于完全驯服和实际不起作用的状态。正如他的内阁办公室证实的那样，他甚至插手政治领域，干预爱尔兰问题、戒酒法和工业组织。

时至今日，无视或掩盖这些事实是懒惰的表现。事实是，只有全面了解基奇纳勋爵的性格和他的困难，才能真正捍卫他的伟大，保证

他能永远获得子孙后代对他的尊敬与感激。他为了同胞的利益与安全，全心全意付出了巨大的精力进行战斗。如果这段叙述及其所依据的事实与文献反映了他的军事政策，那么我同时必须说明，他当时承受着巨大的压力，说明在我们经历所有困难与迷惑时他表现出来的是非凡的耐心与勇气，说明他对我始终怀着不变的友善与好意。

*　　*　　*

1 月 28 日的战时会议最终明确决定，赞成使用海军进攻达达尼尔海峡，此外它还表明，它迫切希望获得一些陆军去影响巴尔干国家的政治局势。当时谁也没有想到能够召集起来的兵力会足以攻击加利波利半岛，这个行动在此关键时刻之前从未得到哪怕是起码的赞同。当时全部希望只是从驻在英国但已待命赴法国的兵力中抽调一两个师，包括第 29 师（我们剩余的一个正规师），并运用这支兵力作为杠杆以 369
鼓励 M. 韦尼泽洛斯和希腊国王及政府加入战争，站在我们这一方支持塞尔维亚。

在与约翰 · 弗伦奇爵士详细讨论之后，2 月 9 日的战时会议决定向希腊派去第 29 师（当时它还在英国）和一个法国师，条件是希腊加入协约国。我认为，除了海军进攻达达尼尔海峡可能产生的影响外，就这些援助的本身而言是根本不够的。我不相信希腊——更不用说保加利亚——会受这么一点有限援助的影响。实际上援助幅度小其本身就是承认我们的虚弱。这个看法是有道理的，援助的建议很快被 M. 韦尼泽洛斯谢绝了。

*　　*　　*

同时，海军进攻的准备工作稳步向前推进。指定执行这个任务的军舰已经到位或即将到位。得到 M. 韦尼泽洛斯的非正式同意，把包括宽广的穆德罗斯海港在内的莱姆诺斯岛交由我们支配，作为集结舰队的基地，皇家海军师的两个海军陆战营已被派往该岛。这支小部队的唯一目的是为卡登中将的舰队提供登陆部队，当卡登作战时，说不定他们有机会在敌人抵抗事实上已停止的加利波利半岛的部分地区彻底摧毁已失去作用的大炮与堡垒。但是，亨利·杰克逊爵士与费希尔勋爵一旦知道可以得到相当多数量的陆军，他们便开始迫切要求将陆军用于达达尼尔行动。亨利·杰克逊在2月15日写道："提供必要数量的陆军，能使这次海军大规模行动取得的成果永远不被忽视，运送陆军的船队看到狭窄的堡垒被制服之后立刻准备进入海峡……海军炮轰不值得推崇，它不是一种完善的军事行动，除非有强大的陆军准备支持这种行动，或者至少在堡垒被制服后陆军立即跟上。"这番话中有许多混杂的想法。"支持这种行动"和"堡垒被制服后陆军立即跟上"这两句话有着根本的区别。而另一方面，费希尔完全清楚，他希望加利波利半岛由陆军攻击和占领，而当时无论是基奇纳勋爵还是战时会议都不持有这种想法。

370 2月16日晚上，第一海务大臣在给我的信中写道："我希望你能说服基奇纳明天派几个师去莱姆诺斯！除非派陆军占领达达尼尔海峡，否则我们从黑海得不到一粒麦子。让50万军队留在英国而不派军队与海军舰队合作，这将是时代的怪事。

> 错失良机的战争！！！安特卫普为什么会陷落？
>
> 哈斯拉船队可以立刻驶往莱姆诺斯，因为迟早有人在加利波利登陆

我依旧坚持海军计划的完整性。我知道目前的军事形势和我们陆军的状况，我不能低估将英国军队投入加利波利半岛并与土耳其人进行剧烈而前途未卜的战斗的严重性质。我当然很早就认真考虑，如果海军进攻得手，英国舰队进入马尔马拉海，下一步该怎么办？我期待

只要土耳其的堡垒开始陷落，希腊人就会加入我们一方，他们的全部军队此后便会听凭我们支配。我希望英国舰队在君士坦丁堡海外的出现以及“格本”号和“布雷斯劳”号的逃跑和毁灭，将引发意义深远的政治反应，结果，土耳其政府会要求谈判或退往亚洲。我相信一场大战后马上开展正确的外交活动能诱使保加利亚向阿德里安堡进军。最后，我确信不管俄国人在其他地方的需要如何，他们是不会对君士坦丁堡的命运无动于衷的，所以从他们那里能得到进一步的增援。在没有陆军的情况下，我正是指望这些准政治因素能够起作用，帮助我们扩大与巩固舰队所取得的成果。读者将可以看到这种思考究竟有多少依据。

但是倘若最终基奇纳勋爵和战时会议觉得有必要在东方组建一支英国陆军大部队，那大规模和成功的协同作战当然有非常大的希望。在埃及和希腊岛屿集结这么一支陆军，很可能成为主宰和驱使其他国家的运动肌。如果在舰队通过达达尼尔海峡后土耳其人撤出半岛，陆军便可以夺取布莱尔地峡；如果与土耳其达成协议，陆军便可以立即占领君士坦丁堡。再说，如果在舰队穿越海峡时需要一支较大规模的登陆部队，人员就可以由这支陆军提供。这样，在立即向东方派遣陆军的问题上，原来对接下来步骤持不同意见的人们便基本达成了一致。面对互相冲突的意见、相持不下的计划和不断变化的形势，希望 371
以最快的速度在地中海东部集结一支规模尽可能大的陆军，并由最优秀的将军指挥，在我们海军部的所有人看来是自然的。因此，在任何时候的讨论中，我们都支持任何有助于促进与加快完成这种军事集结的计划。

2 月 16 日是做出正式决议的日子。在这次包括首相、基奇纳勋爵和我本人在内的战时会议主要大臣的会议上，做出了下列决定，这些决定最终被写入战时会议的决议之中：

（1）尽速将第 29 师派往莱姆诺斯，最好能在 9 至 10 天内完成。

（2）如果需要，安排从埃及抽调一支部队。

（3）所有上述部队与已经派遣的皇家海军陆战营，在需要时可用于海军对达达尼尔海峡的进攻。

（4）动用运马船将第 29 师运出，海军部将安排在黎凡特集中小艇、拖船与驳船。

2 月 16 日的决议是陆军进攻达达尼尔海峡的基础。达达尼尔委员会成员说："虽然没有明确决定大规模动用陆军，但是他们的大量集结，为需要的支援做好了准备。"这一天卡登中将得到通知，穆德罗斯海港可以供他用作基地，海军少将威姆斯被任命为该基地的高级海军指挥官。16 日夜晚，为执行已做出的决议，我吩咐战时参谋长奥利弗将军以最快的速度为第 29 师准备运输船队，他当天就下达了命令。集结陆军的决定毫无疑问含有在发生某种意外事件时使用陆军的可能性。但是对意外事件尚未明确界定。

17 日那天，基奇纳勋爵似乎受到来自总司令部的巨大压力，要求第 29 师仍应派往法国。事实上，正如官方海军历史学家公正评论的那样，如何使用第 29 师成了我们秘密圈子里开始被称作"西方"政策和"东方"政策之间的最重要问题。基奇纳勋爵成了这些意见与势力斗争的牺牲品，他陷入犹豫不决的巨大痛苦之中。

372 至此，达达尼尔海峡还未打响一枪，但是我们已处于进攻外围堡垒的前夕。19 日，当我们再次在战时会议碰面时，基奇纳勋爵显然已改变了主意。他通知我们说，他不能同意将第 29 师派往东方。他提出的理由是，俄国已虚弱不堪，他担心大量德军从俄国前线调回，转而进攻我们在法国的军队。我不相信这个论点对他真有这么重要。他一定知道，除去其他的一些不可能的因素外，德国人要在两三个月的时间内将大军从俄国运往法国前线是完全不可能的，如果他们真的这么做，那么第 29 师——仅仅一个师——恐怕也于事无补。他提出这个论点无非是在他经过最痛苦的思索之后做出的决定，用它来为其他一般理由做辩解。

战时会议屈从了基奇纳勋爵的意志，尽管它的愿望和观点并没有改变。战时会议决定推迟第 29 师的出发，但同时指示海军部继续为第 29 师和其他部队准备运输船队。在 20 日这天我给运输处处长送去一份备忘录，要求“以最少的耽搁做好第 29 师登船的一切准备工作。但是该师的调遣还没有做最后决定”。

20 日是一个退缩的日子。基奇纳勋爵拒绝派出第 29 师。他甚至似乎反对在东方的任何大规模陆军集结。他给我写信（2 月 20 日）说：“法国人对于你告诉他们我们将动用那么多军队一事十分热心。我刚刚见到了格雷，他希望我们不要承担法国特遣队去达达尼尔的任务。”他反对我在亚历山德拉集中 4 万人的运输船队作为事先预防的举措，这件事他以前曾经同意过。更有甚者，他还派他的副官——勇敢而有功绩的菲茨杰拉德上校——去第一海务大臣和海军部运输处那儿，告诉他们第 29 师不准备出发了。于是第一海务大臣和运输处处长便以为基奇纳大臣和我已达成一致意见，已彻底解决了这个问题。自 16 日起开始进行的为第 29 师集结和安排运输船队的命令就这样被取消了；在不通知我的情况下，由 22 条船只组成的整个船队也被解散，派去执行别的任务了。

2 月 24 日和 26 日又恢复了讨论，但是我们是在听到对达达尼尔海峡进行实际进攻的消息后开始开会的。2 月 19 日开始了对外围堡垒的炮轰，虽然由于天气恶劣炮轰曾一度中断，但大家的感觉是行动一 373
直都还顺利。而且，公开军事行动现在也已经展开。如果说 16 日是一个下定决心的日子，20 日是一个退缩的日子，那么 24 日与 26 日可谓是妥协与折中的日子。在 24 日，基奇纳勋爵说他“觉得如果舰队在没有援助的情况下无法穿越海峡，那么陆军承担的任务就应该有始有终。在东方遭到失败的后果将是非常严重的。在那里决无后路可退。”就这样，海军放弃进攻的念头一下子打消了，如果海军进攻证明困难太大，就可以放弃进攻转而寻求其他目标；大规模陆军作战的可能性似乎得到认可。对此，我在 24 日和 26 日再次顽强地提出派遣第 29 师的理由，我已习惯寄希望和专注于海军进攻会愈来愈激动人心。

基奇纳勋爵不顾他自己的声明，坚持拒绝派遣第 29 师。他指派熟悉并且信任的伯德伍德将军从埃及（他在那儿指挥澳大拉西亚军团）前往达达尼尔海峡，并报告陆军行动的前景和可能性。2 月 24 日，陆军部要求海军部给卡登中将发去由亨利 · 杰克逊爵士拟的电报稿：

“……陆军部认为，为了保证摧毁敌人永久性炮台这一首要目标的实现，占领半岛南端苏安代尔—查纳奥瓦西一线对于以后首要目标——消灭永久性炮台——的成功不是必要的军事行动。虽然陆军应随时准备支援在海峡两岸爆发的小规模战斗，以便摧毁伪装的炮台并与保卫炮台的敌人部队作战，但陆军主力可以留在莱姆诺斯兵营中，直至海峡的通道落入我方之手，此时有必要扼守布莱尔战线以切断到达半岛的所有供给。你应在伯德伍德将军到达时与他讨论这个军事行动，然后再决定在军舰大炮射程范围之外的任何重大作战行动，并报告做出的结论。”但是两天之后，即 2 月 26 日，基奇纳勋爵授权伯德伍德将军率领澳大拉西亚军团“竭尽全力”支援舰队。

然而，所有这些折中的做法任意假设事情的轻重缓急，明显改变了行动的整个性质，在我看来相当危险，因此在 26 日的战时会议上我
374 正式宣布，对可能发生的任何陆军行动的后果不承担责任。我的不承担责任的声明载入记录。随后首相进行了一次罕见的干预，他最强烈呼吁基奇纳勋爵不要允许在东方可以使用的兵力中失去对东方有举足轻重作用的一个正规师，但毫无结果。会议之后我等了一会儿。我知道首相与我的意见是一致的，实际上除了基奇纳勋爵之外整个战时会议都赞同我的观点。我敦促首相行使有效权力，坚持将第 29 师派往莱姆诺斯或亚历山大。此刻我紧张地感到一种灾难临头的预兆。我知道现在是斗争的转折点，我确信其结果将铭刻在历史的纪念碑上。首相觉得已毫无办法。他已经尽力劝说基奇纳勋爵。他不能在这么一个问题上让他屈服或让他辞职，因为参谋部的全部陆军的意见和法国当局的意见都站在他这边。

2 月 25 日我准备了一份对整体形势做的评估报告，并在 26 日的

战时会议上使用这份报告进行辩论。这份报告被打印出来，并送交首相、财政大臣和贝尔福先生。现在我在此转载这份报告，因为它比那个阶段的任何其他文件都能更清楚地说明我的立场。

评估报告

1915年2月25日

1．俄国——我们一定不能期待俄国在今后的许多个月中能成功地攻入德国。但是，虽然俄国的攻势已陷于瘫痪，我们仍旧可以指望她不仅能成功防守，而且能有效地将大量德军吸引在她的防线之前。没有理由相信德国能在任何时候将百万大军转移到西线；在4月中旬之前无论如何也不会有足以影响局势的大量德军抵达西线。

2．英、法在西部的战线非常牢固，不可能被迂回。我们现在在法国的地位和力量之坚固是战争开始时不能比拟的，当时对付我们的有近四分之三的第一线德军。我们必须迎击最大规模的德军进攻。现在我们有很大把握击退他们；即使德军胜利使我们有必要退至另一条战线，德军优势的丧失对我们也是一种很好的补偿。在今后的三个月里，西线的问题不应令人担忧。但是无论如何它不是四五个英国师能起决定性影响的问题。

3．对我们而言，能夺取并保持主动权的有决定意义的唯一地方在巴尔干半岛。只要陆军与海军配合默契，运用现有的兵力，我们肯定可以在3月底之前拿下君士坦丁堡，俘虏或消灭土耳其在欧洲的所有军队（阿德里安堡的部队除外）。这个打击能在塞尔维亚命运决定之前实现。它对所有巴尔干国家的影响是决定性的。它将使土耳其不再是一个军事因素。 375

4．我们可以立即得到（至少）下列部队：

	人数
在英国的第29师和另一个本土师 ……………	36 000
奉命前往莱姆诺斯的部队：皇家海军师………	12 000
从埃及抽调：两个澳大利亚师………………	39 000
法国师……………………………（大约）	20 000
俄国旅……………………………（大约）	8 000
合计 ………………………………………	115 000

5. 如果现在就发布命令，所有这些军队可以在3月21日之前集中在布莱尔地峡的打击距离之内。如果海军的军事行动到那时仍未取得成功，这些军队可以用于进攻加利波利半岛，确保舰队穿过海峡。一旦达达尼尔海峡打通，他们就可以（A）从君士坦丁堡开始将土耳其在欧洲的军队彻底铲除；或者（B）如果保加利亚应我们之邀参战，将埃诺斯—米迪亚一线全部占领，他们就可以借道保加利亚去援助塞尔维亚；或者（C）如果保加利亚只保持友好的中立，但希腊站在我们一边，他们可以借道萨洛尼卡去援助塞尔维亚。

W.S. 丘吉尔

在27日我又补充：

我现在必须记录下我的意见：提供的陆军力量，即由9个海军营和一个法国师支援的两个澳大拉西亚师力量还不够，无法完成他们可能要执行的任务；没有用英国正规部队，一旦战斗打响，海军营和澳大拉西亚师将会面临不必要的风险。

即便海军在没有援助下强力打通海峡通道，陆军力量的薄弱将会迫使我们放弃一大部分本可以获得的战果。

我仍旧希望26日会议之后一二天内基奇纳勋爵会改变心情，希望首相能设法让他接受众人的观点，希望第29师能够获准出发。战时会议虽然听从他的决定，但仍决定把运输船队聚集一起准备运兵。26日的会议结束之后我询问运输处，想了解一下运输船队准备的确实情况， 376
希望发现一切都已准备就绪。当时我得知准备工作在20日就已被取消，船只已全部分散。听到这个消息我几乎站立不稳，当即写信给基奇纳勋爵表示抗议。

我立即向运输处重新下达命令，但是发现要在3月16日以前重新集合所需船只并使其适合运兵是不可能了。

海军对外围堡垒以实际行动进行的炮轰和获得的成功（下一章将对此进行描述）进一步改变了人们的看法。引用达达尼尔委员会报告中的话："战时会议的另一次会议于3月3日举行。在这次会议上，基奇纳勋爵反对派遣第29师的态度已明显软化。对丘吉尔先生提出的问题，他说他建议将此问题留到3月10日再讨论，那时候他希望已经听到伯德伍德将军的报告。"然而，伯德伍德将军在10日前抵达达达尼尔海峡。他在5日给基奇纳勋爵的电报中说："我很怀疑海军能否在没有支援的情况下强行通过。"

继这份电报之后，在6日又来了一份电报，大意是："我已经告诉你，我认为海军上将的预测过于乐观，虽然到3月12日我们或许能做出更准确的估计，但我仍怀疑他是否有能力在没有支援的情况下强行通过。"到了3月10日，基奇纳勋爵可能由于对其他战场的局势有所放心，也可能受到伯德伍德将军的报告的影响，他对战时会议宣布说："他感到现在的形势已足够安全，有理由派遣第29师。"

"……2月16日做出决定，这个决定的执行在20日停止，3月10日重新开始执行。在这期间，浪费了三个星期的宝贵时间。原本可以在2月22日出发的运输船队在3月16日之前无法登程。"

我们不久就将面对这种延误造成的后果。计划的一再更改已经令人极度迷惑。但是，甚至在最终做出决定派遣包括第29师在内的陆军后，这支军队打算用在哪里依旧是一个斯芬克司之谜。当基奇纳勋爵已决定，如果海军攻不下达达尼尔海峡，他便去攻击加利波利半岛，此时，他就应该将这个决定向他的同僚公布。即使不这么做，他无论如何应该在调度和组织部队时给自己留下各种供选择的余地。最重要的是，他应该让他的参谋部为可能发生的事情制定应急计划，而现在这种意外事情已明显发生。令参谋部科学地研究军事问题，或在恰当的时候选择一位指挥官，这根本不会要他承诺些什么。

377 “自从做出 2 月 16 日决策起，”达达尼尔委员会成员说，“实际上只有两种选择是无懈可击的。选择之一是接受这么一种观点：由于我们在其他地区已有承诺，所以无法提供足够的兵力去东地中海从事远征行动；一旦大规模陆军行动已明显不可避免时，我们面临的将是，如果局部失败将可能导致威信的丧失，从而不得不回到原先的方案上，即海军放弃进攻达达尼尔海峡。选择之二是勇敢地面对在其他地区可能出现的风险，立刻做坚决的努力，以强大兵力为支柱，用迅速而组织良好的联合进攻强行通过达达尼尔海峡。不幸的是，两种选择政府都没有采纳……我们认为，丘吉尔先生对迟迟不从英国派遣第 29 师和本土师一事的高度重视，是完全有道理的。”

第七章　外围堡垒的攻克和希腊的第二次提议

2 月 19 日上午 10 点差 9 分，集聚在达达尼尔海峡的英国和法国 378
舰队开始炮轰外围堡垒。[1] 这些堡垒共计 4 个，配备了 19 门主炮。除了 4 门之外，所有其他炮都是老式的短程炮，最大射程为 6 000 至 8 000 码，只有在两个较小堡垒里的两对 9.4 英寸炮的射程超过 11 000 码。所以，这些防御手段全都逃脱不了军舰在它们无法进行有效还击的距离外的轰击。

进攻的舰队编成三个分队：

第一分队	第二分队	第三分队
不屈号	复仇号	萨夫伦号
阿伽门农号	阿尔比恩号	布维号
伊丽莎白女王号	康沃利斯号	查理大帝号
不可抗拒号	高卢号	
凯旋号		

这些军舰共配备了 178 门 $5\frac{1}{2}$ 英寸以上的炮，其中大部分炮都比堡垒的炮先进，而且每一等级的炮都比敌人同级的炮更为猛烈，射程也更远。随后发生的战斗过程在官方的海军史里有详尽记载，每一艘军舰的运动以及几乎每一发炮弹所造成的结果都有生动的说明。在此

我就不想赘述重复了。

进攻计划分为两个阶段：首先是远程轰击，然后以短距离轰击破坏堡垒，扫清一条通向海峡入口的通道。弹药用得很省，起先，军舰一直保持行驶。但是不久情况就表明，行驶中的军舰射击达不到足够的准确，在 10 点 30 分，所有军舰得到命令，在敌人大炮射程之外的地方抛锚，这样任何一艘军舰都可以从不同角度观测到其他军舰的射击。到了两点，我们认为缓慢的远程炮击已足以使我们能够展开近距
379 离进攻，炮击的军舰可以靠近到距目标 6 000 码的位置上。直到此时所有堡垒一炮都没有还击。但是在下午 4 点 45 分，当“萨夫伦”号、“复仇”号和“康沃利斯”号前进到距目标 5 000 码之内，两个配备先进大炮的较小堡垒开始行动了，这说明远程炮击并没有破坏其大炮。“复仇”号和“康沃利斯”号在“阿伽门农”号、“不屈”号和“戈尔图瓦”号的增援下进行还击，短时间压制住其中一个堡垒的开炮。副司令德 · 罗贝克海军少将——他的旗帜悬挂在“复仇”号上——希望继续近距离炮轰，但是由于时间已接近 5 点半，天色正在暗下来，总司令打出了“全面回撤”的信号，这一天的战斗就结束了。舰队总共只打了 139 发 12 英寸的炮弹。这次非决定性炮轰的结果似乎表明：首先，军舰必须在抛锚之后才能做精确的炮击；第二，直接射击比非直接射击更有效；第三，用海军炮弹打击堡垒是不够的，只有落在大炮上或炮架上才算是实际命中。最后这一点很重要。

第二天，天气开始变坏了，接连五天不能战斗。25 日这天，我们根据获得的经验恢复炮轰。“阿伽门农”号炮击海勒斯角堡垒，“伊丽莎白女王”号炮击塞德埃尔巴赫尔堡垒，随后又炮击海勒斯角堡垒，“不可抗拒”号炮击奥卡尼堡垒，“高卢”号炮击库姆 · 卡莱堡垒。所有军舰互相观察，检测纠正彼此的射击。堡垒也还击，但成效不大。炮击效果显著。事实证明，只要能取得良好的观察数据，海军炮轰可以取得很高的命中率。发射 18 发炮弹后，“伊丽莎白女王”号直接命中并毁坏海勒斯角堡垒里的两门先进大炮。“不可抗拒”号在那一天耗

费了 35 发炮弹，先后摧毁了奥卡尼堡垒里的两门先进大炮。这样，我们只耗费了不多的弹药便逐个打坏或摧毁了守卫海峡入口的全部 4 门远程大炮。当天下午，军舰逼近堡垒，对所有堡垒进行了猛烈轰击。全部堡垒都被打哑了。土耳其人把配备了短程大炮的旧堡垒仅仅当作引诱炮轰的摆设，里面的守备部队早已撤出。停战之后，土耳其人声称，炮台和弹药堆放处全被摧毁，但是军火库都安然无恙。由于堡垒已被舰队的短程炮轰全部摧毁，堡垒里的人员都已撤离，双方的伤亡不大。事实上，虽然“阿伽门农”号被击中六七次，但舰队并无什么损伤。总共阵亡 3 人，受伤 7 人。

我们可以看出，这一天是非常重要和令人满意的一天。除了 81 发
英国 12 英寸炮弹和法舰相应大炮的 50 发炮弹外，15 英寸的炮弹总共 380
只用了 31 发。这次炮击清楚地证明：在 12 000 码外抛锚的军舰，如果能获得正确角度对距离做良好观察，便可以摧毁土耳其的大炮，而且不必耗费过量的弹药。现在可以扫清海峡的进路和入口了，这项工作分别在 25 日夜晚和 26 日夜晚完成。3 艘战列舰进入海峡，从里面彻底摧毁了外围堡垒。随后，我们又取得了一个更加显著和当时我们认为更有希望的进展。在 26 日和后来几天里，由 50 至 100 名水兵和海军陆战队士兵组成的爆破小组在舰队炮火的掩护下登陆，他们用火药棉把塞德埃尔巴赫尔堡垒和亚洲方面的两个堡垒的所有的炮炸成了碎片。他们并没有遭到土耳其人的认真抵抗。登陆小组一共摧毁或破坏了 48 门炮，自己仅伤亡了 9 个人。[2]

这样到了 3 月 2 日，达达尼尔海峡的全部外围防御工事被毁，包括 19 门主炮，其中有 4 门现代大炮。这些炮在数量和质量上大约占全部防卫海峡大炮的五分之一。舰队现在已经能够畅通无阻进入海峡达 6 英里，直到凯佩兹布雷区。达达尼尔战争的第一阶段就此完成。

海军部表示出了最大的满意，那些日子里我的周围到处是笑脸。基奇纳勋爵告诉我，据他手下负责与海军部联络的军官报告，人们都士气高昂，充满信心。倘若达达尼尔委员会的成员能在 1915 年 3 月

的第一个星期而不是在1917年春季就接受专家关于军舰攻打堡垒的可行性证言，他们本来会对海军在这些问题上的率直意见留下深刻印象。他们还会感到惊讶，居然有这么多的人支持达达尼尔行动，并宣称愿为它的实施贡献自己的力量。总之，他们的任务本来会与调查试制坦克过程的皇家委员会的工作相似。

每天在海军部战时领导小组的会议上，我都会邀请亨利·杰克逊
381 爵士对舰队发来的电报做出评估。截至那时，他的评估都是非常令人鼓舞的。2月底，我给卡登中将发去电报，问他估计还需要多少晴天能够穿越海峡。3月2日他回电说："14天。"看起来，我们似乎真的找到了一个方法，海军可以用这个方法在新的非常重要的方面帮助协约国事业。然而，在2月26日的战时会议上，我告诉大家"海军部不敢保证成功，主要困难将在狭窄段出现。现在只能说，外围堡垒的铲除是成功的好兆头。"我还反复指出，纯粹海军作战不能保证无装甲商船能自由通过海峡。

达达尼尔海峡的内部防线和中间防御工事现在已暴露在舰队的进攻之下。这些防御工事包括10个堡垒和在海峡的欧、亚两岸均匀部署的各种不同类型的炮台，靠近海峡的一道道的布雷区，以及由可移动的炮组和榴弹炮保护着的堡垒和雷区。舰队要解决的就是这些问题。

* * *

从2月24日起，我认为基奇纳勋爵在一定条件下有可能愿意动用陆军，不仅仅为了扩大舰队的胜利，而且实际上如果有必要，是为了为胜利做出大规模的贡献。其他一切都是不确定的。他会做什么？何时做以及如何做？这些依旧无法探知。随着大范围陆军行动可能性的日益增加，我却担心陆军部的现状。我知道，在那里军事参谋工作其实一点都没有做，也没有人去详细研究各种突发事件的可能性。为采取各种可能需要的行动所应当了解的有关数字、日期、

供给和组织安排等，都还是一笔糊涂账，迄今，在战时国务大臣无所不包的头脑里还顾不得考虑这些事情。他与远在达达尼尔海峡的伯德伍德将军保持着不间断的联系。但是在此阶段他根本不允许参谋部或军需主任插手此事，也不让他们知道一点点在某种情况下他可能希望采取的、并在他心中正在形成的决定。目睹这一切，我在3月份的第一个星期里越来越担心出现军事崩溃。我决心不再为远比海军部采取的任何行动更为重大的行动分担责任，而在海军部行动之外，我绝对不控制任何军事行动，因此，3月初我要求首相安排我和基奇纳勋爵会见，并要求首相在场。面谈时我正式而直率地问基 382
奇纳勋爵，他是否为可能出现的任何军事行动，尤其是为行动取得成功所需要军队的数量承担责任。他立刻回答说他肯定负责。于是，海军部在3月12日将皇家海军师移交给他指挥。

3月10日，第29师奉命前往莱姆诺斯，3月16日，首批运输船队启航。然而陆军部在第29师登船时没有让他们按任何次序或组织编队，以便他们到达目的地就可以投入战斗。

*　　*　　*

海军对达达尼尔海峡外围的进攻和首次深入海峡的成功在整个欧洲产生了有重大意义的反响，而间接影响则显然遍及全世界。当时的德国军事使团首脑利曼·冯·桑德尔斯将军这样写道：“土耳其指挥部在2月底就预计敌人舰队会突破成功。他们已为苏丹、朝廷和国库逃往小亚细亚腹地避难做了安排。”[3] 而远在芝加哥的期货交易市场上，小麦的价格骤然下跌。

在欧洲，俄国要求关于君士坦丁堡发表公开宣言。战争爆发之初，俄国的态度是十分正确的。她曾会同英、法向土耳其保证，到和平时期，奥斯曼帝国的领土完整将会得到尊重。但是一旦土耳其拒绝这个公正的提议，并且加入反对她的一方，俄国的态度就改变了。法国驻彼得格勒大使帕莱奥洛格先生在1914年11月9日写道："土耳其的侵略震撼了俄国人的内心深处……斯拉夫民族性中的浪漫主义理想突然醒悟过来。"[4] 鼓励深陷灾难和失败中的俄国成了当务之急。爱德华·格雷爵士早在1914年11月14日就指示乔治·布坎南爵士通知M.萨佐诺夫，英国政府承认"在达达尼尔海峡和君士坦丁堡问题的处理上应该与俄国的愿望一致"。这件事在当时是完全保密的。但是到了1915年，君士坦丁堡似乎有可能落入协约国手中，俄国的愿望有必要予以公开并加以保证。然而发表这样一个声明必定会引起希腊、保加利亚和罗马尼亚的不良反应。从另一方面说，俄国又正在德
383 国炮轰下摇摇欲坠，但她仍在英勇抗击，无论何时她是我们获取全面胜利的希望；在此关头我们能与她争吵或让她灰心吗？需要做出的决定实在是太重要了，所以首相在3月初邀请保守党领袖兰斯多恩勋爵和博纳·劳先生参加我们的战时会议，共同讨论这个问题。这样做令我感到高兴，这也正是我竭力主张的。我早就盼望看到全国联盟的形成。我以巨大的不安注视着这个强大的保守党——自从自由党政策在战争爆发便宣告破产以来，它几乎变得无比强大——阴郁地在政府之外沉思的情景，它从各部门获得正确情报，却对天天发生的可怕事件不必负丝毫责任。我们需要他们的帮助。帝国需要他们的帮助。我们需要他们中的才智之士进入高层重要部门。在战争爆发后的头几个月里，我就时常将这种想法告诉阿斯奎斯先生，现在我向他指出，当东方出现某种成就和胜利的可能的时候，此刻对所有的人来说，正是两个伟大的政党在光荣的条件下实现必要联合的大好时机。对此首相也不是不明白，他知道，一旦战争局面恶化——这似乎很有可能——政治形势便会出现不稳定的局面。我希望这次与反对党主要领导人的首次会面——贝尔福先生已进入我们的战时会议——能引导我们向全国联合团结的方向迅速发展。然而，两位保守党领袖以他们的方式明确表示，他们不介意只为国家政策的很小一部分承担责任，但对卷入任何一件事都小心谨慎。这种情形是很自然的，但结果却不圆满。战时

会议虽然做出联合决定，但进展并不令人满意。从整体上说，我认为，首相仍想维持国内政治的寒冷局面。

3月的头几天，英、法两国通知俄国政府，作为胜利与和平的部分条件，他们同意俄国吞并君士坦丁堡；这个重大事实随后于12日向外界公布。

在巴尔干半岛，海军行动产生了电击般的效果。保加利亚的态度如闪电一样迅速地改变了。我们两周内的情报表明，土耳其人正被迫向阿德里安堡后撤，建立针对保加利亚的防线。我们驻索非亚特别使团团长佩吉特将军在3月17日打电报给基奇纳勋爵，他说在觐见国王之后确信“达达尼尔行动造成深刻印象，保加利亚已毫无可能进攻任何与协约国结盟的巴尔干国家，有理由认为保加利亚陆军不久将会配合达达尼尔行动攻打土耳其。”罗马尼亚的态度也变得友 384
好但极为警觉。俄国虽然先前不能为巴尔干行动拨出1 000多人的哥萨克部队，但现在愿意提供最全面的海军合作，并且开始集聚一个军团，由巴土姆的伊斯托米涅将军率领，准备参与攻打即将陷落的君士坦丁堡的战争。

3月2日，我们驻布加勒斯特的公使来电，报告称，罗马尼亚首相说，他对意大利“不久就要行动”一事已更加确信。“我的俄国同事两次见到意大利公使，后者以前曾经常和他谈到……意大利……加入我们阵营，在最近这两次谈话中他的措辞比以前更加明确，事实上已经迫不及待了。他提及夺取亚得里亚海沿岸，认为这是土耳其最终被瓜分之后意大利该得的份额……意大利可以在一个月内准备好参与行动的180万军队……”其他一些同样的迹象也不断出现。3月15日，我给爱德华·格雷爵士送去一份备忘录：“意大利的态度值得注意。如果能将她引入我们一方，奥地利的舰队就会失去力量，地中海就会像英国的内湖一样安全。当然，我们应该做出努力鼓励意大利向前走。让一个敌人的盟国对敌人宣战只有一步之遥。”外交大臣回信写道：“我不会坐失良机。”

对希腊产生的影响最为重要。我们知道，尽管M．韦尼泽洛斯先生对协约国友好而且也很想加入协约国，但是他在2月11日曾拒绝卷入战争，没有接受我们提供的1个英、法陆军师规模的微不足道的奉献。对达达尼尔海峡的进攻使事态立即产生了变化。3月1日英国驻雅典的公使来电说，M．韦尼泽洛斯先生提出了一个建议，希腊将派三个师组成的军团去加利波利。爱德华·格雷爵士立即回电说，女王陛下政府愉快地接受这个援助，另外，海军部迫切希望希腊在达达尼尔战役中除了陆军援助之外再提供军舰援助。英国公使3月2日回复："M．韦尼泽洛斯希望明天给我们一个确切的提议……他已经觐见国王，"公使补充道，"根据我从其他渠道得到的消息，国王赞成宣战。"

385 3日这天，英国驻雅典武官来电说："希腊参谋部的一致意见是海军进攻应该得到陆军行动的支持。他们的计划是派四个或五个希腊陆军师在半岛的最南端登陆，然后朝迈多斯东面的高地挺进。他们必须接连攻克三道防守阵地，但是由于缺乏调度军队的空间，土耳其人无法调集大量部队。如果再派一支数量可观的部队同时对布拉尔战线发起进攻，进攻部队或者在战线北面登陆，或者在克赛罗斯湾角登陆，土耳其人将不得不放弃迈多斯地区，否则将面临被切断的危险。"

这样一来，我们不仅获得和即将获得澳大拉西亚军团和在埃及的所有部队、皇家海军师以及一个法国师，而且至少还可以得到一个由三个师也许更多部队组成的希腊军团，而一个俄国军团正在巴土姆集结。另外，从英国派遣第29师和一两个本土师也应是一件很容易的事。有这么多军队为这个大规模行动计划发挥各自的作用，我们有充分理由相信现在就能够夺取加利波利半岛，4月底之前就能够夺取君士坦丁堡。在所有军队后面还有保加利亚和罗马尼亚，她们也不甘心在君士坦丁堡陷落和土耳其帝国崩溃时落在别人后面。再往前迈一步，再多使一把劲——君士坦丁堡就会落入我们手中，所有巴尔干国家就会不可逆转地加入反同盟国的阵营。一次针对世界中枢发动的快速轻易而稳当的较小规模的进攻，竟造成这样令人称奇的形势，日后，人们肯定会对此感慨地审视一番。

就在此时发生了一件可怕而致命的事。在德国猛烈攻击下屡屡失败后退的俄国处于弹药短缺和与协约国隔绝的境地，俄国不可挽回地破坏了这个光辉的大好联合的局面。3 月 3 日俄国外交部长通知英国大使：

> 俄国政府不能同意希腊参与达达尼尔行动，因为这势必会导致局面复杂化……

M. 萨佐诺夫补充说，昨天沙皇召见了他，声明在任何情况下都不能同意在达达尼尔行动中与希腊合作。这是不可改变的言词。难道没有人明确地给沙皇警示一下，难道他的祖先没有在这个不幸君主面前显灵，告诉他王室的崩溃、家人的遭殃——叶卡捷琳堡血腥的地 386
下室？

在雅典，俄国公使奉政府的命令正在积极活动，阻挠和抵制希腊的插手。尤其糟糕的是，希腊国王得知，无论在何种情况下他都不被允许率领军队开进君士坦丁堡。另有一些人建议，也许可以允许希腊派一个师参加，“这样做的好处是，国王不会亲自上战场了。”康斯坦丁国王因妻子是德国人，接受的是德国教育，他一方面受诸多亲德因素的影响；另一方面又遭到俄国粗暴的拒绝，所以他被迫后退，恢复他原先保持敌意的态度，这有什么可奇怪的呢？

3 月 4 日法国外交部进一步发表意见，内容如下：

> 俄国政府将不惜任何代价拒绝接受希腊对君士坦丁堡的远征活动。
>
> ……如果希腊政府愿意在对达达尼尔海峡的远征中开展合作，那么就应该让他们知道，希腊在战争中的合作必须是全面的，他

们必须积极支持塞尔维亚。

英国驻希腊的公使、消息灵通而颇为警觉的埃利奥特使让我们不再怀疑希腊的立场。他在6日的电报中说：

如果坚持让希腊支持塞尔维亚，那将毁掉希腊与我们合作的前景，除非保加利亚发起进攻。首相本人相信参谋部提出的论证，即这种做法有战略上的危险。

英国武官6日来电说：

我的俄国同行今天对我说，他认为俄国将反对希腊国王来到君士坦丁堡，俄国可能会提出约定，接受希腊当前提议的条件是国王不来君士坦丁堡。任何类似的限制都可能导致希腊的整个建议的破产。我敦促他向俄国参谋部阐明这个建议的战略价值。希腊加入战争本身就是解救塞尔维亚，使其免遭奥地利进攻的最好保障，而保持希腊军队的完好无损，首先可以对保加利亚起到遏制作用，而这反过来又可以使罗马尼亚放开手脚在布科维纳与俄国合作。法国得到的好处是获得科孚岛作为亚得里亚海的海军基地。从而促使巴尔干的总形势朝有利于协约三国方向发展。

他补充说："国王最初将不会随军同行，但是当兵临君士坦丁堡时他可能会改变主意。如果那样，我们不难想象，保加利亚国王可能会期待与他合作，共同对付土耳其军——这将会产生决定性的结果。

"十分不幸的是，俄国对无论哪一个国王出现在君士坦丁堡都

387 表示反对。

他总结说："M. 韦尼泽洛斯在今天的人群列队行进中受到热烈欢呼，他提出加入我们一方的建议甚得民心，其主要原因是希腊

人希望他们的军队进入君士坦丁堡。”

这种形势触及我的每一根神经，令我深为苦恼。那句小学生都知道的亘古名言——Quos deus cult perdure，prius dementat[5]——深刻含意此刻在每个人的耳际回响，像古罗马那样悲剧性的、命中注定的局面再一次降临到这个世界上。的确，目前出现的就是这句可怕名言所说的那种局面——或许就是为了这种局面，这句名言才预言性地流传了下来。

6 日深夜，我在痛苦中给爱德华 · 格雷爵士写信。

丘吉尔先生致爱德华·格雷爵士

1915 年 3 月 16 日

在这危急关头我要求你不要因看不清形势而犯错误。半心半意的做法会毁掉一切，百万士兵会由于战争的拖延而丧生。你一定要大胆，要勇猛。你有权利做到这一切。我们的舰队正在进攻达达尼尔海峡。除了我们邀请的军队之外，其他军队都不能进入君士坦丁堡，但是我们别无所求，只求共同事业的胜利。

告诉俄国人，我们将怀着慷慨同情之心和他们会谈君士坦丁堡的事宜，但是一定不要在与希腊合作的道路上设置障碍。我们必须要有希腊和保加利亚，只要他们愿意过来。我十分担心你会失去希腊，并让俄国人操纵未来。如果俄国反对希腊的帮助，我将尽全力反对俄国得到君士坦丁堡。倘若没有我们的援助，俄国是破碎的国家。她别无出路，除非背叛——而背叛是她无法做到的。

如果你不支持这个希腊——韦尼泽洛斯的希腊——你将会得到一个追随德国的希腊。

我将此信一直搁到第二天上午，而就在那天上午从雅典发来了一份如下的简短电报：

> 国王拒绝采纳M.韦尼泽洛斯的建议，内阁已辞职。

我没有将信寄出，现在在这里发表它，绝不是要责备爱德华·格雷爵士或外交部。他们的心情和我们一样。他们做了他们力所能及的一切。但是我发表此信是因为它记录了这场漫长斗争中的一个可怕时刻，这场斗争旨在拯救俄国，使她能摆脱敌人和作茧自缚的困境。

注释：

[1] 见本书第292页土耳其战场图也有帮助。

[2] 塞德埃尔巴赫尔堡垒的10门大炮，只有3门被炮轰击毁。库姆卡莱堡垒中的10门大炮，有7门未被破坏。奥卡尼堡垒也被攻入，2门炮全遭破坏。塞德埃尔巴赫尔堡垒东面悬崖上的6门现代榴弹炮和不少较小的炮全被摧毁。

[3] 利曼·冯·桑德尔斯，《在土耳其五年》（*Five Years in Turkey*），第72页。

[4] 莫里斯·帕莱奥洛格，《沙皇俄国》（*La russie des Tsars*），第1卷，第187页。

[5] 古希腊名言，意为："上帝要谁灭亡，先叫他疯狂。"——译者

第八章　新的决心

当许多大大小小的国家都将注意力集中在达达尼尔海峡时，当许 388
多意义深远的反应在整个战场上出现时，产生过重大影响的海军作战行动却开始动摇和失去活力。从3月3日起，卡登中将的进攻步调不断放慢。天气经常不利于远程炮击，我们的早期水上飞机不但数量不多，而且效率不高，炮击与观察的配合，虽有健全的原理为基础，但由于缺乏经验，实际上还比较原始。敌人的移动榴弹炮从海峡两岸开始了每天大规模的炮轰，骚扰我们进行炮击的军舰，迫使军舰不停地移动。3月4日登陆的部队遇到比以前强硬得多的抵抗，致使他们未能到达堡垒群。扫除雷区的工作也遇到了越来越多土耳其野战炮有探照灯准确指引的炮击，为这个任务准备的扫雷拖网渔船被证明不能胜任这项艰巨的任务。这对于拖网渔船上那些平民出身的船员来说是非常严峻的考验，虽然他们熟悉水雷，但是过去从来没有遭受过炮轰。

在3月2日至3月8日这段时间，我们对构成达达尼尔海峡内层防线的土耳其堡垒分别进行了三次持续炮击。

第一次炮击发生在2日和3日。“老人星”号、“速捷”号、“康沃利斯”号、“阿尔比恩”号、“凯旋”号以及“乔治王子”号在不同的时间对各个堡垒进行了炮击，其中达达诺斯（8号）堡垒是炮击的主要对象。堡垒很宁静，没有一门炮开火，但是由于起先敌人用榴弹炮射击，军舰有时需绕圈行驶。军舰总共打了121发12英寸的炮弹。炮击的效果如何也无法做出确定的结论，可是弹药的消耗被认为是一个严重的问题。

3 月 5 日改变了方式，由“伊丽莎白女王”号对狭窄段的堡垒实施非直接炮击。她停泊在海峡外距离加巴山两英里处，隔着半岛进行炮击。白天总共打了 33 发 15 英寸的炮弹，其中朝 13 号堡垒射了 28
389 发，朝 17 号堡垒射了 5 发。一切都取决于探清炮弹落点的布置，这个任务由与击射线成直角的三架水上飞机和在海峡内活动的三艘战列舰（“不可抗拒”号、“老人星”号和“康沃利斯”号）担任。由军舰校正射击高度比较容易，但是堡垒所处的位置难以观察，无法校正射击方位。这就要依靠水上飞机了，可是就这个至关重要的任务而言，我们的水上飞机也难以胜任。派出的第一架飞机因螺旋桨在 3 000 英尺高度断裂而坠毁。第二架飞机被步枪子弹射中六处后被迫降落，飞行员受伤。第三架飞机只校正了一个目标。

非直接炮击延续到 3 月 6 日。此时，土耳其人已将小炮和榴弹炮运上了加利波利半岛，向“伊丽莎白女王”号炮击，迫使她将射程增加到 20 000 码。老式的土耳其战列舰“巴巴罗塞”号也用 11 英寸大炮开始从海峡内迈多斯海湾向她炮击。我们所有的军舰都安然无恙，虽然全都被榴弹炮和野战炮击中过几次。

现在我们知道炮击的结果如下：13 号堡垒被击中 11 次，17 号堡垒被击中约 7 次。两个堡垒后部的兵营被击毁，一个弹药库被击中。大炮没有遭到破坏，但是炮火从没有防护的角度射来，这对土耳其炮兵起到了扰乱作用。如果能够使用飞机观测，这两个堡垒无疑将受重大创伤，只要弹药充足，每一门大炮都可以被摧毁掉。堡垒在这个方向完全失去保护，每门大炮和炮架全成为最大目标。原来海军部命令中包含的关于节省弹药的指示，以及由于空中观测安排的不充分，导致这种方式的攻击草草收场。这真是一件太大的憾事。“伊丽莎白女王”号的远程炮击是海军计划中的一个主要特色。15 英寸大炮的炮弹供应充足，但是海军部不允许在 3 月 18 日以前动用这些炮弹。节省弹药的规定得到了遵守。在几周内加强和提高空中探明炮击成果的能力是可以做到的，事实上也这么做了。使用“伊丽莎白女王”号攻击堡垒所根据的、体现在原来海军部计划中的原则是健全的。失败应归咎于对弹药消耗量的限制和空中观测的不足。这两个方面随后都得到了弥补，但就在此时，这种方法遭到猛烈的指责，以后再也没有重新使用。

使用非直接火力进攻被认定已经失败后，在3月7日由“阿伽门 390
农”号和“纳尔逊勋爵”号恢复了对狭窄段堡垒的直接进攻，射程为12 000至13 000码。法国中队也开始轰击7号堡垒和8号堡垒。那一天的进攻是非决定性的。8日，在“老人星”号、“康沃利斯”号和“不可抗拒”号的帮助下，“伊丽莎白女王”号又恢复进攻。由于暴雨，光线昏暗，低垂的乌云又使得水上飞机无法观测。所有的军舰都遭到了榴弹炮的炮击，然而并没有给军舰造成重大破坏。堡垒的炮轰显然被压制住了，但是土耳其人声称他们是为短程炮击节省弹药，他们停止炮击是要清除周围炮弹爆炸飞溅在大炮内的碎石沙砾。

进攻行动持续到12日，同时进行了断断续续的炮击和试探性的扫除雷区作业。这些日子里我开始怀疑攻击的背后是否有充分的决心。例如，在中将的一份电报中，他报告扫雷船被猛烈的炮火赶了回来，他又补充说，炮火没有造成伤亡。想到西线正在发生的情况，协约国部队几乎每天都要接受艰巨的任务，遭受惨重的损失，这样的报告只能让我感到不安。中将在后来另一份电报中解释种种困难，并说他正在使用正规的海军人员重新组织扫雷工作。然而，直到进攻行动进入很晚的阶段，这个重组工作方才完成。与此同时，虽然又做了几次坚决扫雷尝试，而且侥幸没有遭受重大损失，但是雷区基本上仍保持原状。

显然，我们必须做更加热情的努力。

* * *

为集结在东地中海的部队任命一位陆军司令并将他派往作战现场，

这一时机被大大延误了。到了 3 月第一周的周末，基奇纳勋爵实际上已选定了当时指挥国内中央部队的伊恩 · 汉密尔顿爵士。然而，他一直没有向这位军官透露自己的决定，直到 12 日他才派人把爵士召来，颇为简单地说了一下："我们要派一支陆军去支援现在在达达尼尔海峡的舰队，你担任司令。"[1]

391 一直在等待这个决定，它却毫无理由地被拖了一天又一天，而与此同时军队和事态正在迅速变化，这使我和费希尔勋爵极为难堪。我们原定在 18 日就将运输船队集中起来，而且为大量人员和牲口提供吃饭、饲养、用水和组织等一大堆复杂而紧迫的问题亟待在穆多罗斯解决。法国师也已经登程出海，正指望我们给予指引和安排。在这些行政问题以外还有各种各样的军队使用的问题。而在另一方面，尽管人们一再询问，基奇纳勋爵却稳如泰山，他还憎恶看起来像是对他施加压力或者逼他的任何事情。我们急切等待他尽快派出不管什么部队，但与他打交道必须有老练圆滑的手腕。我是直到 11 日才确知他已选定了伊恩 · 汉密尔顿爵士。我立刻预订了一辆 12 日下午的专车以备不时之需。

以下是基奇纳勋爵写给伊恩 · 汉密尔顿爵士的指示要点：

(1) 舰队已经开始了强行通过达达尼尔海峡的战斗。在此阶段大规模动用陆军在陆上作战，只有在舰队尽了一切努力之后仍旧无法穿越海峡时才加以考虑。

(2) 在加利波利半岛执行任何重大任务之前，所有选派远征的英国陆军都必须集中在一起，以便全部力量能够整体投入。

(3) 一旦参与进攻海峡的行动计划就不能有放弃此计划的想法。此次行动需要时间、耐心以及海、陆两军司令官有条理的合作计划。关键一点是，应该避免那种会阻碍我们获得战略上和政治上成功的挫折。

(4) 不排除进行小规模战斗的可能性，如肃清被土耳其占领

> 的地区，防止他们在那里以炮击骚扰舰队，或摧毁已被舰队打哑了的堡垒。但是这种小规模行动应该尽可能以达到预定目标所必需的兵力为限，而且应该尽可能切实执行，要避免长期占领加利波利半岛上的阵地。

无论对这些指示有什么样的军事上的批评，它们准确代表了此前战时会议所做出的决定。3 月 13 日晚，伊恩 · 汉密尔顿爵士口袋里藏着这些指示，在一小批上一天任命的还是第一次晤面的参谋军官的陪同下，离开了查灵克罗斯前往达达尼尔海峡；航速 30 节的轻巡洋舰“费顿”号在马赛升火等候他，17 日早上载着他全速驶往达达尼尔海峡。

*　　*　　*

海军进攻日益陷入困境，而小股海军陆战队在 2 月底却轻而易举 392
地在半岛登陆，这使得立即动用陆军的方案对海军部和半岛战场的指挥官很具诱惑力。此刻要判断陆军登陆的前景是困难的。没有人知道土耳其在那个地方部署了什么样的部队。卡登中将在 2 月 23 日的电报中说：“加利波利半岛上的守卫部队大约有 40 000 人。”这个数字也是陆军部假设的开展工作的基础。现在我们知道当时在半岛上的军队实际上不足 20 000 人，他们分成小股部队沿海岸零零散散地驻扎着，既无援助也无储备。如果在这个时候第 29 师在现场做战斗部署，无论从埃及抽调的是什么部队都有可能不遭受重大损失而成功登陆，从而占领非常重要的或许有决定意义的阵地。此后登陆部队可能会遭受土耳其人猛烈和越来越凶猛的进攻。但是他们没有理由守不住阵地，他们会得到来自埃及还有来自英国的后续增援，增援的规模会远远大于敌人增援的规模。占据阿奇巴巴这个观测要点可以给海军的非直接炮火绝对精确的指引，轰击狭窄段的堡垒。我们还可以把我们重炮和榴弹炮（包括新型的 15 英寸榴弹炮）运到陆地上，让它们在有效射程内轰击敌人。如果能取得这种局面，在合理时间内摧毁堡垒是必定无疑的，舰队通过海峡进入马尔马拉海也必定是水到渠成的事。然而，以这种规模动用军队必然要有一个新的严肃的决策。它意味着又要开始新一轮的争论，动用军队必须与继续坚持纯海军进攻进行比较，权衡利弊，而对纯海军进攻至今尚未得出任何结论。

我认为我不亲自宣布我的观点，而请求基奇纳勋爵代表陆军部发表一个正式声明是正确的。他的回答没有出乎我的意料。

1915 年 3 月 13 日

海务大臣，

对你所提出的问题，我的答复是：除非我们发现是我们过高估计了奥斯曼在加利波利半岛上的力量，除非发现基利德巴尔高地上的阵地没有预料的那么坚固，否则，在第 29 师到达并做好准备参加可能证明有激烈战斗的艰巨任务之前，不能采取任何大规模作战行动。

基奇纳

我不批评这个决策。在当时的处境下这个决策似乎是最聪明的。错误是在更早的时候犯下的。如果第 29 师能按照最初的决定于 2 月
393 22 日以后就动身出发，它本来会在 3 月中旬抵达战场，而不是在三个星期以后。如果第 29 师在运输途中就做好战斗准备，它本来在抵达目的地之后几天内便可投入战斗。其他奉命开赴这个战场的部队，到 3 月 17 日或 18 日时，有的从英国和法国运往莱姆诺斯，有的在亚历山德里亚海岸等待运输船队。从 20 日起，就运输时间而言，他们全已严阵以待，做好了进攻加利波利半岛战斗的准备。海军部履行了诺言，正好在规定的日期，即 3 月 17 日，准时将所有指定部队（包括法国师）全部集结完毕。18 日海军进攻达到高潮。此时，土耳其没有大批增援

部队到达半岛。但是没有第29师，陆军什么也不能干。它是最为关键的师，是唯一的正规师，它的调动和到达掌控着全局。因而，指定到这个战场的部队有五分之四如预先安排的那样准时集中，而那不可缺少的五分之一却晚到了三个星期，而没有它，其余部队则不能行动。于是所有的部队都不起作用。

* * *

到了3月中旬，不仅是海军行动而且整个战役都进入了一个转折点。截至此时，我们还没有经历重大风险，还没有遭受损失，大部队还没有深深卷入作战。原先卡登制定的逐步铲除堡垒的计划依旧在执行。这个计划没有失败，但是它已经落后，现在执行得如此无力，几乎陷于停顿。同时，时间却在不断流失。自从开火以来已过去将近一个月。土耳其人在干什么？他们显然在德国教官的有力组织下增援部队、加强工事、布放新的水雷、安置新的鱼雷管、架设新的大炮。德国人自己又在干什么？将潜艇从易北河派往爱琴海可能需要大约一个月的时间。潜艇派出了吗？它们正在路上吗？它们可能已近在咫尺。这是一个令人日益担忧的问题，但也是一种鞭策。现在无疑已到了检查我们整个立场和政策的时刻。当初我们曾经预料，“如果形势的发展出乎我们的希望，如果堡垒的抵抗过于顽强，”只要我们愿意，我们可以停止进攻——而现在我们正处在当初预料到的这种时刻。事实上，我们可以照这个预料行事。指挥棒一挥，集聚在达达尼尔海峡或正朝此地行驶的全部舰队——战列舰、巡洋舰、驱逐舰、拖网渔船、供给船、运输船——转瞬间就会烟消云散。傍晚时人们还能看到一支 394
强大的海军正在进行一场举世瞩目的进攻，而当太阳再次升起时可能只看见空荡荡的大海和静悄悄的海岸。

进一步说，现在不是考虑取舍的时刻。对达达尼尔海峡的长期炮轰必定促使土耳其把增援部队源源不断地派往加利波利半岛和亚洲沿岸。土耳其人欠缺的大炮和各类军火供应已经从各处搜刮运来或正在运来的途中。再说，俄国人经过一次奋勇努力已大大恢复了高加索的形势。现在在海上的英、法部队也许没有足够的力量可以登陆并进攻加利波利的高地和山峦。但是没有人会怀疑他们占领并守住亚历山大勒塔的能力——从而将土耳其帝国的一块巨大版图切下，把威胁埃及的土耳其陆军的交通切断，并截断从东部运来急需物资和食品的供给线。为了这样的进攻，达达尼尔行动是一个最好的开端——一次真正的佯攻。

所有这些考虑对我都没有什么价值。我太了解这些考虑了，所以我将它们一概拒绝。我坚定不移地维护主要事业。我相信，只要尽一切努力，我们能够拿下达达尼尔海峡，只要拿下达达尼尔海峡，我们就能取得真正的决定性胜利。但是那里的海、陆军将领和政治家们从不赞成这些清晰明了的结论，他们怀疑，一直怀疑这次行动的可行性，怀疑主力舰队的优势不足，怀疑这次行动对东方战场的作用！现在无疑对他们有利。现在无疑对费希尔勋爵有利。他完全可以理直气壮地说："我们已经给了卡登计划一次很好的考验。我从来不太喜欢这次行动。行动没有成功，但是却是一次很好的表演。它愚弄了土耳其人，也帮助了俄国人。它实际上没有给我们造成任何损失，现在让我们完全停止行动，干一些其他事情吧。"后来，在4月份，我们已经更深地卷了进去，并且遭受了实实在在的损失和遏制，如果撤退——确实有人提出这种建议，必然损害我们的军威。但是现在结束攻打必定是一个引起争议的政策，在海军看来，撤退是世界上最容易做的事情。

但是事实如何？第一海务大臣根本不想终止这次军事行动。他对这次行动的支持从没有像现在那么坚定过。他真心诚意地同意了一个新的决定：现在将逐步的、试探性的、承担有限责任的进军转变
395 为凶狠的、坚定的因而也是险象环生的进攻。他也赞同海军部的一些重要电报，这些电报是在海军部战时领导小组充分讨论之后由我

起草的，当然也不断征求过首相的意见。他甚至要求亲自出马，悬挂起他的旗帜，去达达尼尔海峡指挥战斗，声称这次战役责任重大，只有最高领导才能承担。随后，虽然形势使费希尔勋爵的立场变得复杂，但他仍旧以非常坦率和英勇的方式亲自告诉达达尼尔委员会上述事实。

至于书中提到的其他权威人士，谁也没有表示过丝毫异议。阿瑟·威尔逊爵士、亨利·杰克逊爵士、奥利弗上将以及德·巴托洛梅准将全都意见一致，同意继续进攻和加紧进攻，大臣们似乎也有同样决心。陆军部和外交部也都迫不及待而且充满希望。首相甚至认为，没有必要再召集会议将要点向大家解释一下。我从来没有隐瞒过自己的观点。我为这次行动获得了如此之多的赞同和支持力量感到欣喜。我唯一感到遗憾的是，各方面未能将他们表现出来的坚定决心形成一个明确的信念，并贯彻到底。

如何解释众人的团结和决心？是胜利的前景点燃了内心的热情。所有人的思想全贯注于达达尼尔海峡和海峡之后的那个城市的巨大价值。被俄国在3月6日拆散的联合仍旧潜藏着。意大利、保加利亚、罗马尼亚和希腊的态度引人关注。人人都已是热血沸腾，个个都在摩拳擦掌。展开一次大规模海、陆作战所必需的意志力和内聚力现在已经具备。但是晚了一个月！

在海军部战时领导小组的会议上大家都同意给卡登中将拍发下面电报。

1915年3月11日下午1点35分

101. 你以前强调指出要小心谨慎和深思熟虑，迄今为止你在推进时没有蒙受损失，我们高度评价你的技巧和耐心。

然而，如果取得胜利必须损失舰只和人员，那么我们获得的成果之大也足以证明这种损失是正当的。迂回恰纳克拐角可以决定整个战斗的成败，对战争产生决定性的影响，因此我们建议你考虑。现在时机已经成熟，有必要选择一个有利的天气，集中最大数量各种口径的能轰击敌人的大炮，在有效射程内对狭窄段的堡垒实行压倒性的轰击……

396 我们并不想催促或逼迫你放弃自己的判断，但是我们都清楚，在战斗的某一阶段，你将不得不狠下决心做出决定，我们渴望知道你是否以为这个阶段已经来到。我们将支持你为争取决定性结果而采取的思考周密的行动，即便为此要承担令人后悔的损失。

15日又发一电：

109.……我们理解你的用意：从布雷区中扫清一条航道，以便能最终在近距离内攻击狭窄段的堡垒，并保护战列舰队的各种火力对堡垒或对可移动的轻型炮组进行轰击，这项任务可能需要几天的时间。扫雷工作完成之后，我们了解你打算在有效距离内对狭窄段的堡垒发起进攻，使它们完全失去作用。然后，只要方便，你将继续进攻狭窄段以外的堡垒；如有必要，进一步扫除水雷。倘若这就是你的用意，我们表示真心赞同。我们希望你不要太匆促地执行这些任务，但是也不要浪费时间。

中将答复道：

1915年3月15日上午9点15分

我完全意识到形势，而且正如3月14日电报中所说，打算对狭窄段展开猛烈的进攻，并在进攻的掩护下清扫雷区。关键是要有良好的能见度，有利时机一旦出现我会立即加以利用……

海军部的101号和109号电报是发给舰队的两份非常重要的电报。

它们的主要用意就是让中将领悟到，如果他有决心打通海峡和因此遭受惨重损失，甚至整个作战行动中途失败，其责任将由他在国内的上司承担。他只需要考虑他自己的任务和他面前的敌人。

*　　*　　*

有关进攻的一切事宜都已处理完毕，我休假了两天，去往约翰·弗伦奇爵士的指挥部（在那儿我当然有直线电话联系）等待结果。一到那儿我就接到了卡登中将致海军部的电报，声称他的医官决定他必须病休。他推荐德·罗贝克中将接替他负责指挥这次行动。他认为德·罗贝克中将“十分熟悉目前和将来的所有安排，而且在准备阶段发挥了巨大辅助作用。”

这件事搅乱了计划。我们对卡登中将已经有了全面的了解。他是海军逐步进攻方案的负责任的设计者。他已表明他完全同意采取更积极的进攻方式。他已深深地卷入此事，必须将这场战争打到底。现在 397
战役已迫在眉睫，他却突然垮了。我们又得重新与另一个人合作。我在过去的三年中熟悉了德·罗贝克中将。他在海军中享有盛誉。他是一名出色的海军军官、能干的纪律执行者。战前在我的任期内他担任东海岸巡逻舰队司令达两年之久。我不怎么赞同他担任该职务时制定的一些应战计划，但人们感觉不到眼下他经受的锻炼已使他有能力从更高的战略与战术角度思考问题。他对事业的信心源于他的性格、个性和热情。事态的发展使他成为卡登中将接班人的不二人选。确实，他的资历要低于目前正在指挥穆德罗斯基地的威姆斯少将，但是在这次的整个军事行动中德·罗贝克都担任副司令，所有的情况都掌握在他的手中。威姆斯还在紧张处理因运兵船队随时到达而产生的迫在眉睫的行政工作。仅仅依据军衔高低来选拔这些军官看来显然是不对的。一心为公的威姆斯本人主动打来了电报：“如果你们认为应该提升德·罗贝克，我完全愿意服从他的命令。德·罗贝克和我完全一致，无论你们如何决定，我们都会忠实合作。”任命事实上是不可改变了。就这样，命运之神在达达尼尔海峡小心翼翼地跨出她的脚步。

我认为，我们必须完全了解德·罗贝克中将的是，彻底地弄清楚他是否与海军部意见完全一致，这样才能令他从卡登中将被迫放弃工作之时起接手这次军事行动的指挥。于是在和费希尔勋爵商量后，我从约翰·弗伦奇爵士的指挥部里给他发去如下电报：

海军部致德·罗贝克中将

1915 年 3 月 17 日

海务大臣密电，收件人亲启。

我满怀信心委任你担当地中海特遣舰队司令，我相信你一定完全赞同海军部 101 号和 109 号电文以及卡登中将的回电，相信你在经过独立判断之后认为，所建议的行动是明智和切实可行的。如果你不那么认为，望你直言不讳。反之，望你尽速执行，一旦有利机会来到，切勿犹豫不决。请每日详细汇报，并与汉密尔顿将军紧密配合。若发现有适合下级指挥部的人选可以提出建议。威姆斯担任你的副手。祝你好运。

德·罗贝克中将致海军部

1915 年 3 月 17 日上午 10 点 20 分

海军部海务大臣亲启，密电。

228. 德·罗贝克中将发。感谢您发来的电报。我完全同意你提到的电报。倘若天气许可，明日将开始行动。我的看法是，进攻狭窄段取决于我们扫除雷区的能力，这就需要在扫雷过程中遏制堡垒不使它开炮。汉密尔顿和达马德陆军将领以及威姆斯海军少将今天来我船上，会谈结果十分满意。

第二天又发来电报：

1915 年 3 月 18 日

天气良好。战斗即将开始。

注释：

[1] 伊恩·汉密尔顿，《加利波利日记》(*Gallipoli Diary*)，第 2 页。

第九章　3 月 18 日

399 3 月 18 日上午，协约国舰队全体出动进攻狭窄段。

德 · 罗贝克中将的计划是同时制服守卫狭窄段的堡垒及其保护雷区的炮群。他指派 10 艘战列舰执行进攻任务，6 艘战列舰每隔 4 个小时轮班替换她们。进攻一旦开始便由 4 艘现代战舰进行远程炮轰。当部分堡垒被遏制后，法国中队的 4 艘战舰将通过第一线的间隙，在 8 000 码的距离外炮轰堡垒。一旦堡垒被控制住，扫雷船将扫清组成凯佩兹雷区的五道水雷线的 900 码航道。扫雷工作将在两艘战列舰的掩护下彻夜进行，此时其余军舰撤退。第二天早晨，如果航道已经扫清，舰队将穿过航道进入萨里锡格拉海湾，在近距离有效射程内轰击狭窄段的堡垒。当这些堡垒被摧毁或制服之后，扫清狭窄段雷区的工作将随即展开。

任务的实际分配如下：

A 战斗编队	“伊丽莎白女王”号 “阿伽门农”号 “纳尔逊勋爵”号 “不屈”号	在 14 000 码距离外向狭窄段的堡垒炮击。
	“凯旋”号 “乔治王子”号	对中间防御工事进行炮击。
B 战斗编队	“萨夫伦”号 “布维”号 “查理大帝”号 “高卢”号	随后在 8 000 码距离外向狭窄段的堡垒炮击。

舰名	任务
“康沃利斯”号 “老人星”号	夜间掩护扫雷工作。
“复仇”号 “不可抗拒”号 “阿尔比恩”号 “大洋”号 “速捷”号 “威严”号	替换。 400

整个方案的基础是，战列舰作战和调动的水域只能是完全扫除水雷和已知无水雷的水域。3 月 7 日在炮轰区域内已找不到水雷，事实上已没有水雷。扫雷行动几乎夜夜不断，扫雷范围达到距离狭窄段 8 000 码处，在亚洲方向沿岸也进行了一些扫雷。然而，埃伦 · 凯威海湾的水雷大部分没有被清除。“皇家方舟”号所做的一次试验使我们“相信”，水上飞机或普通飞机在雷区上空飞行时可以辨认出下面清澈海水里 18 英尺深处的水雷。水上飞机经常报告在正规雷区内发现水雷，依赖它们的报告，不但在积极意义上知道在某一区域有水雷，而且在更广泛和较不确定的非积极意义上知道，没有报告有水雷的地方就是没有水雷。我们现在知道“皇家方舟”号的试验是一种误导。水上飞机事实上无法探明土耳其人的正规布雷区，它们所发现和报告的只是一些极其靠近水面或网标已露出水面的水雷。我们必须充分考虑到任务的艰巨性和执行任务的手段的局限性。但是清除水雷为军舰开辟进行炮击的区域，这是海军进攻堡垒前必须做到的初步工作；已清除水雷区完全在我们的控制之下，决不能与严密防守的正规布雷区相混淆。正如我们现在所知，对正规布雷区的扫雷所以没有完成，是因为扫雷船只数量与效率都达不到要求，这个事实直接导致了 3 月 18 日我们的进攻蒙受损失，间接导致了整个海军计划的放弃。

在 3 月 8 日那个风疾浪高的拂晓，当英国夜间巡逻的驱逐舰从海峡撤出之后，土耳其小轮船“努斯雷特”号在埃伦 · 凯威海湾又布下了 20 颗水雷，这条新的水雷线与海岸相平行，每隔 100 至 150 码放置一颗水雷。放置这些水雷的目的是要炸毁第二天再来此区域继续炮轰的军舰，3 月 6 日和 7 日军舰就是在这一区域进行炮击的。确实，这
401 些水雷在大战中发挥了人们公认的作用。3 月 16 日扫雷船发现并引爆了三颗水雷，但是由于没有见到更多的水雷，大家没有意识到这三颗水雷只是一道水雷线的一部分。在进攻前的 10 天里放置的其余水雷一直没有被发现，也没有被怀疑。当阳光明媚的 3 月 18 日到来时，这些水雷依旧隐藏在水下，而此时在德 · 罗贝克中将指挥下集合的庞大舰队正浩浩荡荡地向前推进去执行重大计划。

到了大约 11 点半，“伊丽莎白女王”号、“阿伽门农”号、“纳尔逊勋爵”号和“不屈”号以 14 400 码射程对狭窄段的堡垒连续进行炮击，几分钟之后整个 A 战斗编队全部投入战斗。军舰立即遭到中间防线可移动榴弹炮和野战炮的猛烈轰击。所有的军舰都被大炮击中数次，但厚厚的装甲有效地保护了军舰免遭损坏。堡垒也开始还击，但是对它们来说，军舰距离太远了。在 11 点 50 分只听见一声巨大的爆炸，“伊丽莎白女王”号击中了 20 号堡垒；“阿伽门农”号和“纳尔逊勋爵”号也多次击中 13 号和 17 号堡垒。正午过了几分钟，法国中队在盖普拉特将军的率领下勇敢地穿过炮击线，开始在更近的距离攻击堡垒。所有的堡垒猛烈还击，双方打得炮火连天，A、B 两个战斗编队的军舰同时炮击堡垒和炮群。当时的景象可谓是既可怕又壮观。强大的军舰在碧波中旋转，变动位置，大炮小炮齐声轰鸣；在浓密烟雾和飞尘中的堡垒被巨大的闪光所刺穿；海峡两侧的山丘发出大炮怒吼的回音，海峡两侧的海岸上响着野战炮的咆哮声；辅助驱逐舰和巡逻艇在四处穿梭，执行着危险的任务——一切都展现在阳光灿烂的天空下和平静的碧波上，合起来给人一种难以想象的壮丽和危机四伏的印象。这个阶段持续了大约一个小时。将近一点钟时，13 号堡垒发出巨大的爆炸声。一刻钟之后 8 号堡垒停止了炮击。“高卢”号和“查理大帝”号现在开始有规则地轰击 13 号堡垒和 16 号堡垒。一点半时堡垒的火

力已明显减弱。到了两点差一刻时它们几乎停止炮击。堡垒里的人已被赶离大炮，或已撤离大炮，整个工事的内部堵满了瓦砾碎屑。

扫雷船现在奉命前进。首当其冲的法国中队被召回，替换的战列舰前去接替它们的位置。英国军舰几乎没有遭受损失，只是“不屈”号的前部船桥被击毁着火；有几艘法国军舰遭到重创。然而，就舰队 402
整体而言，没有一艘军舰的战斗或驱动能力受损。在牢固的钢铁装甲的保护下，官兵的损失微乎其微。伤亡人数总计不超过 40 人。至此为止计划似乎执行得很顺利。总体印象是堡垒已被控制住，如果不再有雷区，军舰就能够以极小的代价压制住堡垒并顺利通过海峡。无论如何，可以肯定我们已经有制服堡垒的办法。但是就在此时，第一个灾难发生了。

在 1 点 54 分，当“布维”号跟随着旗舰“萨夫伦”号驶出海峡时，在埃伦 · 凯威海湾她碰上了一颗水雷。水雷的爆炸引爆了她的弹药库，两分钟后她就在一团烟雾和蒸汽中消失在海面下，只有 66 人获救。“伊丽莎白女王”号上的人员认为她是被一枚重磅炮弹击毁的，而战斗没有因此而中止。[1]

两点钟时堡垒全都沉默了，只有“伊丽莎白女王”号和“纳尔逊勋爵”号还在继续朝它们炮击。扫雷船现在奉命进入海峡；执行替换任务的 B 战斗编队的战列舰也同时推进，在更近的距离向堡垒开炮。所有堡垒又开始了一轮迅速却无效的射击，而“伊丽莎白女王”号报之以排炮齐射。第二阶段也持续了一个多小时，堡垒的炮击是断断续续的，没有给舰队造成破坏。毫无疑问，此时土耳其人的射击控制和交通联系都已被打乱。与此同时，扫雷船正顶着水流缓慢地朝凯佩兹雷区前进。扫雷船一路上引爆了三颗水雷，打捞起三颗水雷，这些水雷都是新近放入埃伦 · 凯威海湾的。德 · 罗贝克中将随后报告的就是这个时候的战况：“下午 4 点，狭窄段的堡垒实际上都已被制服；保护雷区的炮队也已逃跑，形势十分有利于清除水雷。”

在 4 点 11 分，一整天都在未知雷区以内或附近活动的“不屈”号报告说她触上了一枚水雷。她已经严重倾斜，情况十分危急。三分钟后发现“不可抗拒”号也舰身倾斜——显然无法行驶。到了 4 点 50
403 分，德 · 罗贝克断定他所乘坐的军舰也触上了水雷。这些水雷出现在被认定是完全没有水雷的水域，而舰队整天在这片水域活动，这使大家陷入惊惶失措。一排系留水雷能够放置在我们自己的水域里，这在当时认为是不可能的事，直到战争结束大家还都不知道是什么原因。那么是什么神秘而可怕的武器给我们带来了致命的打击？是从海岸旁或水底的某个隐藏的场所发射出的鱼雷？是土耳其人在狭窄段上游抛下的一大批漂雷，此时才被海流冲入舰队？下午发现了几颗水雷顺流漂下，不畏艰险的巡逻艇把它们捞起。而且，就在炮击开始之前，有人见到 4 艘土耳其轮船在狭窄段等候，估计它们准备在适当的时候放置水雷。[2] 因此这是较为可能的解释。但是不管怎么说，军舰活动的那块水域显然布有水雷，不然就是有什么更加惊人的原因在作祟。

在这种情况下，德 · 罗贝克中将决定中止炮击。这个决定是无可指责的。面对这么大的损失和不确定因素，要继续进攻堡垒是不可能的。准备夜间保护扫雷工作的两艘战列舰不能再留在海峡内。而且中间防线的堡垒（7 号和 8 号）还没有被控制住。因此已无法进行扫雷工作，整个作战行动都必须中断。在大约 5 点钟，总撤退的命令发出，全部的注意力集中到了受伤的军舰和拯救船员的工作上。“大洋”号在前往援救“不可抗拒”号的途中进入了同一片雷区，结果也触上了水雷。其余的事无需多说。“不屈”号安全抵达泰内多斯岛，在浅水区抛了锚。“不可抗拒号”和“大洋”号上的官兵转移到驱逐舰上，转移工作进行得非常娴熟和英勇，这两艘被遗弃的战列舰在当天夜里沉入海峡深处。

3 月 18 日的战斗就这样结束了。尽管战斗打得炮火连天场面壮烈，但双方的伤亡之少令人难以置信。土耳其炮队和堡垒里损失的人数不足 150 人。整个英国舰队伤亡的人员只有 61 人。然而，法国人却不得不为“布维”号上的船员感到痛惜，阵亡船员将近 600 人之多。

在舰只方面，“不屈”号有6个星期无法参加战斗；“高卢”号被炮火严重击伤；3艘老式战列舰被击沉。随后我们将看一下敌人及其防务的情况。

*　　*　　*

18日这一天我是在比利时海岸沙丘上的法军战壕里度过的。在 404
这儿，咆哮的战线从瑞士伸展到海边，铁刺网直抵海滩进入海水。挂在铁刺网上的尸体被海藻覆盖着，在腐烂的过程中经受着潮水的冲洗。其他一些尸体10人一堆或12人一堆地躺在沙丘脚下，他们是在冲锋时被炸死的，但是从他们的姿势和排列仍可以清楚地想到他们进攻时的意识和神态。这些阵亡士兵已经在那儿躺了几个月，沙土已渐渐地覆盖他们，模糊了他们躯体的轮廓，仿佛大自然正在将他们收回自己的怀抱。双方战线十分接近，有的地方相距只有几码。战场上笼罩着一种警觉的寂静，只被偶尔的炮声打破。在沙丘上的防御工事既复杂又新奇。我在战线的任何其他部分未曾见过这种防御工事所具有的特点。这是晴朗的一天，谢天谢地，我可以不去考虑我知道的发生在大海另一侧战线上的事情。18日夜里我回到英国，目的是要了解那些战斗的情况。

消息是在上午传到我这儿的。只需一眼就能看出结果不妙。后来的一份电报补充道：

> 不计军舰的损失和受伤之代价，中队仍准备立即战斗，但是必须重新考虑进攻的计划并寻找对付漂雷的手段。

我只把这个消息当作第一天战斗的结果。有一段时间我根本没有去想，我们不应在已经决定的限度外继续冒险，特别是在我们没有以某种方式做出新的决定之前。我发现费希尔勋爵和阿瑟·威尔逊爵士心情和我一样。俩人在上午一起与我相会，都表达了要把战斗打到底的坚定决心。第一海务大臣立即命令“伦敦”号和“威尔士王子”号去增援德·罗贝克中将的舰队，替换受伤的军舰，此外“女王”号和“无情”号已在前去增援的途中。法国海军部部长发来电报说，他将派“亨利四世”号前去顶替“布维”号。我们全都去参加 11 点召开的战时会议。战时会议的态度也十分沉着坚定，在听取了我们的消息后授权“海军部大臣通知德·罗贝克中将，如果他认为合适，海军可以继续进攻达达尼尔海峡”。

于是我们给德·罗贝克中将发去了一份鼓励电报，并告知他前去增援他的军舰。我们补充道：

> 重要的是，不要让敌人修复堡垒，不要明显地停止炮轰，这
> 405 会鼓励敌人。“伊丽莎白女王”号隔着半岛的非直接炮轰所需要的 15 英寸炮弹可以得到充分供应。

20 日德·罗贝克中将给海军部发来电报，详细介绍了他正在实施的重新组织扫雷工作的情况。他说，他希望能在三四天内重新开始炮击；由于需要初步训练新的扫雷人员和驱逐舰，不可避免地要耽搁几天。不做好打持久战的充分准备，舰只不能进入达达尼尔海峡。

那天晚些时候，他又来了一份电报，报告说他幸存的舰只其战斗力并没有被削弱，遭受破坏的部位仅限于烟囱、上层结构和甲板。

因此，迄今一切都是稳固和坚定的。第一海务大臣和海军部战时领导小组、首相和战时会议成员、法国海军部部长，还有德·罗贝克中将和战地法国海军将领——所有人只有一个信念，就是坚持贯彻已经庄严做出的决定。

但是在 23 日突然来了一份性质完全不同的电报。

德·罗贝克中将致海军部

1915年3月23日　　上午6点30分收到

818. 今天在与汉密尔顿将军和伯德伍德将军的会谈中，汉密尔顿将军告诉我陆军在4月14日之前不能承担任何军事任务。当舰队进入马尔马拉海时，为了保障我们的交通，有必要摧毁海峡所有守敌的大炮。这些大炮为数众多，军舰的炮火只能使其中少数几门失去作用。2月26日爆破小组的登陆显然令敌人吃惊。根据我们3月4日得出的经验，在将来破坏敌人大炮的战斗中看来必定会碰到顽强而有充分准备的抵抗。我不认为，派一支有足够能力在达达尼尔海峡内执行这项任务的部队登陆，是一件切实可行的作战行动。汉密尔顿将军同意这种意见。如果大炮不摧毁，舰队所取得的任何成功都会付诸东流，因为舰队穿越之后海峡会被封死，我们有可能遭受重大物资损失，可能无法保证军舰在达达尼尔海峡的畅通。在到达马尔马拉海之前水雷始终是一个威胁，而且这种威胁会比我们预料的大许多。我们必须小心谨慎，彻底干净地解决着水雷和漂雷的威胁。要做到这一点就需要时间，到陆军能够行动时我们的安排也可准备齐全。所以，为了可能只是部分解决问题的行动而冒很大的风险，还不如等到4月中旬左右开展一场决战为好。

念完这份电报，我惊愕不已。我担心长期拖延的危险性。我更 406
担心，等待陆军大规模进攻会使这项计划旷日持久地拖延下去。仅准备陆军登陆这一件事就能给敌人至少三个星期的额外时间，在我看来这是一件非常可怕的大冒险。我觉得从各方面讲它要比海军进攻严重得多。更何况放弃海军计划又有什么理由？迄今为止我们的一切推理和结论都是建立在这个计划之上的。在海军行动中人员损失微乎其微。整个行动中只有一艘重要军舰（“不屈”号）被损坏，她只需要在马耳他造船厂花一个月或六个星期就能完全修复。至于那几艘旧战列舰，她们在任何情况下都注定要成为一堆废铜烂铁。损失的每一艘军舰都已得到替补。就在 20 日，中将还来电说：“基于 18 日得到的经验，我认为几天炮轰之后我们就能制服狭窄段的堡垒和守卫雷区的炮台，足以使扫雷船清除凯佩兹雷区。”既然如此，为什么不干呢？它正是我们一直想做的事情。它正是我们决定要做的事情。为什么要在这决定命运的时刻改变主意，让陆军去承受这种不可预料的严峻磨难？如果陆军进攻失败，我们将不可挽回地卷入海军进攻所无法解决的困境。风险会更大，赌注会更高。不管怎样，我对应该给德·罗贝克中将下什么命令已经不再犹豫。于是立即召开海军部战时领导小组会议，将下面这份电文拿给他们过目：

海军部致德·罗贝克中将

回复你的 818 号电报。鉴于拖延会招致潜艇进攻的危险，鉴于陆军行动将要付出的重大代价，并鉴于陆军行动在打通海峡上有失败或只能取得部分效果的可能，以及未必能解除水雷的威胁，所以我们认为，你应该坚定地贯彻在给你的指示和海军部 109 号电报中所确定的计划。你应做好充分准备，一旦机会来到立即恢复 18 日开始的进攻。你应该制服狭窄段的堡垒，清除雷区，然后在近距离内摧毁堡垒；掌握好你的时间，利用飞机和所有对付水雷的经改进的办法。摧毁狭窄段的堡垒可以为进一步推进打开道路。一支足以击败土耳其舰队的我方舰队进入马尔马拉海，将对整个形势产生决定性的影响，你不必为随后的交通线担心。我们知道敌人堡垒弹药短缺，水雷供应有限。我们认为，放弃纯粹使用海军进攻达达尼尔海峡计划的时机尚未来到。

407 德·巴托洛梅准将今天出发，他会向你详尽介绍我们的观点。同时，一切恢复进攻的准备工作应该着手进行。

但是我立刻遇到了无法克服的阻挠。参谋长十分愿意发布命令恢复进攻，可是第一海务大臣却不同意这份电报提出的建议，阿瑟·威尔逊爵士和当时出席会议的亨利·杰克逊爵士也都不同意。费希尔勋爵提出的理由是，他此前之所以同意执行这个计划，原因是它得到了战地指挥官的支持和推荐。但是现在德·罗贝克中将和伊恩·汉密尔顿爵士决定联合行动，我们只有接受他们的观点。事实上，这次行动最终又回到最初他和我们大家都乐意采取的形式，对此他感到大大宽慰。“我们还想要什么？陆军就要动手了。他们早就该动手了。”但是眼见着由于时间的耽搁和行动的暴露，形势已经变得对我们不利，这是多么可悲和可怕，对此我不能容忍。我从这种没有坚定目的的心态中看到了可怕的前景。自从开战以来，八角会议桌周围第一次出现了舌战。我强烈坚持恢复海军进攻的义务和必要。德·巴托洛梅准将坚定地支持我的立场，但是他在这些人中间年纪最轻，我的意见难占上风。我在没有决议的情况下结束会议。会后我将我草拟的电报拿给首相看，发现他真心诚意地同意电文中的观点，贝尔福先生的态度也一样；那天我和贝尔福先生讨论了这件事。

回顾此事，人们现在可以看出，这是首相出面干预，执行他的看法的时候了。至于我，我能做什么呢？如果辞职能实施这个决定，我会毫不犹豫地辞去职务。然而，我辞职显然只会使事情更加糟糕。我无论做什么都已无法说服这些明确地不改变观点的海军将领们。他们只要指出已发生的军舰的损失，所有的人都会站在他们一边。于是我万般无奈，只得放弃向德·罗贝克中将直接下令恢复进攻的打算。

第一海务大臣想尽力安慰我。

> 他在24日给我写信说，“毫无疑问，派巴托洛梅去那儿是正确的，[3] 越早越好……你这么担心和激动是非常错误的。千万不 408
> 要忘了我们是迷路的以色列十个部落。我们定将获胜！！！我知道我是一个乐观的人！一直是一个乐观的人！！感谢上帝……让巴托洛梅赶紧动身！不要再拍电报了！随它去吧！”

对照以后发生的一切来看，我“这么担心和激动是非常错误的”吗？等待后果吧。探索紧要的事情是正确的，但是要在还有时间余地时去探索它们。

注释：

[1] “布维”号被炸沉究竟是因为触着了水雷还是因为一枚炮弹击中弹药库，对此人们尚存疑问。她正经过那片新的布雷区，故而土耳其人认为她是被水雷炸沉的。

[2] 事实上，布水雷的只有一艘船。

[3] 这个方案没有执行。

第十章　德·罗贝克中将改变计划

达达尼尔海峡发生了什么事情？陆军已经抵达。从陆军可以启 409
程的最早时刻起，海军部就将全部军队准时运抵集结地点。伊恩·汉密尔顿爵士是在海军进攻狭窄段的前夕到达达达尼尔海峡的，他从“费顿”号的舰桥上目睹了进攻的最后景象。战列舰沉没的情景、受伤的“不屈”号倾侧地缓慢驶离海峡的景象、驱逐舰上挤满了被救起的官兵的场面，无一不给他留下强烈印象。这种景象在秉性过于高尚的他的内心中，激起强烈的想要帮助和拯救兄弟军种的愿望。正是在这种心情中他决心致力于他将立刻碰到的问题。

这个问题确实极其严重和令人困惑。假如海军要求援助，伊恩·汉密尔顿爵士会尽力而为。假如在半岛的尖端处登陆然后夺取基利德巴赫尔高地可以解决海军的困难，他会努力去做。但显然时间不容延误。每一天，每一个小时，土耳其的防御和准备工作都会得到加强，他们的兵力会集聚起来。若是在两个星期前，40 000 名士兵在半岛上登陆还有可能不费多大力气就能实现。但是现在登陆就必须准备有一场恶战。而且从 3 月初就一直在战地观察战斗进程的伯德伍德将军，迫切盼望当时在那里登陆，他相信一次迅速的进攻可以克服对方的抵抗。

现在，在这次军事行动中第一次允许参谋部有发言权。他们向司令官提出了大量的、令人信服的理由。炮火下登陆的准备工作需要有高度的组织性，而到目前还没有做任何准备。最为重要的是，实行这样宏大的计划至少需要有一定比例受过严格训练的部队。这样的部队目前也没有。澳大利亚士兵虽然勇敢和忠诚，但是和皇家海军师一样，他们只受过部分训练。而第29师才从英国起航，要在4月的第一周才能抵达。抵达时它又会怎样呢？这支部队由22艘运输船运来，根
410 本没有立刻就要投入战斗的意识。弹药集中在一艘船上，运输车辆装在另一艘船上，马具集中在第三艘船上，而机枪放在船舱的底层，如此等等。在这支训练有素的部队能投入战斗之前，他们必须首先寻找平静的水面或码头利用小船上岸，然后完全重新编队，按战斗序列组织起来。而穆德罗斯海港（在莱姆诺斯）并不具备这些设施。此外，尽管有将近60 000人已进入攻击加利波利半岛的范围内，但是供给物资却仍分散在地中海各处，医院也没有准备好，工作人员还从来没有集中在一起。

面对种种不利选择，伊恩·汉密尔顿爵士的参谋人员声称，不管拖延的风险有多大，也比贸然展开一次没有组织的进攻的风险要小。于是将军决定把他的基地和部队从莱姆诺斯转移到亚历山大，以便当海军需要时他从埃及组织大规模的军事行动。在达达尼尔海峡他只留下了足够执行小规模任务的军队。

* * *

德·罗贝克中将3月18日退出战斗时，他极希望利用最早机会恢复进攻。但是情况突然发生不寻常的变化，它产生的后果我们已在海军部里见到。22日这天在“伊丽莎白女王”号军舰上召开了一次会议。出席会议的有德·罗贝克中将、威姆斯少将、伊恩·汉密尔顿爵士、伯德伍德将军、布雷思韦特将军以及波伦舰长。伊恩·汉密尔顿爵士记录了这次会议的情况：

> 我们刚一就座，德·罗贝克就告诉我们，他已经很清楚，没有我们陆军的全力支援他无法通过海峡。

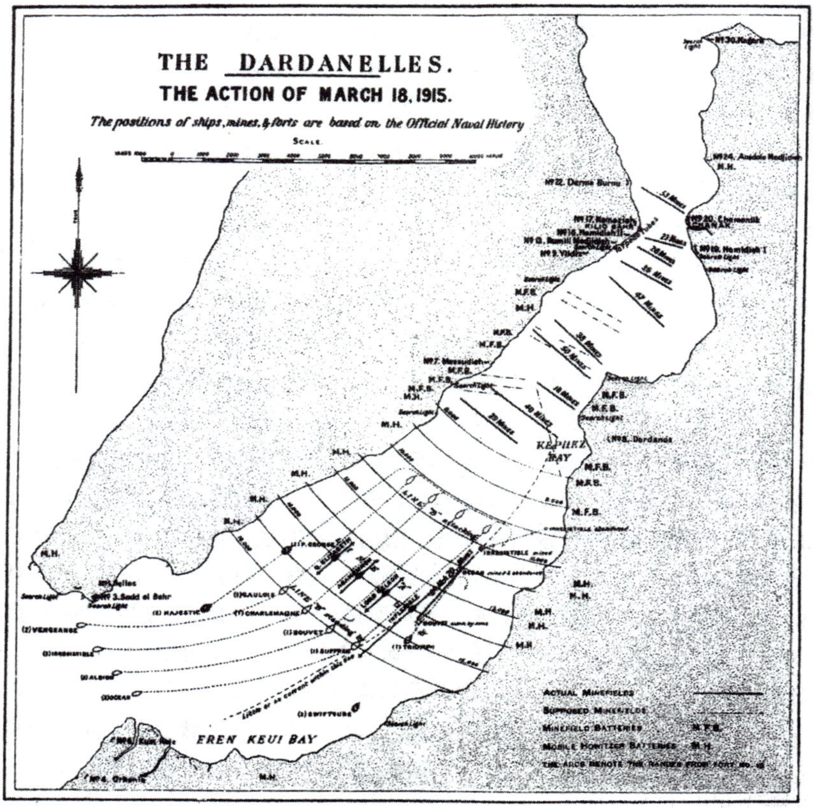

> 布雷思韦特、伯德伍德和我在上船前就已拿定主意，不管这些陆地兵心里怎么想，我们必须让水兵自己处理自己的事情，如果水兵们不主动向我们求助和宣布他们已放弃单纯使用海军打开通道的计划，那么我们就什么也不说，对登陆行动或两栖行动既不表示赞同也不表示反对。
>
> 结果他们求助了……
>
> 于是也没有进行讨论。我们立刻研究登陆计划。[1]

显然，德·罗贝克中将在21日下午或晚上做出了他的决定。这个决定影响深远。它将政府和海军部的政策完全抛在了一边，而在这之前中将曾亲自宣布过他完全赞同这个政策。这个由舰队发起并获得中 411

达达尼尔海峡

1915 年 3 月 18 日战斗图

军舰、水雷和堡垒的位置（根据官方海军史绘制）

Actural Minefield　实际雷区

Agamennon　“阿伽门农”号

Albion　“阿尔比恩”号

Ocean　“大洋”号

Bouvet　“布维”号

Bouvet sunk by Mine　“布维”号触雷沉没

Chanak　恰纳克

Charlemagne　“查理大帝”号

Eren Keut Bay　埃伦凯威湾

Gaulois　“戈尔图瓦”号

Inflexible　“不屈”号

Irresistible　“不可抗拒”号

Irresistible mined　“不可抗拒”号触雷

Irresitible adandoned“不可抗拒”号放弃

Kephez　凯佩兹湾

Kilid Sanp　基利德桑普

Line “B” attacking“B”　攻击线“B”

Line “B” standing by　待命线 “B”

little or no Current within this Line　这条线内无急流

Lord Nelson　“纳尔逊勋爵”号

M.F.B.　雷区炮台

M.H.　可移动的榴弹炮队

Majestic　“威严”号

Medjidieh　梅贾迪赫

Mine Field　雷区炮台

Mines　水雷

No 1 Helles　第 1 号堡垒海勒斯

No 13 Rumill Medjidieh　13 号堡垒罗米尔梅贾迪赫

No 16 Hamidishll　16 号堡垒海米迪希尔

No 17 Namazieh　17 号堡垒纳马泽赫

No 19 Hamdieh　19 号堡垒哈米迪赫

No 20 Chemenlik　20 号堡垒恰门利克

No 22 Derma Burnu　22 号堡垒德尔马布拉蒂

No 24 Anadolu　24 号堡垒阿纳多卢

No 3 Sedd el Bahr　第 3 号堡垒塞德埃尔巴赫尔

No 30 Nagara　30 号堡垒纳加拉

No 6 Kum Kale　第 6 号堡垒库姆卡莱

No 8 Dardanos　8 号堡垒达达诺斯

No 9 Vidiz　9 号堡垒维迪兹

Ocean mined abandoned　“大洋”号触雷放弃

Prince George　“乔治王子”号

Queen Elisabeth　“伊丽莎白女王”号

Saffren　“萨夫伦”号

Scale　比例尺

Search Light　探照灯

Supposed Minefield　假设雷区

Swiftsure　“速捷”号

The Arcs denote the Ranges from Fort No 13　弧线指 13 号堡垒的距离

Torpedo Tubes　鱼雷发射管

Triumph　“凯旋”号

Vengeance　“复仇”号

Yard　码

将和海军部同意的计划就这样被抛入九霄云外。新的决定使舰队退出了战斗，并将海军承担的责任加在陆军身上。它使陆军在极为不利的形势下承担了一项极端险恶而且至关重要的任务。这个决定完全违背了3月18日战斗消息传出后德·罗贝克中将从海军部收到的最后那份电报的整体精神和具体条文。它已经超越了命令限定的范围，而中将在接任指挥时曾表明他完全同意这些命令。确实，海军部3月15日109号电报中有这么一段话："当汉密尔顿将军抵达时，你必须在你认为有必要采取的任何大规模陆军行动上与他取得一致。"但是这段话无论从含意上还是从文字上都没有包含完全放弃海军进攻，并由纯陆军行动取而代之的意思。

就这样，在22日会议上做出了两个重大决定：首先，放弃海军进攻以利于陆军全面进攻；其次，陆军应撤回到亚历山大做好这次进攻的组织和准备工作，尽管这个过程至少要有三个星期的延迟。陆军事实上到达得太迟，组织得太糟糕，不容易展开一次突然袭击，但是他们有充分时间出现在战场上诱使海军终止它们的进攻计划。

然而，人们必须充分谅解中将和他所代表的海军的观点。对于政治家和陆军士兵来说，战争时期的军舰不具有任何感情上的价值。军舰是仅供使用和冒险的战争机器，必要时可以为了共同的事业和国家的基本政策而牺牲它们。在这些人看来，陆军士兵的生命完全与海军士兵的生命同样宝贵，而一艘准备当废铜烂铁处理掉的旧战列舰不过只是一个战争的工具，有充分理由把她们牺牲掉，就像为了掩护和支持步兵进攻发射炮弹一样轻易。但是对于有某种身份和教养的中将来说，这些旧军舰是神圣的。当他还是一个年轻军官初次踏上她们的甲板时，她们还是大海上的佼佼者。抛弃一艘军舰的丢脸甚至耻辱，会 412
好多年深深铭刻在思想深处。眼见着一艘高贵的战舰可怜地沉入大海，是一件令人惊诧和非同寻常的大事，因为在这艘战舰上凝聚了不知多少赤胆忠心，她是海军士兵们日常生活的漂浮的住所。3月18日这么重要的一次战争只损失不足30名英国水兵和两三艘无多大价值的军舰，这会使普通人或陆军士兵感到欢欣鼓舞；而且以如此微小的代价换取了许多有价值的成果。但是德·罗贝克中将却从心底里感到悲伤和惊愕，这种情绪同样也笼罩了海军部的会议。

在德·罗贝克中将的陈述和伊恩·汉密尔顿爵士的陈述之间有着明显的出入。中将提到他改变主意是由于陆军将军向他“建议”所致，而陆军将军却明明白白地说：“我们刚一落座，德·罗贝克就告诉我们，他已经很清楚，没有我们陆军的全力支援他无法通过海峡。”对此，可能的解释是：直到 21 日晚间，中将还以为陆军没有得到授权可以进攻半岛的任何地区，只有在舰队攻占航道之后陆军才可以占领布拉尔防线。一旦他得知陆军可以朝任何方向行动，而且只要他提出要求，伊恩·汉密尔顿爵士已准备倾全部兵力占领半岛的南端，他便立刻放弃了海军进攻的计划，请求陆军打开通道。

无论怎么解释，德·罗贝克中将电报的论点是决定性的。在海军部，他的论点坚定了一些人对这次行动的反对态度。在前线，他的论点使得舰队陷于瘫痪。

* * *

24 日这天，伊恩·汉密尔顿爵士及其参谋乘船去亚历山大，所有装载军队的运输船只都经过地中海驶往那里。同是这一天，敌人方面采取了重要步骤。利曼·冯·桑德斯将军此前一直是德国驻土耳其军事使团的首领，但是他从来没有行使过行政指挥权。土耳其人的困境和忧虑以及各次军事行动造成的危机促使恩维尔帕夏于 3 月 24 日将利曼·冯·桑德斯将军召到君士坦丁堡，交给他用于守卫半岛的土耳其军队的全部指挥权。冯·桑德斯将军在 26 日接受指挥权。他写道：“3 月 26 日以前马尔马拉海两侧分布 5 个师，这种部署必须彻底改变。此前他们按照完全不同的原则部署兵力，就像古代的边防卫士一样，部队沿整个海岸线分散铺开。登陆的敌人会发现到处有抵抗，但是没有

军队或后备队展开一次顽强而有力的反击。”[2] 413

*　　*　　*

23 日，我怀着悲哀的心情向内阁宣布海军中将和海军部拒绝继续进行海军进攻，这次进攻无论如何也要暂时放弃。自从 1914 年 8 月危机以来，我代表皇家海军指派的许多任务，迄今为止全都得到圆满完成。首相、基奇纳勋爵和内阁目前又一次面临抉择：如果他们愿意，可以撤销整个计划，然后以夺取亚历山大勒塔来掩盖失败。我们伤亡的人数比西线的战壕突击战经常遭受的伤亡要少，而且没有一艘有点价值的军舰沉没。对于这样一个决定，我无可抱怨，虽然我可以据理力争。但是没有必要争论了。每当事情一团糟时，基奇纳勋爵总是表现出君子风度。他没有责备，表现得自信、威严和宽容。在短短的几句话中，他承担起了重任，声称他将使用陆军把军事行动进行到底。于是不经任何讨论得出：战地海陆军将领意见一致，基奇纳勋爵的声明在内阁成员前面不需要再有讨论。有关进行陆军攻击的决策即没有正式决议，甚至在内阁或战时会议的记录中也没有记载。当我们回想起先前决定海军进攻前的那场权衡有限风险和代价的漫长讨论和研究，一定会把这次一声不吭就投入这场巨大陆军冒险的举动看作是一个不寻常的插曲。这个决定在三个月前显得何等安全、何等完善、何等可靠。但是现在呢？

基奇纳勋爵承担使用陆军猛攻加利波利半岛的任务时，他以为只需要一个星期就足以做好准备和开始行动。但是当他推翻 2 月 16 日做出的派遣第 29 师的决定时，当他撤销征集运输船只的命令并随之将船队遣散时，当他有意将这个问题拖延到 3 月 10 日时，当他允许这个师不以战斗序列而以其他无序方式登船时，他实际上已经死死地捆住了自己的双手。他现在已别无选择，只有等待几个星期，眼睁睁地看着危险和困难不断增大，或者就是干脆放弃整个行动计划。这后一个选择他是绝不会考虑的。相反，他已经决意要干了，而事态继续稳定地向前发展。

414 我仍旧希望海军能继续施加压力——即便在目前规定的范围内——能够起到鼓励中将恢复进攻的效果，从而也许能够使陆军免遭可怕的折磨。然而，他甚至不采取有限的军事行动。他和他的参谋人员将全部精力都投入到为陆军登陆所需要的全面而复杂的计划中。“伊丽莎白女王”号没有再发过一炮，在随后的一个月里所有军舰全都对着敌人一炮不发。我无法将海军行动拖出这个泥淖。所有消极的力量已开始联合起来。

从此以后，达达尼尔海峡的防御由于一道不可克服的心理障碍而得以加强。狭窄段开始耸立起一堵透明的、完全无法移动的墙，无论什么武器也打不倒这堵禁止行动的墙。“不行”这条原则已在人们的心中建立，要根除它已经不可能。我再也无法引导海军部战时领导小组和战时会议采取坚决的行动。我再也无法推动第一海务大臣。“不行”原则已占据了我们的会议，并以其沉重的分量将我一直相信是世界之希望的东西压得粉碎。一个月后，德·罗贝克中将受到热情的凯斯[3]的鼓舞，但仍不肯恢复海军进攻。他已不可挽回了。“不行”一旦占领人心，我再也无法将它消除，不久我自己也屈服了。威姆斯少将在接替德·罗贝克之后，向新组建的海军部委员会递交凯斯的计划和表明他自己的坚定信念，同样没有结果。凯斯在10月份辞去参谋长的职务，亲自赶往伦敦向基奇纳勋爵和我的后任请求允许进攻，但完全不起作用。“不行”获得了胜利，它得到普遍同意，结果带来无可估量的破坏。英国舰队再也没有能够恢复对狭窄段的进攻，这场进攻他们是根据3月18日开始的命令进行的，而且充满信心地预料在短暂停歇之后会继续下去。结果相反，他们在那儿等待了9个月，成为陆军蒙受的苦难和巨大损失，以及由此获得的不朽的荣耀的旁观者，他们一直期待机会进行干预，一直期待能轮到他们进行冒险和做出牺牲，直到最终他们却不得不忍着悲痛和耻辱带着残余的陆军，趁着夜幕驶离了这个遭受不可挽回的失败的地点。

*　　*　　*

然而，倘若海军再做一次尝试，他们将会发现大门已经打开。他 415
们经过改进的扫雷力量可以集中将埃伦·凯威海湾残留的少数水雷清除掉。所有的损失都能得到补偿。3 月 18 日战役可以在一个月后以压倒优势重新开始；如果重新战斗，在几个小时内情况就会很明显，战斗只能有一个结局。当时我们已经通过确实可信的秘密渠道得知，土耳其军队已耗尽弹药。

海军只需要重新开始逐步推进和炮击，我们就能惊喜地发现敌人事实上已经没有多少炮弹了。我们现在知道当时很容易就能知道的一个真相：就那些能损伤装甲军舰的重型大炮而言，他们只剩下不足 20 发炮弹。

在保加利亚加入中欧同盟国之前，德国不可能向土耳其提供一发重磅炮弹。我们现在知道，只要继续进行扫雷，有一点就完全可以确定：那片水域已经没有什么水雷了。君士坦丁堡剩留的水雷——漂流的和系留的——如同炮弹的情况一样不足一打，而且有漫长的 6 个月不会有水雷到达现场。

根据土耳其部队里德国总司令利曼·冯·桑德斯的参谋官所做的德国官方记载：

> 土耳其已消耗了大部分弹药。中型榴弹炮和野战炮已将储备的炮弹打掉了一半。对于 5 门 25.5 厘米（14 英寸）大炮而言，此时也只剩余 271 发炮弹，也就是说，每门只有 50 发炮弹。对于 11 门 23 厘米（9.2 英寸）大炮而言，每门也只有 30 至 50 发炮弹……远程高爆炸药炮弹的情况尤其严重，它们几乎已经全部耗尽，而只有这种炮弹才能有效对付装甲。哈米迪耶堡垒只剩下

17 发炮弹；基利德巴赫尔只余 10 发。储备的水雷也用尽了。如果 19 日和以后的几天里以同样的势头重新发动战斗，会出现什么样的结果呢？

英国的官方军事历史学家写道：

3 月 18 日夜晚土耳其的达达尼尔指挥部已完全听天由命了。一半以上的弹药已经告罄，而且无法补充……有一点很重要，如果放弃君士坦丁堡，土耳其人将无法继续战争。他们所有的武器和弹药生产工厂都集中在首都，英国舰队会将其全部摧毁，从德国获得物资供应是不可能的……原本不足的火力设施的来源已经被严重阻断。土耳其的炮兵士气低落，如果舰队第二天继续进攻，
416 甚至在场的德国军官也显然对成功抵抗不抱多大希望。

接着又写道：

在 9 道水雷线中，许多水雷已放置在海中长达 6 个月之久，其中大部分据信已被海流冲走，或已下沉到船只碰不到的深度。至于其余的水雷，许多都是老式的，根本就不可靠，由于数量短缺，它们的平均距离为 90 码，超过舰只横梁三倍。

土耳其官方记载这样写道：

为获取这样重要的目标，敌人应该不顾遭受到的较小的损失而继续大举进攻，他们本来会成功地从水路占领海峡……哈米迪耶堡垒只剩下了 5 到 10 发炮弹，欧洲海岸的炮台情况也同样糟糕。

根据当时我们所掌握的情况，我毫不怀疑——如海军部的电报表明的那样——陆军承担的风险远远大于海军的风险，陆军要伤亡的人数将远远超出水兵伤亡的人数。我们当时不相信，如现在已经揭晓的、土耳其防御舰队的力量是如此脆弱，并处于危急的状态。但是没有人真正对土耳其抗拒陆军的巨大力量做过计算。陆军部登陆以及作战取得决定性胜利估计要付出 5 000 人伤亡的代价，而事实上仅仅为了在半岛上一个不重要的小小尖端取得一个立足点就伤亡了 13 000 人，而在扩大基地的努力中付出了更多的生命。这还不包括苏夫拉海湾战役之前那几个月里蒙受的惨重损失和浪费，也不包括那个战役中伤亡的 40 000 人以及在最后撤出前遭受的 20 000 人的伤亡。

我们现在必须要看一看那一幕幕的场面：洋溢着不朽的英雄主义的 4 月 25 日，令人束手无策和极度失望的 5 月，充满着悲剧的 8 月和接连出现毁灭性的失败的 12 月。如果那些手握重权、肩负历史重任者的眼前浮现出这些场面，他们肯定会想到，最好还是按照已经发出的和已经接受的命令和任务去执行，坚定和忠实地坚持海军进攻！

注释：

[1]《加利波利日记》，第 41 页。

[2] 利曼·冯·桑德斯，《在土耳其的五年》（*Five Years in Turkey*），第 81—82 页。

[3] 凯斯准将，即后来的中将罗杰·凯斯爵士，1918 年时担任多佛尔海峡巡逻舰队司令和进攻泽布吕赫的指挥官。

第十一章　德国潜艇的首次失败

417 叙述历史的要领是按年代顺序。然而，倘若众多事件同时发生，我们就不可避免地要将它们分类选择。有一些事件必须先放在一边，等到主要事件交代完毕再叙述；另一事件则可用插入的手法，在一般叙述之外提前交代。

前面几章描述了达达尼尔海峡的作战行动，在这期间，全面的海战不停地在进行。主力舰队依旧不倦地、警惕地注视着对手。内阁依旧致力于改善和维持在海上对敌人的封锁以及和大洋彼岸精通海事法者的关系。部队增援和物资供应源源不断地流向法国。最后，海军部要求保护英国商船队免遭前所未有的新奇武器的攻击。第一场德国潜艇大战已经开始，若要以通俗易懂的方式叙述这段插曲，我们就有必要回顾一下过去，并向前略微跨越我们这个时代来叙述。

*　　*　　*

当我在 1911 年进入海军部时我们一共有 57 艘潜艇（11 艘已过时的 A 级，11 艘 B 级，33 艘 C 级，2 艘 D 级），与之相比，德国只有 15 艘潜艇。但是，除了 2 艘 D 级潜艇外，我们其余的潜艇只能在沿海附近的水域活动。它们不能伴随舰队，也不能单独在大海里长期航行；而 15 艘德国潜艇里面有 11 艘至少可以与我们那 2 艘 D 级潜艇相媲美。在我任职的那三年备战时期，潜艇事务由凯斯准将负责。早在 1912 年，我们就开始设想利用远海潜艇这种新的武器保持对德国港口的严密封锁，使用驱逐舰和其他水上军舰不再可能做到这一点。于是我们不断设法制造大型的有“远海”甚至“远洋”航行能力的潜艇。 418
我们研制出了 E 级潜艇，甚至还研制出了其他一两艘更大型的潜艇。技术上的难题接踵而来，承包商和海军部门的拖延令人恼火。较大型的潜艇完全处于实验阶段，总有一些专家怀疑我们能够克服制造超过一定规模潜艇的难题。此外，由于已经签订合同，制造潜艇实际上指定由特定的企业独家承包，我们最初甚至在实验性工作中也遇到了相当大的阻力。1912 年，由凯斯准将建议，我们决定废除这些束缚性的合同，将不同模式潜艇的订单给予克莱德和泰恩两家公司。同时我们还从意大利和法国购买潜艇，以便熟悉、了解潜艇的设计。然而，进展却十分缓慢，每一阶段都受到怀疑的困扰。

大战爆发时我们总共制造了 74 艘潜艇，31 艘正在制造过程中，另外还预订或设计了 14 艘。德国已制造了 33 艘，有 28 艘正在制造过程中。但是在英国的 74 艘已制造出的潜艇中，只有 18 艘（8 艘属 E 级，10 艘属 D 级）是所谓的“远海”潜艇，而德国 33 艘潜艇中至少有 28 艘属于“远海”潜艇。因此，当时的形势是我们有大量的潜艇可以用于防卫沿海免遭入侵和保护海港，但是我们没有足够的“远海”潜艇来对黑尔戈兰湾实行持久的全面封锁，这一级的潜艇没有德国多。

如果我们假装对这种状况感到满足，那是自欺欺人。但从另一方面说，倘若我们在大战前就开展大规模制造潜艇的计划，我们会刺激德国人发展相应规模的，乃至更大规模的潜艇制造计划。这将使我们处于危险境地，英国潜艇数量的增加决不能补偿这种危险。目前的状况很可能是最好的结果。

英国和德国的海军部在战争爆发时谁都不知道潜艇能够发挥的全部作用。直到这种武器在严酷的战争条件下开始得到运用之后，它不寻常的海上持久能力才为人所知。双方立刻认识到大型潜艇能孤立无援地留在大海里呆上八天到十天，而且其船员依旧挺得住。两国海军迅速将海上滞留期翻了一番和两番。遇到恶劣天气，潜艇非但不必返回海港，而且看来比其他类型的舰艇更能经受得住风暴。在潜艇里工作需接受勇气和毅力的极限考验，受过高度训练和高等教育的技术精湛的海军军官、水兵和工程师，以难以置信的献身精
419 神对考验做了回答。

在大战之前，潜艇能做些什么是一个谜，能命令潜艇做些什么是另一个谜。

1913 年末，费希尔勋爵当时不担任任何职务，他在那篇著名的备忘录中探讨德国人使用潜艇对付商业航行的可能性，宣称他们肯定会毫不迟疑地击沉商船，因为根据战争法要求，他们不能将商船拖进自己的港口。这篇备忘录在很大程度上应归功于费希尔勋爵的亲密下属 S.S. 霍尔上校的技术知识，但是这位海军老将的观点主导和支配着备忘录中的立论。我要海务大臣们和技术部门立即研究这个备忘录。

无论是第一海务大臣还是我都不相信费希尔勋爵的论点，即德国人会使用潜艇不事先警告就击沉非武装的商船，并且不采取任何措施抢救船员。这种做法违背古老的航海规则和历来的做法。路易斯亲王在写给我的信中认为，费希尔勋爵的出色文章“由于提到这一点而黯然失色”。

我们不相信一个文明的民族会采取这种手段，那是我们以往的信念，如果他们敢于这么做，这就会使全世界联合起来反对他们。特别可以肯定的是，以这种方式违反法理的国家是无法区别敌国商船和中立国商船的，犯下这样的错误，不仅会引起道德上的愤怒，而且会迫使强大的中立国家向一个海盗国家宣战。费希尔勋爵对德国人性格的分析是正确的，而海军部是错误的。但是即便我们采纳了他的观点，也很难知道在大战之前我们能采取什么特殊措施以防止这种攻击。

在战争中，潜艇是唯一不与其同类交战的舰艇。这并不是说潜艇之间从不发生战斗，但是这种战斗是个别现象，通常无足轻重。因此，一方的潜艇队的力量不应以另一方潜艇队来衡量。制约它的力量不能

只考虑敌方潜艇数量，还要考虑自己的作战方案和本国的特殊情况。假定大战之初德国的潜艇数量比实际上拥有的数量多4倍，她将能获得很大的优势，并立即将我们置于严重的危险境地。但将我们的潜艇也增加4倍并不能防止这种危险，我们这么做并不能置德国于同样的危险境地。

*　　*　　*

如果说我拒绝海军部委员会的指责（战前我曾主持委员会的潜艇政策），那么我更不愿承认英国的潜艇军种在技术上和进取精神上比德 420
国人逊色。恰恰相反，我要宣布，而且能拿出证据证明，英国潜艇的业绩逐月地证明自己有无可争辩的优越性。但是他们有一个我们的力量不能消除的显著条件，那就是缺乏目标。除了几艘快速军舰到海上做几次突然飞驶，除了偶尔会有一艘巡洋舰出人意料地外出航行一圈，或者公海舰队在周密准备和精心保护下迅速出海炫耀一番外，德国海军一直紧闭在防鱼雷的海港里；德国的商船活动范围不会超越波罗的海。而在另一方面，每个海洋到处都是英国的商船，每天都有几十艘大型船只到达和启航，而我们的舰队在公海上来往频繁，我们执行巡逻任务的巡洋舰和商用巡洋舰保持时刻不断的和远距离的封锁。如果换一个位置，假如我们允许自己攻击没有防卫能力的商船，那就会取得更为可怕的成果。这不是凭空臆断的事情，有事实可以证明。只要说一说英国潜艇在马尔马拉海的战绩就能明了，当时仅E11号这艘潜艇三度穿越极端危险的10号重雷区、纳加拉网区和漫长而守备严密的达达尼尔海峡地带，在马尔马拉海总共停留了96天（一次47天），就独自击沉101艘舰船，包括1艘战列舰、1艘现代驱逐舰和3艘炮艇。荣获维多利亚十字勋章的内史密斯指挥官创造的辉煌功绩在潜艇战争历史上还从未被人超越过，虽然指挥E14号潜艇的维多利亚十字勋章荣获者博伊尔已接近这个记录。

* * *

1915 年 2 月 4 日，德国海军部发布声明如下：

> 特此宣布大不列颠和爱尔兰周围的全部水域，包括整个英吉利海峡均为战争区域。从 2 月 18 日起，凡在此战争区域内发现任何敌人商船将一概予以摧毁，不再因船员与乘客的缘故使其有可能逃避危险。

在战争区域内中立国的船只同样也面临危险，鉴于英国政府在 1 月 31 日下令可以滥用中立国的国旗，[1] 更由于海战中可能发生难以预
421 见的事故，不可能避免中立国船只被误认为敌船而遭受攻击。

我们现在面临的形势与费希尔勋爵在 1913 年备忘录中所预料的一样。然而，此事并没引起海军部严重惊恐。我们的情报表明，德国拥有的可以封锁不列颠群岛的潜艇不会超过 20 至 25 艘。由于这些潜艇只能分三班轮流工作，所以同时活动的潜艇最多只有 7 艘或 8 艘；考虑到进出英国众多港口的船只数量庞大，可以肯定只要我们的船继续大胆地出海，潜艇封锁事实上不会对我们的贸易产生显著影响。另一方面，我们确信德国发布这样的声明，和由此对中立国造成的不可避免的事故将触怒美国，也许会把美国卷入战争；而且，无论如何我们实施封锁的地位将大大加强。我们期待美国政府施加的、要求我们放松封锁的压力会有明显的减轻，我们已有了在争吵中强化我方立场的全部实际理由。连续好几天，我们在海军部里做长时间仔细商讨，随后我宣布我们将每周公布被德国潜艇击沉的商船，同时也公布进出英国港口的船只数目。

*　　*　　*

与此同时，我们在海军部竭尽全力为对付潜艇进攻而增加我们的储备，并策划各种反击的方法。

我们把穿越英吉利海峡的交通看作是首要和生死攸关的关注对象，于是我们就在多佛尔海峡布下防潜网，并建立全面的拖网渔船和驱逐舰巡逻制度。几乎每星期都有新的师要通过海峡前往法国，为它们提供指导和时时刻刻都需要的复杂精细的护航。我们也特别关注北方海峡（苏格兰和爱尔兰之间）、南安普敦—阿夫雷护航线以及其他敌人潜艇有可能潜伏的海湾和隐藏地。我们还给英国商船的船长们送去详尽的指示，告诉他们如何对付或躲避潜艇的进攻；除此以外我们还采取了其他许多措施，这些在官方海军史中均有记载。[2]

除了武装和使用我们主要依靠的庞大轻型快速舰队外，我们还有 422
两个消灭德国潜艇的重要武器：伯彻姆防潜网和以后称为 Q 船的伪装货船。防潜网是轻质灵活的细钢丝幕帘，网孔大约 6 至 10 英尺，铺开的长度有 200 码。把它们连在一起，形成横贯特定水道的防线，由武装的拖网渔船时刻看守它们的浮标。我们冒险拿自己的一艘潜艇做过试验，取得了良好的效果。系在网上的玻璃浮标一沉入水下，或者说钙光灯自动点亮，潜艇就会立刻暴露。拖在后边的网会裹住潜艇，很可能缠住其推进器，同时，系在网上一根长线上的指示浮标则浮在水面，使得猎潜军舰能据以追踪不管去往哪里的敌人潜艇。1915 年的头几个月里我们就定制了至少 1 000 英里长的这种防潜网；到了 2 月 13 日，17 英里长的多佛尔海峡已经被这种防卫网堵住。理论上是这么一回事，无须说，实践中当然遭受了很多困难和失望。

伪装货船的发明也是简单的。产生这个想法的过程如下：去年 9 月，在圣马洛和南安普敦之间定期航行的一艘运载水果和蔬菜的小轮船遭到了德国潜艇的射击。朴次茅斯的指挥官、海军上将赫德沃思·穆克斯爵士因一般事务来海军部找我，在谈话中提到可以将大炮藏在小船的水果和蔬菜中。于是我们就这么做了。这种方法一直没有机会使用，但随着潜艇战范围扩大，我们再度面临威胁，便又想起了这个办法。2 月初我下令布置一批船只，以便诱捕和伏击德国潜艇。它们大多数都是普通无固定航线的货船，但有一些是按照挪威渔船的结构和式样特别建造的。这些船安装着隐蔽的大炮，通过一个演哑剧用的巧妙的活门和一个活动遮板，大炮可以突然射击。海军部各部门在发展这个构思中表现出伟大的创造力，在以后海战中正是由于使用了这些船只，才能最出色、最大胆地施展谋略。

此外，我们还坚持不懈地研究各种形式的对付潜艇的科学方法。探测远处潜艇螺旋桨击水声的传声器或水下测音器已经发明，但在那时尚处于实验阶段。穿刺弹、散花弹和亚克托安网（或称爆炸项链）
423 紧迫地同时研制了出来。科学家、发明家和潜艇军官之间建立起紧密的、卓有成效的联系，海军中的精英都在集中研究这个问题，无论是技术的还是战术的建议都不会受到海军部人员的冷落。

*　　*　　*

德国的潜艇战，也称作不列颠群岛封锁战，于 2 月 18 日如期展开；就在那一天，一艘英国商船在海峡被鱼雷击中。到第一周的周末为止共有 11 艘英国船只遭到攻击，其中 7 艘被击沉。在这段时期抵达或驶离英国海港的商船不少于 1 381 艘。进攻开始后的第二周他们一无所获，只有 3 艘船只遭到进攻，但全都逃脱了。进出的船只共计 1 474 艘。到了 2 月底，我们已确信我们行动的基础无懈可击：英国的贸易照常进行，运输船队载着一师又一师的军队不间断穿过海峡运往对岸。在整个 3 月份我们始终坚持发表每周的统计数字。在那个月的 4 个星期里多达 6 000 艘船只抵达或驶离英国海港，其中只有 21 艘被击沉，合计只有 65 000 吨。4 月份巩固了 3 月份得出的结论：在

6 000 余艘抵达和驶离的船只中，只有 23 艘被击沉，其中 6 艘是中立国的船只，英国的只有 11 艘，合计为 22 000 吨。因此，德国潜艇战的失败已是举世皆知。

同时，德国人自己也为其政策付出了惨重代价。他们为数不多的潜艇中至少有 4 艘被摧毁。3 月 1 日，在达特茅斯附近的斯塔特湾有一艘潜艇被防潜网缠住，第二天在水下被一颗散花弹炸毁。4 日，在多佛尔海峡的 U8 号潜艇被防潜网和驱逐舰发现、跟踪并击毁，潜艇里的人员全都获救并做了俘虏。6 日，一艘敌人潜艇在阿伯丁海外被发觉，后来证实该潜艇是 U12 号，我们的小军舰发挥了难以置信的穷追不舍精神和娴熟技艺，经过 4 天追逐终于将其摧毁，10 名幸存者被俘。16 日发生的事更是令人叫绝：德国潜艇指挥官韦迪根曾于 1914 年 9 月在荷兰海岸外击沉 3 艘巡洋舰，因立下殊勋而成为德国民族英雄，他在爱尔兰南部海岸外击沉 1 艘商船，并从商船取走一门小炮作为战利品。18 日在返回德国途中，驶至彭特兰湾附近碰上正
在演习的大舰队。第四战斗中队现在由旗帜悬挂在“无畏”号战舰上 424
的斯特迪将军指挥。将军在福克兰群岛战役中交上的好运显然还没有离他而去，凭借舰长和导航军官的娴熟技巧以及“勇往直前”号的配合，“无畏”号在 10 分钟内就炸中了潜艇。当潜艇头部竖起露出水面时，看清了她的编号为 U29，这艘潜艇连同全部人员永远沉入了海底。“克雷西”号、“阿布基尔”号和“霍格”号的毁灭者就这样被毁灭了。

其他那些返回德国的潜艇大多数只能汇报一些坎坷艰辛的经历。有一艘潜艇在多佛尔海峡被防潜网缠住，经过一番恐怖的历险之后才得以逃脱；另一艘潜艇被伪装得法的“索迪斯”号商船击中，好不容易才艰难地带重伤爬回了家；第三艘潜艇被驱逐舰“古尔卡”号追逐长达三个小时，最后才侥幸逃脱。类似的事情还有许多。

我们的主要精力都集中在多佛尔海峡上。正是在这儿我们取得了最完全的成功。4 月初，U32 号在多佛尔海峡被防潜网缠住，它宁愿绕道苏格兰北部回家也不愿再遭受一次同样的经历。她向德国海军参

谋部如此这般地汇报了多佛尔海峡的防御和障碍情况，以致所有潜艇都被绝对禁止做穿越海峡的尝试；所有潜艇驶往我们的西海岸都必须向北绕过苏格兰。这项禁令实行了一年多的时间。海峡的东部水域从此变得干干净净了，4 月中旬以后多佛尔警戒线内就再也没有发生过船只被击沉的事件。然而，我们并不知道，我们的措施与实施和不断精心设计这些措施的胡德将军的努力，取得多么大的成效。那个月的中旬我根据费希尔勋爵的建议派他担任其他指挥职务，这对这位将军来说是不公正的；接替他的是培根将军，这个极端重要的位置似乎特别需要培根的机械才能和科学造诣。直到 5 月中旬，通过不断研究收集到的情报，我才知道胡德将军的工作成绩有多么出色。此时我留在海军部的日子只有几天了。然而，要纠正这种不公正还来得及，任命他担任第三战列巡洋舰中队司令似乎是我最后一次行使职权。他万分欣喜地接受了这个丰厚的礼物。不幸的是，这项任命导致他在日德兰战役中光荣捐躯。

425 综观 4 月份的形势，显然德国不但丝毫未能阻碍英国贸易、部队和物资供给的活动，反倒让他们整个政策依赖的命运攸关的潜艇蒙受了惨重的、超比例的损失。到了 5 月份，他们不成熟的、虚弱的潜艇战已被完全粉碎，在以后的将近 18 个月里尽管也发生了几次悲剧事件，但我们并没有遭受明显的麻烦。然而，为了对付这种前所未有的进攻方式，我们采取的所有措施和着手建立的所有组织，无一不是经过卓绝努力才得以发展和完善起来的。我们的商船船长们已越来越熟悉各种对付或躲避潜艇进攻的方法。我们日益增多的轻型快速舰队的警惕性和创新精神得到慷慨的奖励制度的激励。防潜网得到改进，并投入大批量生产。不倦的科研努力试图通过水下测音器探究水下潜艇存在的秘密。最后，伪装商船数量日增，它们的伏击战和计谋已达到出神入化的境界。我们把这次不起作用的潜艇战和其后我们所做的种种努力，以及安全地度过了注定要经受的可怕岁月，归因于上帝的旨意。

* * *

在我们与美国的关系中，我们经历的总是对我们有利的结果，我们封锁中欧帝国的全部效果依靠这种关系。自大战爆发，英国与美国及其他中立国家之间便出现了一些涉及国际法的问题，但本文无意讨论这些严肃而复杂的问题。双方的争论是技术性和无休止的，整个图书馆都可以被这方面的文献塞满。在这些法律争执和策略的背后，存在着血缘关系和对我们怀有的好意以及对协约国事业的同情，还有对法国怀有感情和对德国表示义愤等重大因素；这些因素一直摇摆并最终成功地支配着美国的行动。但是尽管如此，当时我们很有可能被迫放弃整个封锁，以免与美国关系破裂。

近来出现了一种强烈趋势，即低估在这个阶段如果美国做出相反决定会产生的真实危险。美国的民族传统对我们并不利。1793 年与普鲁士签订的捍卫“航海自由”条约构成了美利坚合众国最早的国际关
系的基础。1812 年的那场战争就是由于中立问题而引起的，美国人 426
不会忘记。国际法的既定条文并没有涵盖大战中出现的各种情况。战时由于军队和国家之间的区分大部分已消失的事实，使限定禁运品的整个概念受到影响。正如事实已表明的那样，潜艇的问世已使旧的封锁法不再适用。我们的行动总是不可能符合严格的法律条文。这一点引起一系列微妙而非常令人费解的讨论，大西洋彼岸的那些死板的法学家们在这个问题上立场十分强硬。另外还有一些严重的政治上的危险：爱尔兰和德国的影响强大而活跃；参议院内有一个颇有势力的集团肯定持反英态度；有人怀着嫉妒之心警惕地盯着国务院，唯恐它偏袒英国。在此关头，对待美国的策略出一点差错，就会酿成最大危机。避免这个危险是爱德华 · 格雷爵士在英国驻华盛顿大使塞西尔 · 斯普林 – 赖斯爵士帮助下做出的不可磨灭的贡献。英国对美国的感激之情也说明了对美国驻伦敦大使佩奇先生的怀念，他的睿智和慷慨风度捍

卫了英语国家及其命运免受难以估量的伤害。

在这些问题上，德国最初的潜艇战客观上给予了我们最大的帮助。德国的声明不仅威胁了英国的商船，也威胁了中立国家的商船，这就完全改变了我们与美国争执的整体状况。我们很快就感到如释重负。2月底，从美国启程为荷兰政府运输石油的挪威商船“贝尔里奇”号被鱼雷击中，这是使美国人的愤怒从英国实施的封锁政策上转移到德国的暴行上的另一次事件。整个工会里亲协约国的力量活跃壮大起来，而德国的影响相应减弱。我们可以对德国采取更严厉的措施，而不会搅乱我们与这个伟大的美利坚共和国靠不住的平静关系。在佩奇先生的帮助和指导下，爱德华·格雷爵士才能以忍耐、机敏与和解的手段维护我们的立场，在整个3月和4月间不与美国人争吵；而5月却发生了一个有决定意义的事件。

注释：

[1] 我们授权商船使用这个历史悠久的海军策略，深知这个办法会使敌人潜艇陷入困境。

[2] 见原书第271—273页。

第十二章　日益加剧的紧张局势

4 月是在痛苦和恼人的悬念中度过的。伊恩 · 汉密尔顿爵士的部 427
队在亚历山大整顿；德 · 罗贝克中将的注意力全都集中在登陆的准备工作上。土耳其人在不断地集中、组织和加强。意大利和巴尔干国家战战兢兢地保持平衡。我们与美国的关系极为微妙。俄国的前方和后方都令人深感担忧。陆军部供应军火的方法，显然将面临全面失败。政治局势紧张了起来。

*　　*　　*

3 月 18 日之后，第一海务大臣的态度已变得接近超脱状态。由于陆军现在已接过重担，他感到如释重负。我与参谋长为他起草的任何业务电报他全都批准。最后，只要是为陆军提供合适的支持，不管什么步骤他全同意。虽然他对派遣陆军的每一个行动都表示欢迎，但是对以任何形式增加海军支援，他都要抱怨。他多次试图将我的思想从达达尼尔海峡转回到北方战场上，然而，我们在今后许多个月内不可能在北方战场上主动采取任何重大的海军行动。他对北海的局势越来越表示关心。

虽然我没有像费希尔勋爵那样对北海表示真实的或假装的担忧，我却认为 4 月份是关键的一个月。德国人肯定知道我们已经从主力中抽调了相当大的一支舰队开赴海军的决定性战场，其中包括我们的几艘最先进的军舰。如果他们相信我们在达达尼尔的海军力量比实际更庞大，这正符合我们的希望。为此我们曾往地中海派去了几艘假战列舰，希望借此引诱敌人在北海作战。

经费希尔勋爵批准，战时参谋部发出进攻达达尼尔海峡的命令，其中有这么一段文字：“一些商船经过改造伪装成‘无畏级’战列舰和巡洋舰，三至四英里外无法区别其真伪……使用它们需要有适当的预
428 防措施，以免暴露真实面目；应将它们作为舰队的一部分安置在达达尼尔海峡入口处之外，仿佛它们是后备力量。**它们可以使德国人误认为英国领海军力的转移**。”[1]

我们现在知道，这些船只完全欺骗了土耳其人，他们将其中一艘当作“猛虎”号向德国做了报告。当我看到第一海务大臣热忱地同意这种引诱战策略时，我知道我不能把他那种一般性的担忧过于当真。若是海战开始，他完全清楚我们有足够的力量作战，这正中我们的下怀。

* * *

此时我设计并完成了战列巡洋舰队的组建。这支舰队包括三个中队，每个中队有三艘战列巡洋舰，并由一支轻巡洋舰中队护卫，轻巡洋舰中队由四艘最先进、最快速的轻巡洋舰组成，还配备由最快速的驱逐舰组成的 M 小舰队。组建这支舰队的中心概念是速度。它体现了速度与力量的结合，远远胜于德国人可使用的任何海军力量。首先，大多数轻巡洋舰都属于“城市”这个级别，航速最大不过 27 节；但是“曙光女神”级的舰艇很快就将开始服役，这将有效地改进中队的速度。为了组建这支舰队，我给澳大利亚联邦政府发去一份电报，请求他们将“澳大利亚”号拨给我们支配。出于对共同利益的善意与忠诚，他们十分欣然地同意了。

* * *

4月7日，第二、第三和第四海务大臣写了个备忘录，要求费希尔勋爵就某些战争指挥的要点，重新向他们做出保证。大舰队应该一直处于这样的地位并保持这样的实力，以便我们随时能够迎战敌人的整个舰队，并对结果有肯定的保证。我们没有将这个原则置于危险境地，对此不知他是否感到满意？他们又问：进攻达达尼尔海峡从高层次的政策角度看也许是完全正确的，但是我们是否经得起军舰的损失和弹药的消耗？这几位海务大臣在结尾处要求费希尔勋爵向他们保证整个政策都得到了他的赞同，而且他对它感到满意。

同一天费希尔勋爵以备忘录的形式正式做了答复。他声称他完全赞同保持大舰队实力的基本原则。

> 达达尼尔作战行动，（他继续写道），无疑是这样的一种行动， 429
> 即如果成功的话，其政治后果是值得牺牲一些物资和人员的；它肯定可以缩短战争时间，因为它除了可以打开黑海的通道之外，还可以在东方战场为我们争取到新的盟友，并且击碎德国——土耳其联盟的脊梁。
>
> 鉴于能用于这次行动的必然只有有限的军舰，鉴于炮弹和炸药的短缺，鉴于军舰进攻陆地堡垒和受其保护的雷区时必然会经常遇到的不肯定因素，我同意执行这项任务时有犹豫之感。
>
> 但是，正如你们所说的那样，政策方面的高层次问题必须由内阁决定；在这件事情上，我们可能获得的切实利益促使我最终同意他们的观点，条件是动用海军力量必须受到严格限制，从而使我们在北海这个主要战场上的地位和任何一个军种都不会受到危害。
>
> 目前我的意见是，我们在领海里的优势地位是牢固的，虽然抽调了一部分海军。如若德国的公海舰队出来作战，我们仍能取

> 得决定性的胜利。但是我同时认为我们已达到了极限，无论是胜利还是失败，我们都已无能为力，因为我们已经无法再提供任何形式的帮助。我已很清楚地向海务大臣表明了这个观点，以后在这个问题上如果内阁方面驳回我的主张，我将要求海军同僚们对我所坚持的观点给予支持……

第一海务大臣就这样很清楚地阐明了自己的立场。他已在公开场合下正式而且有意地表示自己支持这次行动。当议会提问[2]第一海务大臣是否同意 3 月 18 日进攻，在此问题的备忘录送抵时，费希尔在手稿上写上回答："如果费希尔勋爵没有同意这次行动，他现在已不是第一海务大臣了。"由此可见在主要问题上已经没有争议了。既然已经走到这么一步，就不能再出现 4 月 12 日给我的信中所说的"我什么都不会再给了"这句话。巨大的责任已经招来；最严重的战斗迫在眉睫；陆军即将登陆。它迫切需要得到适当的支持。除了服从我们在北海的安全这一最高要求外，凡是需要的、凡是能合理省出来的，我们必须给予。德·罗贝克中将给好几个军官打电报，要求他们支援登陆行动。费希尔勋爵勉强答应了这个要求，但他希望不仅对动用"伊丽莎白女王"号附加限制条件，而且对"阿伽门农"号和"纳尔逊勋爵"号的使用也附加限制条件，这些限制在很大程度上剥夺了她们对陆军的支持。我确实不能同意这么做，我的观点被接受了。但是如果
430 达达尼尔海峡那儿需要任何一个军官、一个士兵、一艘军舰或一发炮弹都成为摩擦的原因，必须由我不仅向第一海务大臣而且要向他的海军同僚们竭力争取，这实在是太累人了。虽然最终我不允许任何由舰队向我提出的要求被忽略过去，但这个过程令人心力交瘁。我毫不怀疑有许多要求还没到我手中就已经被窒息了，或者根本就没有提交，因为大家知道这类要求不受欢迎。任何时候我们都有着充裕的弹药供应和强大的海军增援力量，若是支援出去并不会影响北海的安全。事实证明了这一点：海军部的新班子随后做出的支援远比现在的规模要

大，结果也没有出现不好的结果或不应有的风险。

4月11日，我给费希尔勋爵写信道：

我的朋友，说实话，你如此拐弯抹角、吹毛求疵及不善意地刁难当时你原则上接受的行动，这不是有点不太公平吗？你要是一直这样，我会很为难的——每天总有点新鲜事；对于你，对于我们携手一起从事的伟大事业来说，这是不值得的。

你知道我是多么渴望与你一起工作。如果不包括达达尼尔行动，我们的合作将是不可能的。现在制造一些小麻烦或者增加在这些日子里我们必须承担的负担是不对的。

恕我直言——但是作为朋友我有这个权利，作为同事我有这个义务。

第二天他以同样的坦率回答我：

我一生中从来没有如此牺牲自己的信念去做像这样的我认为会使你高兴的事！——这是事实！……立即派遣“纳尔逊勋爵”号和“阿伽门农”号完全是我单独提出的建议（希望她们能掩护“伊丽莎白女王”号和“不屈”号！）。德·罗贝克将会把他的旗帜悬挂在“纳尔逊勋爵”号上，而不是悬挂在他以前的旗舰“复仇”号上，这一点你可以相信。就眼下正在做的工作来说，“复仇”号最适合于近战。然而我没有多说。外界都认定是我在逼迫你，而非你逼迫我！但据我所知，唯有首相一个人持相反的看法。这件事我没有对任何人提过一句，除了克里斯[3]、威尔逊、奥利弗和巴尔托洛梅，你可以相信他们四人是不会泄露的！

从一开始我就通过菲茨杰拉德间接地鼓动基奇纳。

我认为这次行动会成功，但是我想我不是吝惜失去那些旧军舰，而是非常宝贵的官兵要加以珍惜，用在决定性的战场上。

431　4月25日他又写道：

我对我们的潜艇和水雷感到恶心透了，不朝齐伯林飞艇射击这件事也让我恶心（它们绝不可能飞得超过2 000码高，轻型巡洋舰肯定能把它们打下来）。说真的，若不是达达尼尔海峡的事迫使我与你风雨同舟，我本来会走出海军部再也不回来了，寄给你一张明信片，让斯特迪立刻接替我的职务。要那样你会高兴坏了！！！

*　　*　　*

从那年年初起，战时会议的几个主要成员就对陆军的军火供应越来越感到不安。劳合·乔治先生和贝尔福先生坚持认为陆军部采取的措施根本就与我们的需要不成比例，他们二人与基奇纳勋爵和我都是1月份建立的负责调查这种状况的内阁委员会成员。成千上万的人已应征入伍，现在正在接受训练。将英国陆军扩大成70甚至100个师的计划已经制定，但是供应实际入伍士兵的步枪有三分之二以上尚未订购。订购的大炮也完全不够。新的和特殊的军需依旧没有得到重视。甚至还没有制定计划建立符合所需规模的进行机枪生产的有效组织。各种类型的炮弹，尤其是高爆炸弹的供应，以及中型和重型炮的供应都少得可怜。迫击炮、炸弹和手榴弹的生产还几乎没有开始。

当怨言传到基奇纳勋爵那儿时，这位战时国务大臣和他的顾问们做出的回答是，所有的工厂和供应部门正在尽最大努力工作，发出的订单已远远超出了生产能力，即便减少交货数量仍会有大量的拖欠。情况的确如此，但并没有到山穷水尽的地步。有人敦促陆军部，必须采取完全不同的措施以拓宽供应渠道。陆军部回答说，他们已经做了眼前可能做到的每一件事，他们努力的成果要过好几个月才能出现。他们引用了大量他们采取行动的例子，并且出示了他们向国外订货的订单，主要是美国和日本。所有这些仍被认为做得不够，双方的争论变得激烈起来。

批评者争辩说，陆军部的武器合同部门根本就不懂根据需要的规 432
模去组织军火生产，这些部门太小太弱，无法应付制造业所需的那些巨大而复杂的问题。对此陆军部反驳说，他们负不起责任去允许将这种关系重大的任务从职业军人那里转入文职人员、政治家或商人的手中，无论这些人如何好意和热情。于是双方的火气积聚起来，温度和压力同时增加。

紧张气氛每一周都在加剧。陆军的需求不断增长。随着每一个新增的师投入战场，每种军火的消耗规模与日俱增。眼见在国内的大量部队什么装备也没有，前线的怨言滚滚而来。与此同时，军火的产量令人失望地低于承包商的许诺。基奇纳勋爵害怕将新增的师派往前线，即便这些部队已装备起来时也是如此，因为害怕进一步暴露生产部队装备的主要工厂的生产能力的不足。他绞尽了脑汁，但是培育他成为军人或行政管理人员时所受的训练，都不能使他适应组织如此宏大而新颖的领域的工作。他的助手寥寥无几而且思想僵化，他本人对控制军队的重要性持有一种苛刻的观点。

根据4月份我的同事向我随意透露的那种义愤之情，我毫不怀疑人们的情绪即将有一次非常强烈的大爆发。海军部的处境比较轻松。我们安然保持着一支全世界无与伦比的、最为庞大的海军，我们的供应来源也具有同样的规模。而在另一方面，英国陆军的供应却以我们在和平时期以小量军队为标准估量建设的工厂为基础。海军根据雄厚基础扩大一倍规模；而陆军从它的有限基础要求扩大约10倍或15倍。大战爆发之初，我们就向作为舰队后盾的大企业和造船厂订购了大量海军所需要的一切物资。1913年我就采取特别措施使考文垂兵工厂保持开工，从而为我们的重型大炮的生产保留了一个新的额外渠道。甚至在1914年11月费希尔勋爵进入海军部之前，我们就已按照考虑成熟的战前计划开始了大规模的生产。这位海军老将的干劲和创意更促进了这项工作。到了1月和2月，我们的工作全面展开，总的来说，各个部门的工作都超前完成。我们的任务就难度而言不能与陆军部的
433 任务难度相提并论。事实上，由于海军占有许多现有的军备生产能力，因此我们的效率加重了他们的困难。但话说回来，如果陆军部不设法解决他们的问题，他们即使利用现有的所有生产线解决问题，恐怕也没有什么希望。

日益增强的愤怒和害怕并不仅限于战时会议。基奇纳勋爵的困境迫使他以最严厉的条件限制战场上陆军对各类急需供应品的需求。他不得不对机枪、高爆炸力炮弹和重型大炮的比例实行限制性规定，这种规定对那些不了解他难处的人看来是荒唐的，几乎是缺德的。在总司令部参谋部和陆军部之间出现了紧张状况。前线的陆军将怨言通过无数渠道透露给议会和新闻界，虽然爱国主义和新闻检查制度阻挡了这种怨言的公开发表，但是焦虑和愤怒的浪潮与日俱增。

如果在第一次剑拔弩张的严峻时刻，我们拥有一个处在各党派基础上的联合政府，事情也就好了。在8月份的那段日子里，当我们爱好和平的、几乎没有武装的人民奋起反对侵略者时，可谓是万众一心，出现了空前绝后的团结和同志关系。人人同仇敌忾，没有时间犯方式方法上的错误，那时是宣布组织联合政府和实施全民兵役的好时机。这当然是我的希望。但是时机失去了。在战争气氛中力量壮大起来的保守党却不让自己担负监视战争中不可避免会出现的错误、缺点、意外事件和令人失望的事情之职责。它的领导迄今为止一直是精神受压抑的沉默而热心的旁观者。他们再也不能忍受这种压抑了。于是，无论在陆军部、在海军部、在法国还是在达达尼尔海峡，紧张的关系从内部与外部演变为危机，而危机又上升到顶点。

注释：

[1] 重点号系丘吉尔所加。

[2] 不是在最后提问的。

[3] 克里斯上校，第一海务大臣的海军助理。

第十三章　海滩战役 [1]

1915年4月25日

434 加利波利半岛伸入爱琴海52英里，其最宽处有12英里。[2] 但是它的脚踝，即与大陆相连的地峡，在布莱尔村附近只有3.5英里；位于西南端迈多斯对面的脖颈处，宽度也几乎不足6英里。这个举足轻重的地区山峦绵亘、崎岖不平、沟壑纵横。四个主要山丘耸立在平地之上；环绕苏夫拉湾的半圆形山链有600或700英尺高；萨里拜尔山高度超过1 000英尺；狭窄段对面的基利德巴赫尔高地的高度在600至700英尺之间；而离西南端6英里的阿齐巴巴峰有700英尺高。

海峡之外的登陆地点比较少。山崖陡峭地落入海面，偶尔看到狭窄的冲沟。覆盖半岛表面的大多为灌木丛，间或点缀着一块块的耕地。整个地区泉水、地下水储量丰富，尤以苏夫拉湾附近为甚。另一个有实际意义的地貌特点也值得注意。从阿齐巴巴到海勒斯角半岛尖端的地貌是从海边渐渐升起的斜坡，而实际上这个重要无比的尖端处呈汤匙形，因此它的边沿在很大程度上可以抵挡海军的直接炮轰。

现在即将开展的这场作战行动，对作战双方提出了战争中最难估测和最难确定的一些问题。面对由勇猛军队和现代武器防守的早有仔细准备的防御工事做大批陆军登陆，这种尝试从来没有人敢于想象，很有可能证实是完全行不通的事情。另一方面，两栖力量的神秘机动性同样令防御者感到危险和不安。我们已经清楚，利曼·冯·桑德斯
435 将军知道一支估计兵力在80 000到90 000的陆军已集结在埃及的穆德罗斯或离其不远处。他们会在何时、何地发起进攻呢？显然选择只有

三个，而任何一个选择都会带来致命的后果——亚洲海岸、布莱尔地峡和半岛的南端。其中亚洲海岸最有利于大部队的登陆和运动。如果选择布莱尔地峡，可以从海路和陆路切断半岛上所有部队的交通联系，这样用冯·桑德斯的话说，可以“提供战略决策的良好前景”。第三个选择，引用冯·桑德斯的话说：“将加巴山每一侧海岸的狭窄地带作为登陆地点最适合速战速决，因为宽阔洼地上只有一个条状的平缓高地，从那儿笔直指向迈多斯。”[3] 还有半岛南端，海勒斯角附近的登陆地点可以通往阿齐巴巴峰，从那里可以直接控制狭窄段的堡垒，在这几个相距甚远的潜在重要目标中哪一个将受到即将来临的攻击，敌人根本不知道。为应付这种不确定的、不知道也无法知道的却又至关重要的形势，德国指挥官被迫将土耳其第 5 集团军平均分为三支部队，每支部队有 20 000 名士兵和 50 门大炮。无论哪个部队最先受到攻击，都要面对对方优势兵力坚守二或三天，直到增援到达。为了尽量缩短带来危险的间隔，这三处之间的交通条件，正如我们所看到的，有了尽可能多的改善。道路修起来了，船只被聚集到海峡上的合适地点。然而事实依然是，利曼·冯·桑德斯只能首先使用已经平分的三分之一的兵力来迎击全部协约国军；而且，战斗打响之后必须要等待三天才能有大批土耳其增援部队到达。

然而，事实上，可供英国司令官选择的比利曼·冯·桑德斯必须考虑到的要少。根据基奇纳勋爵的命令，伊恩·汉密尔顿爵士的军队不能卷入在亚洲的大规模战役，他既无兵力也无陆路交通工具来参与这样的战役。据判断，海军配备的小舰艇在此时不足以维持大批陆军在离穆德罗斯基地六七十英里的埃诺斯登陆以袭击布莱尔。这样，实际上供协约国军选择的进攻地点只剩下半岛的南端。冯·桑德斯不可能知道这一点，必须继续准备对付所有三处的紧急情况。因此，在战斗打响的前夕，问题归根结底是可使用的英法联军的全部兵力（或两国政府还愿意提供的更多兵力）和占领着加利波利半岛南端的、由 50 门炮装备的 20 000 名土耳其士兵之间的三天战斗情况。伊恩·汉密尔

436 顿爵士的任务是指挥陆军登陆，然后打垮或制服这 20 000 兵力，夺取他们在狭窄段附近把守的重要阵地；他拥有 60 000 名士兵并得到舰队的威力巨大的炮火援助来完成此任务。这是一场残酷的消耗实力的生死考验。

首先难以估测的危险是，冒着炮火登陆可能会完全失败。可以想象，大批士兵上岸之前在船上就可能被击中，这谁也不能否认。但是，如果登陆成功，下一个危险就落到了土耳其人的身上：面对敌人的优势兵力，他们不得不尽力坚守至少三天。土耳其人谁也不知道对方的优势到底有多大。这完全取决于基奇纳勋爵将动用多少兵力。但是，如果英、法的兵力太少，土耳其人的抵抗坚持三天，那么优势的天平将不再向协约国军倾斜。第三或第四天之后，攻击者将耗尽突然袭击的有利条件，他们的选择暴露无遗，而这种选择是无法更改的。土耳其人的大批增援部队就会赶到，牢固的堑壕就会完成，进攻者最终将不得不对付从奥斯曼帝国各地调来抵抗他们的土耳其主力部队。因此，任何正确计划成功的关键在于开始时就要推进得迅速和果断。

* * *

4 月 25 日黎明，伊恩 · 汉密尔顿爵士开始了他对加利波利半岛的突袭。海滩战役的事迹曾是人们津津乐道的话题，以后仍将是人们津津乐道的话题。在绵延不绝的牺牲和普遍屠杀的阴暗背景的衬托下，这次战役以生动的外形赫然耸立。作战行动的独特性质，不同寻常的两栖战斗的壮观，双方军队同时感受到的迅速而致命的危险，处于危急关头的最重要结局，士兵们——无论基督徒还是穆斯林——人人都了解其后果，下定了胜利的决心，所有这一切构成了一段永垂史册的历史片段。在这里不宜详细叙述那一天各兵种的实况，要公正地介绍它们，需要写整整一部书：每一场海滩战斗都值得写一章；每一个营都足以写一页。这里只能追述其主要特点及后果。

伊恩·汉密尔顿爵士的计划是两路合击半岛南端。第一路由第29师在海勒斯角附近5处不同地点同时登陆，第二路由澳大利亚和新西 437
兰军团在迈多斯对面的加巴山附近登陆。这两路中的任何一路若取得实质性的进展都会呼应另一路的进攻，它们都可充分利用半岛此端只有两个土耳其师的有利条件。此外，法军将在亚洲海岸特洛伊遗址附近登陆，以便发挥暂时的牵制作用，皇家海军师运输船队则由战舰护送，佯装在布莱尔登陆。

*　　*　　*

利曼·冯·桑德斯描述了那天早晨登陆消息传来时加利波利城的土耳其司令部群情激动的情况。

> 一大早前来报告消息的军官面色苍白，很显然，虽然敌人的登陆已尽在预料之中，但一下子在多处进行登陆仍令他们大为吃惊，充满恐慌。

“我的第一个感觉是，”他沾沾自喜地地补充道（因为哪一路是真攻，哪一路是佯攻，他完全被蒙蔽了），“我们无需改变我们的部署。敌人选定的登陆地点正是我们认为最有可能被他们选中故而加强了防守的那些地点。”他即刻向他认为最危险的地方进发。“我个人目前必须留在布莱尔，因为此地对保持半岛不被封锁有极端重要性。”他还立即下令在加利波利城附近扎营的第7师前往布莱尔。尽管已传来消息说半岛的另一端正在进行着殊死搏斗，他还是让这个师和第5师一动不动地把守布莱尔战线长达一整天。直到当天晚上，他才确信集结在克塞罗斯湾的军舰和运输船队只不过是做个假象，但即使此时他也只敢从这一重要地点通过水路派送5个营去增援在迈多斯那边承受着强大压力的部队。直到26日的早晨，登陆开始24小时之后，他才下令第 5 师和第 7 师的剩余部队从布莱尔乘船开往迈多斯，而他们在 27 日以前是无法赶到那儿的。因此，用他自己的话说，“克塞罗斯湾的北部几乎已完全没有了土耳其军队，”最后只剩下“一个兵站的轻工兵连和
438 几个劳工营”占据着沿山梁的空帐篷。“从克塞罗斯湾北部海岸撤走所有军队，”他写道，“就我而言，在当时情况下这是一个认真负责的决定，考虑到半岛南部敌人的巨大优势，我不得不冒此风险。如果英国人注意到这一弱点，他们可能会大大加以利用的。”

谁也比不了这位有才干的军人，他在这个紧要关头表现出来的对土耳其通过地峡交通线的担忧，最清楚地说明了地峡的重要性。根据这一事实，基奇纳勋爵的意见值得深思——“舰队一旦通过海峡，加利波利半岛上阵地的重要性也就结束了。”

* * *

我们必须再回到海滩战役上来。就海勒斯角附近的五处登陆地点而言，第 88 旅所在地，即靠近已毁塞德埃尔巴赫尔堡垒的“V”海滩被认为是最重要的。都柏林和芒斯特的燧发枪团和汉普郡团的 2 000 多人拥挤在“克莱德河”号这艘专门准备运送登陆部队的轮船的底舱，将被运往离海岸几码以内的地方。按计划将用两艘驳船作桥梁停在轮船与海滩中间这段水面，部队可以一个连接一个连沿着这条堤道迅速登上海滩。同时，其余的都柏林燧发枪手则乘小船靠近海岸。抵挡这次突击的土耳其兵力不过四五百人，但是他们都机灵地躲藏在悬崖峭壁和废弃的建筑物中，用相当多的机枪防守，并得到水中和岸上的炸雷和铁刺网的保护。当爱尔兰军队从“克莱德河”号的底舱冲出，当船只刚刚触及埋在水下的铁刺网时，他们就遭到来自四面八方的炮火的毁灭性射击。船只要么被铁刺网阻止，要么由于桨手死伤而不能前行。驳船在水流的冲击下很难固定或停稳。冲出船外的士兵几分钟里就有一半以上被击倒。登陆船、驳船、跳板、水面以及海滩边到处都

是死人或垂死的人。然而，幸存者穿过铁刺网，越过海水奋力向前，少数人抵达海滩。与此同时，都柏林和芒斯特的燧发枪手毫不犹豫地从“克莱德河”号底舱跳入这个屠宰场，直到上级官员下令才将他们阻止住。负责固定驳船和实际上也是负责制定“克莱德河”号使用计 439
划的昂温指挥官和少数海军参谋人员，在枪林弹雨中设法固定驳船和不停地放置跳板，而另一部分士兵以无比的英雄气概奋力抢救落水和垂死的战友，或者搭上岸路上的扶手。内皮尔在巴达霍斯海滩上永垂不朽的捐躯，再次展现了壮烈的场面。但一切都无济于事，整个登陆行动遭到了血腥的阻挡。幸存者匍匐在海滩边缘，要不是韦奇伍德指挥官装在“克莱德”号船头上的装甲车中队的机枪火力，他们可能会全被消灭。旅长内皮尔将军阵亡，整个登陆行动因此停顿下来，直到天黑。

在“W”海滩进行的战斗同样可怕。在舰队的猛烈炮轰之后，兰开夏燧发枪团由三四十只小艇连拖带划地送上了岸。土耳其人再一次将他们的火力保留到领队的登陆船靠岸的一霎那才射击。其后果再一次是毁灭性的。登陆的这个英勇的营没有被步枪、机枪、水雷以及地雷造成的重大损失吓住，涉过浅水，穿过铁刺网，竟然以非凡的纪律沿海滩重新组成队伍。从这个位置上，他们很难前进，要不是出现想不到的幸运事，这次进攻本来也会受阻。左侧，满载一连士兵的登陆船转变方向驶往泰凯角凸出部位下方的一些岩石堆。此处登陆的士兵伤亡不大，他们攀登上峭壁，猛扑正在扫射海滩的土耳其机枪，用刺刀消灭了机枪手。这个营已登上沙滩的其余士兵得到了救援，设法移向悬崖的隐蔽处，爬上悬崖后稳稳地登上顶点。9点左右他们在此得到了伍斯特部队的增援，那天，他们逐步从这个方向赢得的立足点稳步向外扩大。

皇家燧发枪团在更近的左侧，在“无情”号（舰长H.C.洛克耶）最近距离的有效支援下，在“X”海滩登陆。紧接着，因尼斯基林斯部队和博德团随之登陆，经过激烈战斗和坚决冲锋占领了泰凯角上方的高地，从而建立起与“W”海滩登陆部队的联系。

在“X”海滩左侧1英里处，两个海军陆战队营在“Y”海滩登陆，无一死亡。入夜后他们遭到袭击，第二天一大早发信号召来船
440 只重新上船。然而，他们将临近的大股土耳其军队吸引了过来，从而在一定时间内帮助了其他几处的进攻。在战线的另一端，即在最右侧被称作德托茨炮台的旧堡垒附近的“S”海滩，另一个营轻松登陆，守住了一个孤立的阵地。当夜幕降临时，在“克莱德河”号上的剩余部队登上海岸，没有遭受进一步的损失。他们逐渐占领了“V”海滩的边缘和两侧的零星阵地。就这样，随着这一天结束，攻击的5处海滩都有了立足点，已有大约9 000名士兵上岸，其中至少3 000人伤亡，幸存者拼命抓住这些来之不易而且尚不稳定的立足点以及半岛的边缘地带不放。现在让我们看看第二路主攻的经过。

*　　*　　*

布置澳大利亚和新西兰军团在加巴山附近登陆[4]，其目的是切断半岛通往迈多斯的脖颈。与第29师在海勒斯登陆不同，这次非同寻常的突袭计划在黎明前发动，而且没有准备大炮。原希望趁土耳其军队在半岛顶端与第29师交火时，澳、新军团可以在其防御最薄弱的地方取得很大进展。进攻的安排是这样的：在驱逐舰的配合下，部队从船上和汽艇上分批陆续登陆，每一次派出1500名士兵。选定的登陆地点在加巴山以北半英里崎岖难行的地方，那里估计不可能有严密防守。但是，黑暗中长长的牵引船队迷失了方向，实际抵达的海岸斜偏北1英里，楔入了一个悬崖凸出的小海湾，此前称作阿里布尔努，后来改叫作安扎克湾。这次偏差导致进攻来到一个敌人完全没有料到的地方。实际登陆损失很小，事实证明，悬崖脚下是很好的躲避炮火处。

另一方面，这次偏差使澳大利亚进军路线离开了从加巴山到迈多斯的广阔洼地，进入的地方地貌错综复杂，有深沟从萨里拜尔山向四

面八方延伸。这次偏差也进一步拉大了澳、新军团的进攻与第 29 师在海勒斯角进攻之间的距离。

当小舰队靠近海岸时，土耳其的巡逻艇开始散射；但是澳大利亚士兵从小船跳到海水中或沙滩上，然后爬上悬崖峭壁，在幽暗但逐渐明亮起来的晨曦中驱赶在他们前面的土耳其军。驱逐舰近在咫尺，又运来另外 2 500 名士兵，几乎没用半个小时就有多达 4 000 名士兵 441
登陆。将近太阳升起，小接触逐渐发展为战斗，并移向内陆，天亮时已取得了相当的进展。到了 7 点半钟，登陆士兵总计已达到 8 000 人。尽管射向海滩的步枪与大炮的火力不断增强，到了两点钟，澳大利亚的整个先头师——超过 12 000 人——和两个印度山地炮兵连已登上海岸，占据了相当大一片半圆形的阵地。包括新西兰旅在内的第 2 师也随之而来，在 24 小时里总计 20 000 步兵和一小部分大炮已稳稳登陆。

* * *

留下来面对协约国军大举进攻的无后援的两个土耳其师做了巧妙的部署。第 9 师的 9 个营防卫在从加巴山到莫尔托湾海岸线上可能登陆的地点；该师的其余 3 个营和组成第 19 师的 9 个营全都做为后备力量集中在迈多斯附近。在第 19 师流传着一个关于“命运之人”的奇特故事。4 月 24 日，穆斯塔法 · 凯马尔总督命令他最精锐的一个团，即第 57 团，在第二天早晨向萨里拜尔山（971 号山）方向出发，进行野外训练。仿佛是命运注定，凌晨 5 点 30 分这 3 个营正要列队出发，第一次登陆的消息传来，随后又传来消息说大约一个营的英国部队已在阿里伯尔努附近登陆，正朝着萨里拜尔进军。在半岛南端指挥的萨米帕夏和桑德斯本人都认为阿里伯尔努的登陆是一次佯攻，于是命令穆斯塔法 · 凯马尔只是派一个营去对付。但是这位将军立刻占卜到这次进攻的力量和危险。他以自己的权力立刻命令整个 57 团外加一个炮兵连一起前去迎击。他本人手持地图，领着先头连徒步出发穿越旷野。路程并不长，过了一个小时他就碰上了在猛烈前进的澳大利亚军队面前败退的土耳其掩护部队。他立刻命令先头连摆开阵势发动进攻，他本人亲自在阵地上安装山地炮。他再一次毫不迟疑地未经上级批准就命令第 77 团加入战斗。到了 10 点钟，当土耳其总司令骑马来到战场时，所有在半岛南部的后备部队实际上已投入了战斗，10 个营和所
442 有的大炮都加入抵抗澳大利亚军的激烈战斗。[5]

随后的战斗既惨烈又混乱。四肢颀长、体魄健壮的澳、新军团士兵在登陆时像一窝蜂地冲出船外，勇气十足地向内陆所有方向挺进，目的是夺取他们能得到的每一寸土地。现在他们却遇到了一支部署得极好、指挥极其果敢的部队和不断加剧的炮火，在沟壑里、在岩石堆和灌木丛中，许多小型的血腥战斗进行到了最后。没有人乞求活命，也没有人饶别人的命；几股被切断的澳大利亚军战斗到最后一人；没有一个受伤的或不受伤的人被土耳其人俘虏。

同时，双方的增援部队迅速投入进退不定的不规则的战线。战斗通宵达旦，越打越激烈。在双方实际战线上投入战斗的士兵有一半以上伤亡。25 日午夜形势显得岌岌可危，战线后面严重混乱，伯德伍德将军和几位澳大利亚旅长建议立即撤回船上，他们认为此时必须做出决定，否则再也没有机会了。但是在这个关头，总司令表明他对澳大利亚部队的士气的判断甚至比他们自己最信任的指挥员的判断更真切。在海军将领瑟斯比提出的坚定劝告下，伊恩 · 汉密尔顿爵士以书面方式下了明确的命令："坚持下去，坚持到底。"从那一刻起的随后几个月里土耳其帝国无力将澳大利亚和新西兰军赶出自己的国土。

*　*　*

4 月 26 日一整夜"V"海滩的情况一直危急。登陆点仍暴露在土耳其人步枪的火力下，进一步向前推进非常必要，否则便不可能取得

任何成果。于是在 26 日凌晨，我方先以舰队重炮猛轰，然后命令都柏林和芒斯特燧发枪团和汉普郡团的剩余士兵攻击塞德埃尔巴赫尔的城堡和村庄。这两支英勇的部队不惧损失，不畏艰辛，已连续战斗了 24 小时仍精神饱满，坚决执行命令。他们在 9 点攻占了城堡，然后经过三个小时的逐屋争夺战，占领了村庄。再往前有一个防守牢固的土耳其棱堡。这几个疲惫不堪的营在展开新的进攻前停了一下，“阿尔比恩”号战列舰对这个棱堡进行了猛烈而持久的炮击。当炮击停止时，英格兰士兵和爱尔兰士兵混聚在一起，在共同决心鼓舞下，从分散的塞德 443
埃尔巴赫尔房子里冲了出来，就在大白天，他们集中力量奋不顾身地攻下了棱堡，杀死了里面的顽固守军。这三个营剩余的士兵历经长时间的、一而再再而三的、似乎不知疲倦的战斗，他们的坚韧性、意志力以及吃苦耐劳精神，创下了军事上的光辉业绩，在这两个岛屿民族的历史上，即使不是空前绝后，也肯定是罕见的。部队在海边重新组织，这些成功突击的准备和精神，是与对参谋官的纪念分不开的，他就是道蒂 – 怀利，他也像沃尔夫一样，在胜利时刻阵亡，陆军以他的名字命名他为之牺牲的那个攻下的堡垒。

到了 26 日晚，形成了一条沿“V”“W”和“X”整条海岸线的连续弓形，实现了与在“S”海滩登陆的一个营的连接，这是胜利的成果，是英军继续从各个立足点向敌人施加压力的结果。由于土耳其军已是筋疲力尽、损失惨重和人员上处于劣势，由于获得 4 个法国营的增援，协约国军占领线在 27 日改变为凹面弓形，进一步向前推进到从泰凯角以北两英里处至德托茨炮台一线。加利波利半岛的顶端就这样被咬了下来，所有的海滩登陆点都得到了保护，摆脱了步枪的射击，在陆地上建立并巩固了重要的立足点。

第 29 师的其余部分、皇家海军师和法国师也在 26 日和 27 日登陆，伊恩 · 汉密尔顿爵士于 28 日命令，从半岛顶端向克尔提亚村发起全面进攻。虽然土耳其人已开始得到增援和整顿，但仍觉得这一天万分危急。抵挡登陆的部队损失惨重，各个营的人数已减少到 500

人略强。到了中午时分，土耳其全部后备力量已投入战斗。然而，英、法部队也没有足够的力量可以迎着土耳其军的步枪火力向前推进。一旦进入汤勺地形的凹陷处，军舰上的大炮就帮不上多大忙了，而且他们没有时间建立起自己的大炮支援。因此，到 28 日夜晚已形成势均力敌的局面。如果在 28 日与 29 日能够再投入法国、英国或印度军的二三个师的生力军，土耳其的防线必定会被击溃，一些有决定意义的阵地将会落入我们的手中。在这段时间里，布莱尔防线始终无人防守，只要能从海上登陆一支生力军，它就将成为我们的战利品。需要的额外军团在何处？它是有的。它本应参加这场战斗，
444 它本应在这场战斗中蒙受惨重损失。此刻它若能出现肯定就能获得胜利，但它却无所事事地待在埃及或英国。

下一步该轮到土耳其人了。源源不断的部队正迅速前往，增援那两个受到巨大压力的师。从布莱尔来的各师的先头团已陆续抵达。第 15 师由海路从君士坦丁堡前往基利亚利曼。第 11 师从亚洲海岸横渡海峡。29 日和 30 日就在这种形势下平平静静地过去了。

* * *

27 日上午，我们在海军部收到了德 · 罗贝克中将报告战况的电报。

我立刻亲自将这份电报拿去给基奇纳勋爵。等到他见到电报时已有 29 000 人登陆了，他表示心满意足。他似乎以为严峻时刻已经过去，一旦大批部队登上海岸，其余的事情都会迎刃而解。但是在 28 日传来损失惨重的消息，其后收到的电报都表明战斗十分严峻和危急。于是，那一天我和费希尔勋爵一起去陆军部，我们联合要求基奇纳勋爵从埃及调拨大批部队去增援伊恩 · 汉密尔顿爵士，同时还要求在英国的其他部队待命出发。费希尔的请求雄辩而尖锐，我也尽了最大的努力。基奇纳勋爵起先对需要更多部队持怀疑态度，但是我们表现出的明显的焦虑和惊恐打动了他。那天晚上他给约翰 · 马克斯韦尔爵士和

伊恩·汉密尔顿爵士去了电报，指派一个印度旅和当时在埃及的第42本土师去达达尼尔海峡。

为什么不把这些部队和其他一些部队在发动进攻之前就调拨给伊恩·汉密尔顿爵士作为后备力量，这无论如何是没有道理的。否则把他们运往半岛的准备，本来能与进攻的准备同时完成，在海滩准备好接纳他们的时候运输船队就可以将他们运到半岛。这些增援部队总计有12 000至13 000支步枪，在28日就可以投入战斗，或者在29日凌晨重新进行攻击。然而，印度步兵旅事实上直到5月1日才登陆，而第42师的先头旅直到5月5日才下船。

与此同时，土耳其人却源源不断地获得从各地赶来的增援部队和从海峡防御工事上撤出的大炮。到了5月1日，当地的德国指挥官佐登斯特恩觉得，他已经有了足够的力量可以展开全面反攻了。在1日、 445
2日和3日这整整三天里，他不断命令那些因行军或战斗已疲惫不堪的部队往前冲，做一系列殊死而互不联系的进攻，竭力想将协约国部队赶入大海。但是，即使伊恩·汉密尔顿爵士的部队因不够强大无法向前挺进，它也不会让敌人把自己赶出阵地。5月3日，土耳其的进攻在遭受重大损失之后被完全粉碎。土耳其人的第一批增援部队已经力竭，现在又轮到叙述协约国军了。滩头阵地已经建立起来；大量的供应物资、大炮和弹药也已经登陆。如果此时能够得到额外的、与这种新的形势成比例的部队，无论如何可以在4日和5日重新发动一次对士气低落的土耳其人的全面进攻。而实际情况却是在6日之前无法开始进攻，部队如此短缺，以致伊恩·汉密尔顿爵士发觉必须将澳大利亚第二旅和新西兰旅从安扎克地区撤往海勒斯角。

新的战斗于6日上午重新开始，7日和8日两天战斗继续。战斗中有将近50 000英法军和72门大炮，对抗他们的是土耳其的大约30 000军队和56门大炮。结果令协约国痛苦得大失所望。在整条战线上他们只推进了几百码。英军和法军的损失十分惨重。从25日开始到8日晚停止，这段时间英军的伤亡人数将近15 000人，法军至

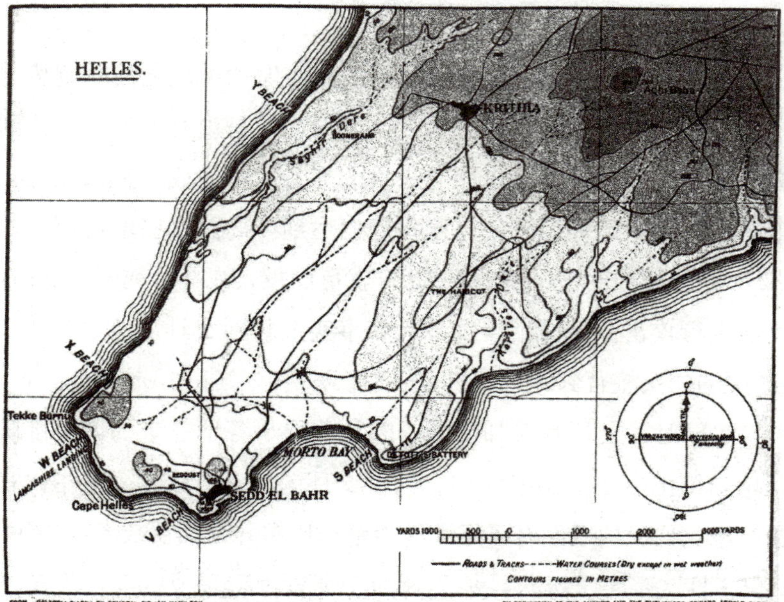

FROM "GALLIPOLI DIARY" BY GENERAL SIR IAN HAMILTON　BY PERMISSION OF THE AUTHOR AND THE PUBLISHERS, EDWARD ARNOLD & CO.

海勒斯角

——路径
-------水路（旱季除外）
Achi Baba 阿奇巴巴
Boomerang 布梅伦峰
Cape Helles 海勒斯角
Contours Figured in Metres 轮廓线高度以公制米标出
decreaing adout 7'annually 年减少约 7 分
Detott's Battery 德托特炮台
Fort 要塞
Helles 海勒斯
Kereves Dere 克雷韦斯河
Krithia 克利西亚
Lancashire Landing 兰开夏部队登陆
Magnetic 磁北
Morto Bay 莫尔托湾
Redoubt 防守阵地
S Beach　S 海滩
Saghir Dere 萨吉尔河
Sedd El Bahr 赛德埃尔巴尔
Tekke Burnu 特克布尔努
The Haricot 哈里科特峰
W Beach　W 海滩
W 西
X Beach　X 海滩
Y Beach　Y 海滩
yards 码

少有 4 000 人。

这场战役结束后出现的形势是严峻的。伊恩 · 汉密尔顿爵士的全部军队都被牢牢钉在加利波利半岛的两个互不相连的地点上。他的两路主攻部队虽然有海上的联系，但在其他方面现在彼此已完全隔绝。半岛上的关键性阵地一个也没有握在我们手中。土耳其人的一条绵延不绝的战壕线横拦在英军和阿齐巴巴之间，阻断了澳大利亚军通往萨里拜尔山或迈多斯城的道路。这些战壕不断增加，形成多条战线。由于法军被迫撤出特洛伊，土耳其在亚洲的军队可以不受阻挡地增援半岛。所有的英军后备力量，包括印度旅和第 42 师全投入战斗，在他们获胜的机会失去后，这些部队均遭重创。每一个营的伤亡都很严重，目前是没有办法弥补缺额的。即便随后向开赴战场的每一个师自动提供的百分之十的后备力量也没有给予第 29 师。9 日，伊恩 · 汉密尔 446
顿爵士报告说，只靠他手中的力量已不可能突破土耳其的防线，战壕战的态势已经出现，至少还需要增援一个军团。从国内征调、补充参战各师所需要的新兵和明确地要求增援的新部队至少需要一个月的时间。在这一个月里，随着协约国军队不断消耗和土耳其力量日益增强，将会发生些什么事呢？主动权和机会已经落到了敌人手里。放在我们前面的是一场长期的代价高昂的战斗，现在肯定需要我们做出更大的努力。

注释：

[1] 见原书第 549 页土耳其战场图。

[2] 见原书第 508 页后插页，安扎克和苏夫拉海湾图，亦见原书第 549 页土耳其战场图。

[3] 利曼 · 冯 · 桑德斯，《在土耳其五年》，第 80 页。

[4] 见原书第 508 页插页，安扎克和苏夫拉海湾图。

[5] 在澳大利亚官方史中对此插曲有全面的描述。

第十四章　登陆之后

447　尽管陆军事实上处于停滞不前的状态，但伟大的登陆事件继续在整个欧洲产生影响。

意大利、希腊、罗马尼亚、保加利亚想当然地认为，现在协约国大军确已登岸，他们可以而且也会得到从海上来的增援，直到摧毁土耳其的抵抗。意大利人想要参战的势头一如既往，而巴尔干各国则继续抱紧张观望的态度。在英国国内，日益加剧的政治危机已明确消退。法国的高层当局曾告知反对派领袖，登陆行动可能失败，军队将在海滩被击退并遭受灾难性的伤亡。当这些预言被证明毫无根据时，他们自然长舒了一口气，紧张的局势暂时得到了相应的缓解。

5 月 5 日，半岛上的战斗尚未见分晓，我不得不为重要目的前往巴黎。3 月与 4 月间与意大利进行的谈判进入具有决定性意义的最后两周。4 月 26 日签署了《伦敦条约》，根据此条约意大利同意参战。5 月 4 日意大利废除了三国同盟协议，以此宣布其政策的改变。爱德华 · 格雷爵士在医生的建议下，在 4 月初短期休假，在他休假的这十天中首相以十足的精力亲自与意大利进行谈判。当外交大臣返回时，他热情推进已取得的成果。促成意大利同意参战的那份秘密条约的条款公开已久，这些条款以令人烦恼的清晰性表明了三个协约国在危急关头的迫切需要。陷于苦战之中的英国和法国面临俄国瓦解的危险，而且自身也处于危急关头，为取得一个一流强国加入联盟，她们都不会对将要付出或答应付出的代价斤斤计较的。意大利的谈判者深知我们的焦虑之情，决心做成他们能为他们国家赢得的最有利的买卖。

意大利从其边境地区、亚得里亚海区域和土耳其帝国取得领土，448
收获是巨大的。还有极为重要的陆军与海军协议，以补充这些政治奖励。英国舰队将在亚得里亚海与意大利海军积极合作，俄国将在加利西亚至少动用50万军队继续对奥地利展开猛攻。这样从海、陆两方面都得到了保证，意大利似乎可以安全地提前支取和占有她要求的巨额奖品。促成这些安排的希望和计划很快就落空了。那些出发登上战争可怕航船的人，永远无法事先告诉你航程的长短和前途的凶吉，或者他们最终抛锚的港口。军事协议签署刚两周，马肯森就沿杜纳耶茨河进攻俄军，戈尔利采－塔尔努夫战役一打响，到处可见俄军的撤退和后缩。南斯拉夫在战争结束时成为一个新出现的强国，这就使意大利对亚得里亚海地区提出的索取条件明显无法实现。

战后，战败的土耳其从和平条约的灾难中复活并站了起来，实际上又完好无损。意大利政治家派遣其同胞参加的不是一场责任有限并有巨大物质利益的轻而易举的战争。意大利像其他参战大国一样，将要浸透血与泪。一年又一年，她的国土遭入侵，她的男子一去不返，她的财富被消耗殆尽，她的生存与尊严处于危险之中，她也必须奋力争得胜利，而胜利不能完全满足她的强烈欲望。虽然政治家们的算计失败了，但意大利民族的慷慨胸怀证明她经受得住斗争的长期磨难和失败，在厄运之中也有能力维护古罗马的声誉。

最重要的是，海军协议的签署不容搁置或拖延，我以英国海军部全权代表的身份前往巴黎。意大利人担心，作为胜利的结果，俄国确立了自己在君士坦丁堡的地位，塞尔维亚也扩大了自己的领土，那么这两个斯拉夫国家的联合将在达尔马提亚海岸或海岸外建立一个强大的海军基地。从达达尼尔战事出现的前景来看，俄国将占领君士坦丁堡，迫使意大利尽最大的努力保住自己在亚得里亚海的地位，如果她不加入战争，协约国的胜利将使她的这一地位受到不可弥补的损害。因此，我们与法国和意大利就意大利在战争胜利后的获胜条件中关于获得达尔马提亚海岸的海军基地的问题，进行了两天复杂的讨

449 论。在意大利提出的所有要求之中，最重要的要求是取得萨比昂赛罗运河的所有权。位于两个长形岛屿之间的这条狭长的可容最大船舶的良好锚地，处在向南去往亚得里亚海的中途，炮火从岸上打不着，的确具有建设意大利海军基地的十分理想的条件。其他的要求还有许多。每当协商令意大利人感到泄气的时候，我们就拿出英国的主要武器作为砝码，不仅答应他们对巡洋舰和小舰队的要求，还答应提供一个中队的战列舰。由于德·罗贝克中将已明确放弃强攻达达尼尔海峡的努力，他的舰队显然有多余的军舰。最后在三国海军当局间达成了完全一致的协议。意大利人坚持要英国的战列舰，法国人对此也不反对，同意用相同数量的本国军舰替代从达达尼尔海峡撤下的一支英国海军中队。

我于 7 日清晨离开巴黎，打算回英国途中去约翰·弗伦奇爵士的司令部待上一天。7 日晚到达圣奥梅尔，我得知两个消息。第一，伊恩·汉密尔顿爵士的电报表明他正处于酣战中，半岛战役仍未见最终分晓。第二，约翰·弗伦奇爵士打算与在其右翼对苏谢阵地作战的法军联合，对奥伯斯山脉发起全面进攻。这次重大行动定于 9 日黎明。于是我就留下来观看这一场战役，很高兴不必去想别的事情了。

读者清楚，我当时确信分配给英军和法军承担的任务是不可能完成的。前线的德军兵力与他们几乎相当，而且筑起了严密的防御工事，做好了充分的准备。进攻之前用榴霰弹轰炸铁刺网，这就向德军确切地指明进攻部队准备攻击的突破口，毫无疑问，德军已做好一切准备，准备用火力消灭他们。不仅如此，英军的炮弹供应极其有限，而能摧毁德军战壕所需要的高爆炸力炮弹几乎没有。我观战时尽量不冒无谓的风险。但是无论从远处高耸的教堂尖顶，还是靠近敌人的火力网边缘，除炮弹爆炸和烟雾之外什么也看不见。不实际参加进攻就不可能估计到真实的情况。要了解真实情况你必须亲身去感觉，而感觉到的还可能不是真实的。身处战斗之外什么都不了解，投入战斗则会受一种个人特殊经历所左右。这正是战争最痛心的特征之一。许多高级将领不

了解战场的形势就命令自己的部队作战，而且又不对他们采取有益的 450
补救措施。

在这个夜晚，我还在战斗高潮中亲眼目睹了一个大规模伤员清理站的可怕场面。遭受各种严重创伤的一千多人中有烧伤的，有躯体碎裂的，有子弹穿孔的，有咽喉梗塞的，有奄奄一息的，根据他们的伤势分成不同组别送往梅维尔修道院。修道院的入口处机动救护车来来往往络绎不绝，每辆车都送来四五个四肢断裂、备受折磨的伤员。每过一会儿就有尸体从修道院的后门抬出，抬往一直在工作的掩埋队。有一间屋子挤满了已不值得再送往别处去的重伤员，他们已毫无治愈的希望，连优先动手术的资格都没有了。其他房间挤满了痛苦不堪的“能走动的伤员”，但大多数人精神不错。他们可以得到一杯茶、一支烟和另一次长途汽车旅行。手术室外挤着长长的一排急重伤员，手术室的门敞开着，我经过时看到一位伤员在做开颅手术的可怕场面。那里到处是血和沾有血污的布片。在外面，战场上传来的轰轰炮声宣告死亡与残杀过程仍处于高潮。

*　　*　　*

“卢西塔尼亚”号沉没的消息也是这几天传来的。这艘巨大的邮轮恢复载客业务已有几个月，作为客轮已经进行了几次横跨大西洋的航行。在5月的第一个星期，她载着2 000名英国和美国平民从纽约返回利物浦。她所载的货物当中有少量的步枪弹药和大约173吨重的榴霰弹炮弹。在“卢西塔尼亚”号启航前，纽约就流传该船将被击沉的警告，事后追查到是德国政府所为。在5月4日和5日，在她驶近不列颠群岛时，据报告，德国潜艇在爱尔兰海峡南部入口处将两艘商船击沉。6日又收到潜艇在这个区域活动的进一步的报告。随后海军部在瓦伦西亚的无线电台反复发出特别警告和消息。

5月6日凌晨12点05分，致所有英国船只。

……避开一切海角。全速通过各个海港。行驶海峡中间航线。法斯特内特海外有潜艇。

451 5月6日下午7点50分，致“卢西塔尼亚”号。

爱尔兰南海岸外有潜艇活动。

5月7日上午11点25分，致所有英国船只。

爱尔兰海峡南端有潜艇活动。最后一次发现在科宁伯格灯塔以南。确保“卢西塔尼亚”号得知此情况。

5月7日下午12点40分，致“卢西塔尼亚”号。

上午10时在克利尔角以南5英里处发现有潜艇朝西驶去。

这些电报都被及时收到。

1915年4月16日海军机密备忘录中有如下一段记录：

战争经验表明，快速轮船采用曲折前行的方法会大大降低潜艇突袭成功的机会，也就是说，以短暂而无规则的间隔改变航向，比如每十分钟到半小时改变一次。战舰在已知有潜水艇出没的水域巡航时几乎一律采取这种航行线路。潜艇在水下的速度非常慢，如果她不能事先知道或预测所袭击的船只的航线，要进入发动袭击的合适位置是十分困难的。

尽管有这些警告和指示（海军部贸易处在这些工作中的贡献值得称赞），“卢西塔尼亚”号却并没有曲折行进，她以略快于平时四分之三的速度沿着正常的贸易航线行驶，5月7日下午2点10分，在旧金塞尔海外 8 英里处，她被施魏格指挥官指挥的德国 U–20 潜水艇发射的鱼雷击中。共发射两颗鱼雷，第一颗击中船体中部，发出一声巨响，几分钟后第二颗击中尾部。20 分钟后她船头朝下沉没，随船沉没的有 1 195 名乘客，其中有 291 名妇女和 94 名婴幼儿。德国潜水艇这种令人发指的暴行在全世界激起反响。有大量公民丧生的美国，其愤怒声震撼全国，在这个共和国的四面八方，美国人民中的最强硬分子都等待着武装干预的信号。信号并未发出，战争继续处于毁灭性的均衡状态。但从此以后，在美国的协约国的朋友有了一件使亲德势力软弱无力的武器，在这种情况下，过了一段哀伤时期，这种冷漠无情的政策注定要寿终正寝。

几乎是在得知这场可怕悲剧的最早时刻，我就明白了它所具有的意义。只有在反省这场大战的历史时，它的惨痛教训才能从当时的喧嚣与混乱中呈现出来。德国政府在两个重大事件上惨无人道、丧尽天 452
良，它怀着罪恶的决心精心策划，蓄意切断维护世界文明和人类社会（尽管相互争吵）的根本纽带。入侵比利时和无限制潜艇战二者均求助于专家技术作为求胜的唯一手段。这些正是德国毁灭的直接原因。这些原因把强大而无形的力量引入反德的斗争，并无情地耗尽了德国的实力。在大战的头一年，若非入侵比利时，德国将必胜无疑；在大战的最后一年，若非无限制的潜艇战，没有力量能否定胜利属于她。导致德国垮台和我们得救的原因，不是她的人数优势，不是她的资源或智慧，不是她海陆军将领在公开的战斗中犯了错误，不是她的盟国虚弱无能，肯定也不是她的人民或军队在勇气或忠心上有缺陷，而是她犯下的这两桩大罪和历史大错。

*　　*　　*

与此同时，在达达尼尔的旗舰上正在展开最热烈的讨论。

3 月 18 日以来，海军的上层圈子里流行两种截然不同的意见。激进的一方比任何时候更相信铲除堡垒、扫清雷区并最终打通海峡是切实可行的行动。他们毫不怀疑舰队可以穿越海峡进入马尔马拉海。他们不断地提醒海军上将努力完成这项任务是海军的职责。他们对陆军遭受的惨重损失无限悲伤，他们感到无论如何都难以忍受的是，在海军接到命令和为他们制定任务后海军竟袖手旁观，无所行动。因此他们敦促中将向海军部提议恢复海军进攻。

所有这些压力和陆军受折磨的景象对有胆有识的德·罗贝克中将产生了作用。他终于下决心向海军部发了一份电报，表达了自己愿意恢复海军进攻的意愿。这份电报盖有好几个人的印章，也包括持反对意见者的印章。但是很显然，正如我们现在知道的，所有出席“伊丽莎白女王”号会议的人都相信海军部在收到此电报后会立即下达作战命令。法国司令官盖普拉特上将打电报给海军部长，表示他充分期待
453 参加决定性的进攻，并要求增加一艘更强大的军舰来增援法国中队。因此，海军的所有参谋人员和指挥人员都等待着一项伟大而庄严的决定，为了执行这项决定，他们会做好面对一切危险和忍受一切损失的准备。

德·罗贝克中将致海军部

1915年5月10日

加利波利半岛形势。

汉密尔顿将军通知我陆军受阻，部队向阿齐巴巴每次只能推进数码，恐怕会出现类似法国北部的事态。因此，我在292号电报中指出的情况发生了：

“如果陆军在向基利德巴赫尔推进中受阻，海军该不该在不摧毁沿岸堡垒的情况下强行通过狭窄段？这个问题完全取决于舰队在向狭窄段推进中能不能最好地支援陆军。舰队可以从恰纳克莱下方推进，保持交通线完整无损；舰队也可以从上方推进，但自己与基地的联系将被切断。”

海军能给予前进中陆军的帮助虽然有效地压制了敌人炮台的炮火，但并没有预想的那么大；当阻挡陆军的是战壕和机枪时，海军的支援就不大了；而阻碍陆军推进的正是战壕和机枪。

从敌人抵抗的强度来看，舰队驶入马尔马拉海可能不会起决定性作用，因此同样可能的是，达达尼尔海峡会在舰队驶过后重新被封锁。如果敌人的抵抗能被及时制服，从而避免舰队由于缺乏供应而被迫撤出，那么海峡重新封锁后它也就没有多大重要性了。

如果舰队进入马尔马拉海，支持陆军进攻的任务将托付给巡洋舰和某几艘老式战列舰——包括那些并不适合于大规模炮轰狭窄段的法国军舰——这种支援的效果将明显远远小于目前整个舰队提供的支援。

半岛上土耳其陆军的士气表明，舰队强行通过达达尼尔海峡，然后出现在君士坦丁堡海外，这件事本身并不能起决定性的作用。

决定性的关键点似乎在于：

其一，海军强攻达达尼尔海峡能确保战斗的胜利吗？

其二，如果海军受挫，那肯定将是一次严重的挫折，它会使陆军形势非常严峻，以至于危及整个战局吗？

这个电报值得仔细研究。它的用意显然是直截了当地提出恢复海军强攻达达尼尔海峡的问题。德·罗贝克中将在电文中权衡了利弊，总的来说更强调不利的一面。但是同时他也明确无误地表示，如果海军部下令，他随时准备执行。这份电报令我不安。我当然一直主张恢复海军进攻。但是现在的形势与3月份和4月份的形势已大不相同，而执行德·罗贝克中将3月2日的决定，我们就要遵行另一条政策路线。这期间已发生了三件大事。 454

第一，陆军损失了近两万兵力才登上了加利波利半岛。目前陆军确实受阻，但基奇纳勋爵告诉我，他打算向伊恩·汉密尔顿爵士增援爵士所要求的一个军团。在炮火下登陆一直是最可怕的战争特征。登陆已经成功，而且，既然土耳其人没能阻挡住登陆，看来他们必定也无法阻止陆军进一步向前推进。前提是：大量的增援部队能迅速地投入战斗。因此，如果足够的增援部队能迅速派往，使陆军战斗取得成功有极大的可能性。

第二，意大利即将参战。根据刚刚签署的英意协议，我们必须派 4 艘战列舰和 4 艘轻型巡洋舰加入亚得里亚海的意大利舰队。我之所以采取这个行动是因为自 3 月 22 日以来德 · 罗贝克中将已明确地放弃了海军进攻，我们已决定动用陆军力量来解决问题。尽管法国增援军舰能起到缓解的作用，但从德 · 罗贝克中将的舰队抽调这些战舰与进行坚决甚至是拼命的努力、单独以军舰强攻达达尼尔海峡的决定是不相容的。

第三，我们长期以来担忧的事终于发生了。德国潜艇已经驶入爱琴海。有数次报道说，在达达尼尔海峡附近水域已出现一艘或两艘甚至三艘潜艇。“伊丽莎白女王”号的位置变得异常危险，而且在达达尼尔海峡整个舰队的安全都受到了不能低估的影响。不仅如此，如果舰队成功地强行通过海峡抵达马尔马拉海，它就会在那一水域受到德国潜艇的骚扰。尽管这个事实不是结论性的，但舰队的行动可能会受阻，假设海峡在其身后被封锁，它在战略上发挥作用的有效期将会在一定程度上缩短。

455 除此之外，由于陆军已经登陆而且一直在激烈作战，舰队的责任就大大增加了。正如奥利弗将军一语道出的那样——“3 月 18 日海军还是个单身汉，现在它在岸上有个妻子了。”

我脑子里考虑的全是这些事情，它们对我的影响越来越大。当然，如果德 · 罗贝克中将展开决定性进攻的意愿不变，我们有可能在几周内重新创造能使他进攻的条件。我们的海军资源庞大，几乎与日俱增。到 6 月中旬我们就能够使他的舰队的实力大大强过以往，并且能够完成进攻准备工作的每一个细节。而且，到那时我们就可以知道怎样对付在爱琴海的德国潜艇，就可以知道其威胁有多大。然而，目前反对海军采取决定性行动的理由有很大分量。

另一方面，我极其渴望采取有限的作战行动。我希望海军攻击狭窄段的堡垒，从而验证一下我们所收到的有关敌人弹药短缺的报告是否属实。在进攻的掩护下，我希望能清扫凯佩兹雷区使它不再能阻止航行。现在扫雷部队已全部组织起来，这些是完全可行的行动。达达尼尔舰队尽管缩小了，但完成这项任务还是绰绰有余的。清扫了凯佩兹雷区本身就会直接威胁到土耳其人部署在半岛上的陆军的交通线。

然而，我看得出费希尔勋爵处于严重的过度疲劳。74 岁，年纪不饶人。在我前往巴黎参加英、意海军协议谈判期间，他显得心力耗竭。他对独自负责海军部工作表示了毫不掩饰的苦恼和担忧。毫无疑问，当时的巨大压力和事态的发展使这位年迈的海军上将担心得几乎发疯。德 · 罗贝克中将的电报尤其让他伤神。他预计将要面对他最恨也是最怕的那个要求：恢复海军作战，而且要一直打到水落石出。

11 日上午我们一起讨论形势。我一再努力讲清，我想要做的一切是要恢复攻打狭窄段的堡垒，并在炮火掩护下清扫凯佩兹雷区；我无意促使大家做最大努力强攻达达尼尔海峡和深入马尔马拉海。但是我没能打消费希尔的忧虑。毫无疑问，他认为如果行动成功，会大大加强后一阶段里发动重大进攻的理由；事实也的确如此。凯佩兹雷区是 456
土耳其人的第一道也是最后一道。在我们交谈之后，费希尔勋爵在同一天“极不情愿地”送给我一份正式的备忘录，在这份备忘录中他全面而有力地重申了对达达尼尔军事行动的观点，他的结论是他不会：

> 在任何情况下站在德 · 罗贝克中将一边，除非两岸已经有效地占领，才同意他发动穿越达达尼尔海峡的进攻……我因此希望大家清楚地理解，我与任何这类计划无关。

在同一天我给他答复：我决不会向他提出任何“突击”达达尼尔海峡的建议，在此事上我与他意见相同。我又一次提出，作为对陆军行动的一种支援，有可能要求德·罗贝克中将攻击堡垒和清除凯佩兹雷区。我再次表示，我希望在任何实际问题上我们一直是团结的。我向他呼吁：

> 我们现在对历史上最重大的水陆两栖作战负有责任。你绝对负有责任。要将此事推向胜利需要最大限度的同志情谊、才智、坚毅、耐心……

他第二天写信给我说，由于我的答复没有明确放弃在陆军占领狭窄段两岸之后才让海军攻击雷区的想法，他已经将给我的备忘录副本递交给首相。

> 关于你所说我绝对负有责任的话，我只能说，你必须明白（还有首相也一样），我勉强默认的范围没有扩展到那种进一步的冒险，如：在陆军完成其任务之前重复3月18日的行动。

由此可以看出，3月22日之后海军部和海军总司令永远不能同时做出进攻的决议。在21日他们还是团结一致的，此后则一方热一方冷了。在3月23日和24日，海军部没有下达实际命令就强烈要求进攻，而在战区的海军中将则说“不”。到了5月10日，当战区的海军中将愿意进攻时，海军部则说“不”。到了8月18日，受苏夫拉湾惨败的影响，海军部再次提出这个问题，并授权海军中将最大限度地使用他的旧战列舰，而此项提议却遭到了海军中将有理有据的断然拒绝。终于，在最后撤退来临之时，刚刚接手指挥权的威姆斯将军在凯斯准将起草的进攻达达尼尔海峡的极为详尽的计划支持下，热情呼吁批准
457 执行这个计划，但这次海军部又拒绝了。

*　*　*

此时坏消息从俄国、法国以及达达尼尔海峡频频传来，根据我在陆军战场上得到的印象，我向海军部各个部门发出如下总备忘录：

致战时国务大臣及海军部委员会成员

1915 年 5 月 11 日

请通知海军部各部门首脑，据目前估计，此次战争不会在 1916 年 12 月 31 日前结束。海军部制定的一切安排与计划均应以此为依据。任何加强海军实力的措施若能在此日之前发挥作用，均应予以考虑。这一点适用于有关人员、舰艇、武器和储备的所有问题以及舰队、船坞的组织与维护，所有这些都必须适应力量的长期不断发展而不致过分紧张。我期待各部门提出发展与扩大它们活动的建议。

W. S. 丘吉尔

*　*　*

5 月 12 日晚，一艘德国水兵驾驶的土耳其驱逐舰在达达尼尔海峡用鱼雷将“歌利亚”号击沉，这一事件促使费希尔勋爵下决心召回“伊丽莎白女王”号，他向我提出诸如此类的最强烈反面要求。我本人并不反对这么做。最初的两艘装有 14 英寸大炮的重炮舰（当时命名为“斯通沃尔 · 杰克逊”号和“法拉格特上将”号）已准备就绪；如果派这两艘重炮舰和其他的炮舰、两艘“邓肯”级战列舰以及另外一些辅助军舰去替代“伊丽莎白女王”号，那么她可以返航回国。我同意了第一海务大臣的意见。我的表态令他大大松了口气并深表感激。我们陷入了非常痛苦的处境。他希望不惜任何代价以减少损失，并从令人讨厌的境况中解脱出来。我却一定要竭力推动这个雄心勃勃的计划，并全力支持正处于艰苦斗争中的我们的陆军，这不仅是出于信念，而且还出于荣誉的呼唤。

我不得不向基奇纳勋爵宣布此消息。我邀请他来海军部参加 5 月 13 日晚的会议。我们围着八角桌而坐；基奇纳勋爵坐在我左侧，费希尔勋爵坐在我右侧，同时在座的还有其他高级官员。得知海军部要撤回“伊丽莎白女王”号，基奇纳勋爵顿时怒不可遏，往日面对
458 艰难考验时的镇定自若已不复存在，他以前忍受内心痛苦时习惯性的克制态度消失了。他强烈抗议这种在他看来是在最危急时刻抛弃陆军的做法。而另一方面，费希尔勋爵更是大发雷霆。“伊丽莎白女王”号应该回国，应该马上回来，当晚就该回来，否则他立刻离开海军部。我们若能在这关键时刻交换一下这两位了不起大人物的位置，让基奇纳掌管海军部事务，而派费希尔前往陆军部去抨击增援政策，俩人就会觉得快乐，一切都将进展顺利。但这样的解决方案是我们力所不能及的。我对第一海务大臣的意见保持同意，并尽最大努力向基奇纳勋爵解释，说明重炮舰能提供同样有力的支持，而海军实力受损的风险却要小得多。我还向他介绍了我们将要派出的军舰，并向他做出最郑重保证——我的这一保证得到了海军参谋部的支持——我们决心以最有效的方法支持陆军。我想他在离开前有些放心了。

因此，在一系列的电报中我与费希尔勋爵意见一致。我们下令德 · 罗贝克中将在绝对保密的情况下以最大速度派“伊丽莎白女王”号回国。我们通知他“埃克斯默思”号和“崇敬”号马上归属他的舰队，在月底之前他将得到最早的两艘重炮舰，它们是最新型的炮舰；他得到的补偿远远大于失去一艘“伊丽莎白女王”号。第一批 6 艘重炮舰从造船厂接手后将被派遣去他处。等到他所指挥的法国中队的战列舰总数达到 6 艘时，他要将“女王”号、“伦敦”号、“无情”号和“威尔士王子”号在瑟斯比海军少将指挥下同样绝密地派往马耳他，准备和意大利舰队在亚得里亚海一起作战，以满足英意

海军协议中条款的规定。我们还通知德·罗贝克中将，我们认为海军独立行动强攻狭窄段的时机已经过去，在现有的条件下不会再出现；所以，他的职责是支持向前推进中的陆军。

发出这些电报——这些是我们一起所发的最后一批电报——费希尔勋爵和我就在那晚分手了。

第十五章　政府的垮台

459　5 月 14 日召开的战时会议火药味十足。我们面临的事实是：伊恩 · 汉密尔顿爵士的部队在加利波利半岛上寸步难行，他们已陷入危险境地，要增援他们困难重重，要撤出他们更是难上加难。舰队已失去作用。费希尔勋爵坚持要撤回“伊丽莎白女王”号；德国的潜艇即将进入爱琴海，而我们为支持达达尼尔战事在那里大量集中的舰只处于完全无保护状态。与此同时，英军在法国进攻奥伯斯山脉的失败已明确无误。约翰 · 弗伦奇爵士损失了近 20 000 人却所获无几，于是总指挥部自然要求增加人员与弹药的供给。炮弹匮乏的危机已濒临爆发——那天上午的《泰晤士报》披露了炮弹匮乏的情况——在这场危机后面又出现了另一场最上层的政治危机。俄国的虚弱与溃败一个月比一个月明显。这次会议讨论的特点是官场上的彬彬有礼的风度抑制了与会者内心的强烈焦虑与极度愤懑。

基奇纳勋爵一开始就发表了一连串庄重而令人畏惧的抱怨。他说他之所以受到诱惑参加了达达尼尔作战行动，是由于海军做出了攻占达达尼尔海峡航道的保证。而现在海军却放弃了进攻。尤其是，无与伦比的“伊丽莎白女王”号影响了他的判断。现在这艘军舰即将撤回；当他已将陆军部队投入加利波利半岛的大规模战斗，在他的部队正在背对大海作殊死斗争的紧要关头她却即将撤回。说到此处费希尔勋爵插了进来，他说从一开始他就反对达达尼尔作战行动，这一点首相和基奇纳勋爵清楚得很。他的突兀插话招致了一阵沉默。随后战时国务大臣以极其悲观的语气概述了其他战场的情况。驻扎在法国的陆军消耗炮弹太快，其速度造成的压力是以往军事后勤部门从未承担过的。订购各类军火的订单全都延期才能完成。俄国的日渐虚弱可能使德国 460
在任何时候将军队调往西线，恢复对我们的进攻。第三，他继续详述入侵的危险。他无法预料会发生什么事情。必须不惜一切代价保卫英国，如果其他方面失误，保卫英国就更加紧迫。鉴于当前的状况，他不能将先前许诺给约翰·弗伦奇爵士的4个师派给他，这4个师必须留下来守卫家园。

他一说完，会议就把目标转向我——几乎要向我发难了。于是我开始据理力争，所说的论据读者现在应该是熟悉的，这些论据构成了本书的主要内容。如果在三个月以前就知道在5月份可以有80 000至100 000人进攻达达尼尔海峡，海军单独进攻的方案就决不会被采用。虽然许多事情搞砸了，令人大感失望，但是我们没有理由灰心丧气或惊慌失措，更没有理由把情况描绘得比事实更糟，或采取不理智的行动。海军在达达尼尔海峡作战并不依赖于而且从来也不依赖于“伊丽莎白女王”号。制定计划时并不知道这艘军舰也会加入作战。现在要将她撤出是因为潜艇对这艘价值高昂的军舰造成了威胁。替代她的是重炮舰和其他一些特殊设计的军舰，这些军舰在许多方面更适合于炮击，而且基本上不怕潜艇攻击。因此海军对陆军的支援丝毫不会受到影响。夸大“伊丽莎白女王”号的价值或认为一艘军舰可以左右这样一场大战役，这没什么好处。至于炮弹的匮乏问题，只要我们竭尽全力生产，在兵力、大炮和弹药方面未占充分优势之前避免草率进攻，这个问题可以补救。最后，奢谈入侵有何意义？海军部不相信任何武装登陆能够实现：即便实现了，敌人也很难维持下去并得到加强。敌人目前正全力以赴地对付东面的俄国，有什么理由假设他们会转过身来调回军队入侵英国或进攻西线？他们会抽调多少军队？调动军队需要多长时间？在准备好新的部队和积贮充足的弹药之前，我们应停止在西线发动这种无益的攻势。集中可以得到的部队增援达达尼尔海峡，尽早供应他们在那

461 里进行决战所需要的军火弹药。抛弃那种关于入侵岛国的恐惧，英国已不再像1914年那样缺乏军队，而是到处布满武装人员，还掌握先前从未梦想过的情报来源，并有比大战之初强大了许多的舰队守卫。让约翰·弗伦奇爵士得到他要求的新增几个师，但是还是要在法国采取守势。

叙述我们俩人的讲话，我并没有引用原话，只是提到谈话的主旨。简短的追述包含了全部内容。我的想法似乎对战时会议产生明确的影响。我们没有做出任何决议就散会了。不过，几个星期之后成立的联合政府几乎全盘接受了我的论证，论证依据的每一个推测也全都被事实所证实。"伊丽莎白女王"号的撤离并没有妨碍海军对加利波利半岛上的陆军的支持，也没有妨碍陆军的海上供应。在接下来的三年里，英、法军队在法国发起的进攻连连失败，其结果是血腥屠杀愈演愈烈，我们新组建的陆军被毫无价值地毁灭了。德国人并没有停止也不可能停止对俄国的进攻，事实上这种进攻还处在最紧张阶段的前夜。他们并没有挥师西进，在今后的好几个月里他们也没有物质条件这样做。他们没有入侵英国；他们在这段时期从来没有想到要入侵英国，即使想要入侵也做不到。

然而，此时英国政界出现了意想不到的大事，这就注定了在达达尼尔海峡出现的成功的希望要化为泡影，同时也排除了任何迅速结束大战的可能性。

会议之后我给首相写了下面这封信，我认为此信准确地表达了我的立场：

丘吉尔先生致首相

1915年5月14日

我必须提请您注意费希尔今天的言辞，他声称"他反对而且一直反对达达尼尔作战行动"，他的话大意如此。第一海务大臣对于指导军事行动的执行电报都有书面表示同意的记录：如果这

> 些电报得到成功的执行，那就应该归功于他。但是我对此并无怨言。我喜欢这位老兄，与他一起工作是极大的快乐。我想他同样有这种感觉。我的看法是，当在战地的海、陆军将领们希望和要求冒一次险，以舰队进行大规模的决战时，在这些战斗中也许会出现机会。倘若我同意他们，我就得批准进行决战，我不能允许这样一位朋友的否决使我无法行动——这位朋友不管结果如何，一定会说，“我一直反对达达尼尔行动。”
>
> 您会明白，在这种事情上总得有人承担责任。我可以承担责 462
> 任——条件是我的决定必须执行——否则不行。
>
> 不知道基奇纳在增援问题上愿不愿干，这令人感到不愉快。我们全都被牢牢地捏在他的手心里，我从未见过他的心情如此奇特——或者说如此不理智。基奇纳要惩罚海军部，他要从汉密尔顿的部队中削减几个师，原因是我们撤出了“伊丽莎白女王”号；费希尔要将“伊丽莎白女王”号撤回国，不然他就要辞职。
>
> 以耐心和决心渡过难关，我们就能取得世界历史上一个伟大的成果。
>
> 但是我现在希望向您说明一点：那种口口声声说“我拒绝为失败负责”的人，不可能是对成功极为重要的措施的最后裁决人。

那天我用了一个下午拟定几条建议，准备海军增援达达尼尔海峡和准备为我相信将立即增援伊恩·汉密尔顿爵士的两个师护航。虽然我完全知道需要什么样的海军增援，但我还是不想使这种要求让费希尔勋爵大吃一惊。于是那天晚上我去他的房间和他全面探讨整个形势。我们的谈话相当友好。他没有对建议中的具体措施提出反对意见，但是像往常一样，他不希望看到我们的资源被逐步耗尽，也不希望见到达达尼尔行动日益增大的需求给我们的整体安排带来的间接影响。于是我告诉他这样做的确是不公平的：先阻挠在达达尼尔海峡采取必要的措施，一旦招致失败，又反过来说，“我早就告诉你，我一直反对这次行动。”他奇怪地看着我说：“我想你是对的——这样做不公平。”然而，他还是接受了备忘录，随后我们便和和气气地分了手。

* * *

进入这段特殊时期之后，紧张的事态接踵而至，令人眼花缭乱，这时又发生了另一件事。那天夜晚10点左右，我在我的房间里重新开始工作，这个习惯是在费希尔勋爵进入海军部之后养成的。此时意大利的危机达到了顶峰。由于反对加入战争，意大利政府已经辞职。两个星期前我们就认为几乎已成定局的这件富有意义的大事，现在似乎
463 再次变成未知数。临近午夜时分，意大利海军武官——一位热心支持协约国事业的军官——要求见我。奥利弗将军拿着一叠文件陪伴着他。海军武官说罗马目前动荡不安，一个星期前在巴黎商定的海军合作计划必须立即付诸实施。根据合作计划，我们要额外派遣4艘轻巡洋舰去亚得里亚海增援意大利舰队。这些巡洋舰原定在18日拂晓抵达塔兰托。海军武官要求将抵达日期提前。如果巡洋舰能在16日上午抵达，英国与意大利之间明确的海军合作将成为既成事实，而这个事实很可能是决定性的。

由于我亲自参加了与意大利人在巴黎举行的海军协议的谈判，对于其中的所有细节我当然了如指掌。协议的所有条款，包括派遣4艘巡洋舰在内，我全都征得了第一海务大臣的同意。派遣哪4艘巡洋舰也已经确定。在文件第二页上的显著位置有费希尔指示巡洋舰航线的绿色首字母签名。让巡洋舰提前48个小时出发既不涉及原则问题，也不违背费希尔和我彼此已经确立的工作安排，也就是采取重大步骤须经协商。我一时根本没想到这件事会被看得如此之重，参谋长也没有提出我们应该叫醒第一海务大臣。他大约在早晨4点开始办公，那时候他便可以得到这些文件。因此我就批准了立即叫巡洋舰出发，像以往处理此类公务时那样，我写道：“事后请第一海

务大臣阅。”

十多年来，我一直相信这句话就是点燃导火线的火星。然而，费希尔勋爵的传记作家使我们确信，在他辞职之前他从来没有见到这份关于意大利的文件。海军上将培根在他所著的《费希尔勋爵传》中，以克里斯上校的第一手证据为依据明确地说，这天晚上我向第一海务大臣建议，除了我们已经同意增援的力量以外，再额外增派两艘潜艇去达达尼尔海峡，就是这个事实成了最终导致关系破裂的“稻草”[1]。如果事实果真如此，这个借口同样是勉强的。至于这个借口背后的原因本章也许已明白告诉读者。这位海军老将一大早醒来，再次面对那些建议增援达达尼尔海峡的备忘录，而对此他知道无法拒绝。他发现自己越来越深地卷入一场他不相信和不喜欢的事业中。他觉得这个事业濒临失败的边缘。他发现一位文职大臣（尽管有许多友谊纽带将他们联系在一起）正日益成为支持这个讨厌的军事行动所需要的一切工作的严厉而苛求的监工。他看到保守党对炮弹匮乏和战争普遍现状的严重不满。他还看到穿着军服的陆军元帅担任大臣，而他自己尽管在 464
全国名声显赫，却屈居次位，在这个位置上他受到一些理由与压力的逼迫，他需为他所深恶痛绝的军事行动承担责任，他无法抗拒，但他从不停止表示愤慨。现在爆发的时间终于到来了。

* * *

第二天是星期六，上午醒来后我发现第一海务大臣并没有按惯例将上午的信件送来。这是反常的事，他几乎总是把醒来时候想到的对形势的看法写信告诉我。我必须在 9 点左右去外交部，在那儿逗留一会儿。在回来的途中，在经过近卫军骑兵旅司令部阅兵场时，马斯特森－史密斯带着一脸焦急的神色匆匆向我走来——“费希尔辞职了，我想这次他是当真的。”他把第一海务大臣写的如下这张条子交给了我：

1915 年 5 月 15 日

海务大臣：

经过进一步的焦急的反省，我已得出遗憾的结论：我不能继续与你共事了。为了国家利益，就没有必要追根究底了——乔伊特说过："千万不要解释"——但是我发现要调整自己在日益增加的达达尼尔海峡战役的需要上迎合你的观点越来越困难。正如你昨天所说的那样，我总是一心要否决你的建议。

这除了令我极不愉快外，对你来说也不公平。

我立刻就要动身去苏格兰，以免人们问这问那。

你的忠实的　费希尔

然而，最初我并没有认真看待此事。我记得本年早些时候为了空袭的事我曾收到过一封措辞十分正规的类似的信。在最近四五个月里，为了各种大大小小事情他已多次以书面和谈话的形式威胁或暗示要辞职。我总是确信只要和他友善地谈一次话就可以把事情化解。然而，当我回到海军部时他已经没有了人影。他不在大楼里；他也不在住所里。他手下的人全不知道他在何处，只听说他打算立刻去苏格兰。他给其他几位海务大臣也送去了一封信，他们正聚在一起讨论那封信。

我去首相那儿向他汇报了事情的经过。阿斯奎斯先生立即指派秘书带着书面命令，以国王的名义敦促费希尔勋爵回来履行职责。过了
465 几个小时后才找到了第一海务大臣。他断然拒绝再回海军部或履行任何职务。他重申要立即动身去苏格兰的决心。然而，最后他还是接受了劝告，同意回来见首相。他们谈话时我不在场。谈话完了以后，阿斯奎斯先生告诉我，他认为费希尔勋爵已经动摇了主意，不过还很烦躁。他建议我写封信，接着他又说："要是你能使他回来，那就万事大吉；要不然事情就很难办了。"我尽了我的最大努力。在信中，我

一遍又一遍地劝勋爵，但是毫无用处。

他回信说：

> 你执意要攻打达达尼尔海峡，没有办法使你不做这件事——没有办法。我太了解你了！我确实希望支持你，能证明这一点的最好证据就是在达达尼尔这件事情上我一直陪伴着你，直到这最后时刻，而不顾我在达达尼尔防务委员会备忘录中所说的我一生中最坚定的信念。
>
> 你要留下来而我必须离开——这样更好些。我永远不会忘记，当你掌控了你的政治生命时为了我而采取的值得高度赞赏的立场，实际上我也为你努力工作作为回报——尽我最大努力——但是现在的问题已经超越了我们私人间的义务。我向你保证，进一步谈话只有痛苦，我已通知首相我必须离开。这个决定我决不会更改了。无论如何我不会改变主意。你满怀真情地说，离开我你会感到无比悲伤——我绝对相信。你内心清楚这一点：自从去年 10 月我与你合作以来，没有一个人比我更忠实于你。我已经尽力而为了。

再坚持劝说已无济于事，于是我开始考虑新的组合。另外三位海务大臣是否也会辞职，对此我心里根本没有底。然而，星期天上午我得知几位海务大臣去与阿瑟·威尔逊爵士商量，他告诉他们，坚守岗位是他们的义务，他们根本没有辞职的理由。据此事实，我问阿瑟·威尔逊爵士他是否愿意填补第一海务大臣的空缺。他要求考虑一个小时，随后，令我感到欣慰也有点吃惊的是，他通知我说他愿意担任此职。到了星期天中午，我已在从各方面考虑重建海军部委员会。接着我便驱车去见正在乡间的首相。我告诉他费希尔勋爵的辞职已成定局，如果他想要有一个改变，我的去留任凭他裁决。他说：“不，我已经考虑过这件事，我不想有所改变，但是你能组成一个新的委员会

吗？”于是我告诉他委员会的其他成员将留任，阿瑟·威尔逊爵士取
466 代费希尔勋爵的位置。我当时的理解是他已同意这种安排。后来他的私人秘书在谈话中提到：由于炮弹匮乏的情况被披露和费希尔勋爵的辞职造成的形势十分严峻，首相认为在采取措施之前有必要和保守党领导人协商。由此我看出这场危机无论如何不会局限于海军部。阿斯奎斯先生邀请我留下来共进晚餐，我们在那么多的麻烦事后度过一个愉快的夜晚。当天夜里我返回伦敦。

星期一上午我请求贝尔福先生来海军部。我告诉他费希尔勋爵已经辞职，我认为首相将批准重新组建以阿瑟·威尔逊爵士为第一海务大臣的海军部委员会。我还告诉他阿瑟·威尔逊爵士愿意接受这个职位，委员会的其他成员都将留任。我说如果首相在那天下午最后批准这项安排，我将向下议院立即宣布这个决定并且要求辩论。贝尔福先生对费希尔勋爵的辞职表示愤慨。他说这件事会让他的保守党朋友们深感不安，他要为此亲自去向他们打招呼，稳定他们的情绪。他的态度无比恳切与坚定。那天上午的其余时间我都在准备向议会发表的声明，预期有一场严峻的挑战，但是我相信我会成功。对于正在我周围和下面开展的剧烈的政治风暴我却是一无所知。

我带着一份完整的新委员会名单来到了下议院，并且做好了充分准备迎接一场舌战。在见到首相之前，我先去财政大臣的房间探望了一下。劳合·乔治先生当时向我透露了下面的情况。反对党领袖已经完全掌握了炮弹短缺的事实，故而已通知议会要求辩论。在此关头，费希尔勋爵提出辞呈造成了一场政治危机。劳合·乔治先生深信，克服这场危机的唯一办法是组建全国联合政府。因此，他已通知首相他将辞职，除非立刻组建联合政府。我说，他知道我一直赞成组织这样的政府，只要一有机会我总是提出这个主张，但是我现在希望这件事情推迟一下，直到我重建委员会并掌握了海军部。他说必须立即采取行动。

随后，我又按照事先的安排去见首相。他郑重其事地接见了我。

我向他呈交了新委员会的名单。他说："不，这样做不行。我已经决定 467
与保守党组成全国联合政府，需要一次很大规模的改组。"他告诉我基奇纳勋爵将离开陆军部，在夸奖了我几句之后，他接着说："我们该为你做些什么？"我立刻知道我离开海军部已成定局，于是回答说，为了最大限度地保持连续性，贝尔福先生可以接替我；好几个月来我一直让他参与我们的所有机密，了解我们正在进行的一切事务；任命他不失为最好的选择。听罢我的提议，首相似乎极为满意，可以看出他心里也是这么盘算的。他又回到了个人问题上，问我"愿意在新的政府中担任一个职务还是愿意去法国担任军队指挥"？就在此时财政大臣走进屋里。首相转而征求他的意见。劳合·乔治先生回答说："您为何不派他去殖民部？那儿有大量的工作要做。"我没有接受这个建议，正当要继续讨论这个问题时房间的门又被推开，秘书进屋为我带来如下信息："马斯特森－史密斯给您来电话。刚刚传来非常重要的消息。你必须立即回海军部。"我将这件事告诉了我的两位同僚，然后没有再多说什么就离开了他们。

回海军部只需要五分钟的时间。到海军部后我得知整个德国舰队正在出动。包括所有的三个战列舰中队、两个侦察舰队和 70 艘驱逐舰。德军总司令给舰队的电报中有这么一句话："拟定白天进攻。"政治危机以及我个人在危机中的命运几乎完全从我的脑海中消失了。在没有第一海务大臣的情况下，我派人将参谋长奥利弗上将和第二海务大臣弗雷德里克·汉密尔顿爵士召来，我们共同给主力舰队和一切能调动的舰队下达了出海的命令。我决定如果战斗打响我要投入全部力量，而且必须切断敌人的退路。那天晚上 8 点，当复杂的协调工作实际上已经完成时，我给约翰·杰利科爵士发了一份电报：

> 有可能明天就是"那一天"。祝你好运。

仔细审视我们可使用的实力，可以看出当时我们的处境格外有利。

我们的优势在各方面都达到了最高点。我要求阿瑟·威尔逊爵士和第
468 二海务大臣弗雷德里克·汉密尔顿爵士在海军部我的房间里就寝，为的是可以共同准备对付黎明时可能出现的危机。我没有再回下议院，而是一直留在海军部里。那天晚上很迟的时候，来了首相的红匣子，里面有一张通知，说他已经决定成立联合政府，要求所有的大臣当夜将辞呈交到他手里。我同意这个要求，同时补充道：

> ……我十分赞成组建全国联合政府，在目前危急时刻，没有个人要求或利益可以阻止它的成立。离开海军部我将感到遗憾，在那里我是首当其冲的人，但是我始终相信您会对我在海军部的所作所为做出公正的评价。

办完此事，我就上床睡觉了。这一天真够我受：上午准备迎接议会最挑剔的考察；下午经受了我个人政治生涯中的一大危机；晚上又要部署海上的一场大战。

*　　*　　*

天刚破晓，我就去了作战室。从早晨 3 点钟开始，我们的无线电定向电台就开始收集敌人舰队的信号。敌人的旗舰在 2 点 09 分时位于北纬 53° 50′，东经 4° 20′。因而，旗舰的位置在黑尔戈兰湾以西 126 英里处，离泰尔斯海灵岛大约 40 英里。全部的舰队都已出海。我们的大舰队在其他中队和小舰队的伴随下迅速朝南驶去。蒂里特准将率领哈里奇小舰队，在多佛尔的一些驱逐舰和 11 艘潜艇的支持下离开，监视狭窄海域的泰瑟尔岛。敌人只有在南部海域才能开展有效的打击，如：企图封锁加来或布洛涅。倘若这就是敌人的目的，哈里奇的海军可以在夜晚对他们发起进攻，或在白天引诱他们向南追赶，从而进入我们的潜艇防线。不管用什么方法，只要能将德国舰队拖在南

部海域，大舰队就有机会在泰尔斯海灵岛附近或在去往黑尔戈兰湾的东边航道上拦截他们返回德国港口的归途。因而，黎明后的形势有一阵子显得十分关键。

在上午 7 点之前我们都没有获得敌人进一步的活动迹象。随后敌人似乎改变了航向，朝着东南方向而不是朝西行驶。我们的脸都沉了下来。除非敌人回转过来朝我们行驶，否则我们就不能使他们进入我们的罗网。整个上午的情况变幻莫测。9 点钟，我们得知德国的轻型 469
巡洋舰“但泽”号在北纬 54° 40′、东经 7° 5′ 出了事故——可能是触着了水雷。压抑的气氛笼罩了作战室。出事地点十分靠近德国海岸。最后，在 10 点半左右，确切的消息表明德国舰队已在回家途中。事实上，就我们现在所知，德国舰队一直在掩护多格滩的布雷行动，自即日起那片海域就出现了雷区。完成了这个任务后，德国舰队在我们潜艇到达拦截阵地前再度进入黑尔戈兰湾，这个插曲结束了。我们的各个舰队和中队灰心丧气地离去，重新开始长期的毫不松懈的守卫任务，而我也再次面对这场政治危机。

但是我的时间已经过去，当天下午特别是第二天，我从可靠的渠道了解到，在那些新近掌握权力的人的眼中，我的立场遭到越来越多的非议。我被他们排除在秘密会议之外，这些会议每小时都在以最大的热情进行着。在这关键时刻，出来帮助国家的保守党领导人并没有提出修改政策方面的条件，却要求分享一半的职位和优惠。于是，阿斯奎斯先生不得不将他以前的同僚打发掉一半。凡在战争指挥中其行为被认为导致这个令人不快的结果的那些人自然成为自由党圈子里的众矢之的。直到星期一夜晚，已决定基奇纳勋爵应该调离陆军部，另去担任其重要性不亚于总司令的某个职务，但是到了星期二，人们意识到他对维护国民的信心至关重要，任何一届政府都缺他不可。到星期三，阿斯奎斯先生发表了安民告示，宣布基奇纳勋爵和爱德华 · 格雷爵士全都留任各自的职务。

在 21 日星期五这天，诺思克利夫勋爵发表了措辞强硬的攻击陆军大臣的文章，英国许多地区出现自发的公众愤怒浪潮，那份触犯众怒的报纸在交易所被人焚烧。紧随着这种激情，基奇纳勋爵理所当然地获得了尚未颁发过的嘉德勋章，同时他还荣获了比利时利奥波德勋位的大绶带，于是他彻底得到了解脱。而我独自成了造成所有不安和不满的罪魁祸首。

*　*　*

剧烈、严重的肉体创伤，在它突然来到时人们往往令人惊奇地能够忍受。在知觉恢复之前总会有一段时间长短暂不确定的间隔。突如其来的打击会使人麻木，但不会使人麻痹：伤口会流血，但不觉得剧痛。当遭逢厄运，有许多人丧生时的情况也是如此。在我意识到，我
470 在政治上成了众矢之的之前，我已辞去海军部大臣的职位。但是在星期三晚上发生的事情深深地影响了我的感情和判断力。有一位海务大臣告诉我说，已临时担任第一海务大臣的阿瑟·威尔逊爵士写信给首相：除非我担任海务大臣，否则他将谢绝担任第一海务大臣。

阿瑟·威尔逊爵士致首相

1915 年 5 月 19 日

尊敬的阿斯奎斯先生：

读了今天早晨报纸上的有关改组政府的报道，我认为我应当告诉您，我之所以同意在丘吉尔先生领导下担任第一海务大臣，是因为在我看来，出现了这种不幸局面的情况下，这样做是维护政策连续性的最好办法。我不打算在任何海务大臣的手下担任职务，因为在这种环境下的压力是我的能力承受不了的。

请相信我，

您的诚挚的　A.K. 威尔逊

这位海军老将对我表示出的完全信任出人意料，令我吃惊。他以前一直显示出一种难以接近的矜持。我丝毫不知道他是怎么评价我和我的工作的。但无疑我绝对没有指望从他那儿获得哪怕是最小的支持或赞誉。

这件事把我搅乱了，现在要离开海军部我觉得很难。虽然要面对公众的谴责、报界的激烈抨击、议员的愤慨以及同僚的怪罪，但无论如何这里有一位裁制人；他有能力，有教养，而且办事公正；他以行动而不是以语言宣布我不仅无罪而且正确。我很清楚，阿瑟·威尔逊爵士的行为如果公诸于众，将会让大众对海军产生深刻印象。此印象将立刻消除被报界攻击（不可能辩解）而造成的印象，从而恢复被破坏的信任关系。有人不断对文职部长鲁莽而无知地干涉海军作战行为提出指控，却没有其他方法给予决定性的驳斥。获得了他的支持，我觉得有足够力量把我们承担的伟大任务向前推进，直至取得最终胜利。我觉得与威尔逊和奥利弗的合作，有第一海务大臣和参谋长能像从前一样的团结无间，我们将在海军部的最高层重新建立起团结、协作和权威；只要有了这种团结、协作和权威，我们就能够承担风险，做出
努力，踏上胜利之路。这个消息是秘密透露给我的，我不能向公众宣布。 471
但首相并没有向我透露这个消息。

我相信，如果首相不屈从于财政大臣建立联合政府的要求，而是在两院的秘密会议上把海军和陆军的概况做一次全面的介绍，他和他所奉行的政策本来会获得大多数人的支持。对陆军部在基奇纳勋爵领导下所取得的一切成就做一次生动而详尽的介绍，这将大大有助于安抚人们对他们一向受忽视的情况的怨言。而我相信我能够证明海军部政策的正确。更何况 5 月 23 日又传来了意大利对奥地利宣战的消息，这个消息压倒了国内的纠纷。首相在这件事情上所发挥的巨大的个人作用是有目共睹的。我相信，如果他斗争，他原本能够获得胜利；如果他获胜，那时他可以以尊严和真正的权威邀请反对党来帮助他，而不是来拯救他。在这种信任、友爱和尊重的基础上，才能建立进行战

争的真正的全国联合政府；阿斯奎斯先生原本能够避免其不信任的同事的介入，避免分裂的或互相扯皮的协商，避免坐失良机，从而避免直到1916年12月才结束这段插曲。

在此我希望记下这样的意见：议会是政府仰赖的基础，特别是下院在所有政治改革的重大时刻有权知道详情和进行商议。内阁成员作为执行一致同意的共同政策的人，其去留应由下院充分辩论，然后进行投票决定，这是唯一稳妥的做法。背离了这些简单的基本原则，就会在最为关键的时刻导致整个正在进行战争的国家机器的崩溃。它会在必须采取断然措施的时刻拖延，这种拖延将很快表明其后果是致命的。

* * *

直到1928年阿斯奎斯先生的《回忆录》问世时，费希尔勋爵给政府的最后通牒才公诸于世。这个最后通牒无比清楚、无比残酷地揭示，战争的压力使这位海军老将忍受着思想上的痛苦和精神上难以描述的激动。它也无比生动地描绘出这样一座火山：我们在这座火山上长期生活着，我们的重大的战争决策和政策都在这座火山上制定出来。

费希尔勋爵在最后通牒中写道：

> 472 倘若能满足下述6个条件，我敢担保我能够胜利地结束这场战争，彻底消除潜艇的威胁。
>
> 我想补充一点，1885年里彭勋爵希望让我担任海务大臣，但在我的请求下改任我为海军军械与鱼雷局局长，此后我在海军部9位大臣手下工作了17年，因而我对海军的情况多少知道一些。
>
> 1. 温斯顿·丘吉尔先生不能留在内阁里，以免他总是遏制我。我也不愿在贝尔福先生的手下任职。
>
> 2. 由于我将全力反对炮轰黑尔戈兰湾以及类似的轻率计划，

A.K. 威尔逊爵士必须离开海军部、帝国国防委员会和战时会议。另外，他的政策与我的政策背道而驰，假如他接替我担任第一海务大臣，必然要采取与我的观点根本对立的政策。

3. 需要一个全新的海军部委员会，这涉及几个海务大臣和财政秘书（他毫无用处）。新措施需要新人。

4. 我将承担海战的全面的专业责任，加上舰队的单独部署和各级军官的任命。

5. 海务大臣的职权应该绝对限于制定政策和履行议会程序，他的地位对我而言应该像议员坦南特先生对基奇纳勋爵一样（他干得很好）。

6. 对所有的新设施和码头工程我应有单独的绝对权威，海军的全部民用机构也应由我全面控制。

费希尔

5 月 15 日 19 点又补写：

过去为了九位海务大臣，我耗去了百分之六十的时间和精力，我希望在未来我能致力于将战争成功地进行到底。这就是我提出六个条件的唯一理由。这六个条件必须一字不差地公布，以便舰队了解我的立场。

不须说，对这份令人吃惊的文件的答复就是草草地接受费希尔勋爵的辞职。

* * *

组建新政府步履艰难。根据被人们天真地称之为“自我否决法令”的要求，各党派领导人均同意，凡是正在前线服役的各党议员均不得

473 进入政府，但是，要调整各党派要求和个人要求，却出现大量难以克服的困难。虽然我独自留在海军部，但是对于这错综复杂且毫无意义的过程却了解得一清二楚。我不想在此披露这些事情，我们可以放心地让格雷维尔和克罗克这样的人去写这段历史。后代，甚至我们这一代人对此不可能一无所知。

在这个新旧政府交替期间，我有幸受到基奇纳勋爵礼节性的访问。起先我并不知道访问的目的。在最后一次战时会议上我们对许多问题的看法分歧严重。此外，在这个交替期间不可能对海军和陆军事务做出任何重大决策。我们谈论了一下时局。他谈了些一般性的看法之后便问我，离开海军部的事是否已成定局。我回答说是的。他问我打算怎么办。我回答说还没有考虑过，一切都还说不准。他很友好地提起了我们之间的合作。显然他并没有意识到他几乎落入和我一样的命运。起身告别时，他以那种惯有的感人而且近乎威严的态度回转身来对我说："好吧，有一样东西，他们无论如何也无法从你这儿夺走。舰队随时可以使用。"说完他就走了。在随后的几个月里我们仍在新内阁中共事，我注定要经常和他意见相左，要反对他、批评他。但是我仍不会忘记他这次出于朴实的善意、出于热心的礼貌，前来看望我。

到了 21 日，政府决定由贝尔福先生掌管海军部。据我所知是首相的希望，我竭力劝说阿瑟·威尔逊爵士在他手下任职。他固执己见。无论什么理由都不能打动他。他不无痛苦地解释说，他的决定并非出于对我的个人关心，纯粹由于他感到没有我的帮助他无法当此重任。尽管他这么说，但在他的行为中似乎有一种非同寻常的友好之情，这一点在一年以后议会对达达尼尔行动进行调查时得到了证明。当时他不仅举出了对我有最大支持的证据，而且用了一个通宵起草了一份有说服力的文件，从大炮射击的技术角度出发论述了我们制定的那个计划的正确，以他的权威来庇护当时人人急欲谴责的达达尼尔行动计划。

21 日的晚上我报告首相：

> 我已经竭尽全力劝说阿瑟·威尔逊爵士听从贝尔福先生的安排，但未能成功。在这种情况下，我推举亨利·杰克逊爵士。

这个建议得到了采纳，与此同时组阁的过程也渐渐完成。阿斯奎 474
斯先生一片好心，让我担任兰开斯特公爵郡大臣[2]。这是一个清闲而尊贵的职位。按理说我不该接受这个职位，但是由于首相同时允许我可以是内阁战时会议，或称战时委员会的成员，我觉得占据了这个位置，我便能够把获得的不论什么认识用来帮助达达尼尔远征，以我未被剥夺的一切有效手段帮助与捍卫这次行动，这是我的职责所在。只要有这个条件，我就留在新政府内。

直到26日，新政府的全部名单才宣布，大臣们改变职位，行吻君王的手的仪式。在交替之际，人们忧心忡忡。没有召开讨论战争事务的会议，所有有关政策方面的问题全都留给新内阁去决定。没有再派部队去达达尼尔海峡，只有一天接一天做出决议。没有第一海务大臣。在这种情况下我尽最大努力做好工作。

26日是我在海军部的最后一天，这天一大早便传来噩耗，“凯旋”号在达达尼尔海峡被一艘德国潜艇的鱼雷击沉。然而，我的任务已经结束，在动身前往白金汉宫之前，我给即将肩负海军部重任的那位政治家写了一封信：

丘吉尔先生致贝尔福先生

1915年5月26日

> 我留给您一项需要您立即关注的艰巨的任务，即保护达达尼尔海峡的舰队免遭潜艇袭击。切勿低估这个危险的严重性。除非有办法对付它，否则将会有无穷的后患。因为我已有将近两个星期没有做出重大决策的权力。您有独创性的思维和冷静的判断力，将给予海军部必要的推动力。我提出如下值得注意的事项：

1．军事行动贵在神速，以便缩短危险的时间。一切必要的、能节余出的和可以利用的力量应当立即派出去，立即全部派出去。

2．在恢复陆上决战以前，舰队必须安全地留在穆德罗斯港内——或苏伊士运河里。由于需要这些军舰掩护陆军，在装网驳船到来之前，舰队应有小舰队和紧扎在四周的空运输船的保护。

3．必须尽早提供可以防鱼雷攻击的军舰。正如我在本月13日写给第一海务大臣的备忘录中特别指出的那样，9艘重炮舰只
475 要做好准备就应立即出发；4艘安装防雷船腹和为轰击目标使用中型大炮的“埃德加”级战舰应该立刻派去。由于这里人事交替，有关派遣4艘“埃德加”级军舰的事情被耽误了将近两个星期。在这些军舰到达之前，由于并没有准备进行陆上决战，军舰应该尽量减少暴露。

4．至少需要派去100艘拖网渔船和流网渔船，携带100英里的防潜网，还要派遣8艘驱逐舰（这些驱逐舰应在路上为运输船队提供护航）；至于我们已采取的其他措施，有人会向您汇报的。

5．为了防备潜艇，必须在加利波利半岛顶端的周围形成大面积布网区域，并由随时做好准备的大量武装的拖网渔船和海上飞机守卫。我在此要强调一点：作战行动必须规模大气势大。我们已经做了很多这类行动。

6．目前我们已经在做的事情是：在亚得里亚海的出口进行监视和布网；搜寻小亚细亚的潜艇基地，在可能成为基地的地方布置水雷，不惜代价建立情报系统；您必须加紧推进这些措施。

7．遭受损失必须坚强地忍受。

在你身上压着令人焦急的任务，而你又如此忠诚和勇敢地挑起这副担子，我衷心希望你胜利完成。

*　　*　　*

我在海军部的任期就此告终了。在 34 个月的备战阶段和 10 个月的战争阶段里，我肩负主要责任，行使主要行政权。坚持阅读本书到这里的读者，可以了解到我处理工作中的困难，遭遇的、犯下的错误和完成的工作。在皇家海军面前仍旧会有难以确定的岁月、众多的不幸、巨大的艰辛、痛苦的失望以及领导人最终被解除职务。但是现在，我有资格在书中记录下当时的形势和状况，就是在这种形势和状况下，我把我们海军的强大手段——拯救我们的强大手段交在我的后任手中。较之于英国以往的历次战争，我们享有的制海权从来没有这样全面，制海权的获得也从来没有如此迅速，损失也从来没有如此之小。不但敌人在海面上的军舰已从世界各大洋上被彻底清除，不但敌人在北海的舰队被击败或在威逼之下躲入海港；而且，甚至连敌人新采用的野蛮的潜艇战也遭到了挫折与遏制。在随后的一年多时间里，德国公海舰队很少离开海港，即便偶尔离开，他们也不想打仗，他们暗地里的希望是：能够不被发现或平安无事地返回。在 18 个月中，敌人的潜艇战实际上已经停止。尽管对现代经济封锁的复杂性已有了解 476
释，但对德国的经济封锁仍以最严格的标准建立和维持着。凡海军授权要拦截的任何船只几乎没有一艘能通过警戒线。供应法国和东方部队的给养，每个月以不断扩大的规模运往，这项工作主要依靠海军进行，它们在运输途中没有遇到哪怕是最小的实质性的阻碍，这一点我们在前线的司令官都很清楚。英国及其协约国的商船队可以自由地在各大海洋航行，百分之一的保险费为政府基金带来了丰厚的收入。自 1915 年至 1916 年的最后一个季度，情况一直如此。在战争史上，如此不受挑战的制海权是前所未有的。

英国海军的实力同时也取得了持续而迅速的增长。大战爆发前与爆发后，我们每个月都能收获我们辛勤努力的果实。一二十艘战列舰、战列巡洋舰和轻巡洋舰、几十艘潜艇、几百艘驱逐舰、几千艘小型舰艇正在建造和装配，并源源不断以日益扩大的规模投入现役。为满足这个新的巨大的制造规模的需要，我们提前一年就完成人员的训练与安排。当代海军科学在大炮、鱼雷、炮弹、炸药、推进器、煤、石油，以及其他辅助设施方面已知的每一种需要，我们全都已预料到，并且以与海军力量的扩展相和谐的速度提供给海军。在海军部，我们热衷于追求与战争有关的许多重大发明和构想；我们已经远远走在其他各国（无论是敌人还是朋友）的前面。坦克、烟幕弹、鱼雷飞机、定向无线电发射机、密码术、水雷防护器、重炮舰、防雷舰、扫雷器——所有这些都得到了积极的推进和发展。我们唯独没有发展毒气——但是正如前文所说，不发展毒气并不是由于我们对它缺乏了解。甚至对于新出现的潜艇战，我们已设计了主要的防卫措施，我们的舰船已有将近 18 个月时间未遭攻击；大量舰艇正在制造；伪装船已在发挥作用。

此外，一代真正的海军领袖已从和平时期的功绩等级中脱颖而出；在贝蒂、凯斯、蒂里特、帕克南中间我必须添加刘易斯 · 贝利——虽然他暂时还不为人所知。我们有能够与敌人在海上争雄和攻击敌人海岸的突击高手，他们的功绩足以与以前的海军名将相媲美。现
477 在唯一要做的就是设计与完善海军的进攻方案，这些方案既凭借现代科学与发明，又不依赖于现代科学与发明，这些方案将解放我们海军官兵被压抑的技能与胆量。目前在海上还有很长一段时间的风平浪静，趁着这段时间我们凭已有的和深思熟虑的研究可以制定出每一种计划。

费希尔和我被永远剥夺了所有这些回报和机会，费希尔是因为他本人的冲动和决定命运的行为，而我则是因为本书中所揭示的种种原因。我们只得留恋徘徊做个无望的旁观者。直到风平浪静的时期结束，国家的命运被再次抛入惊涛骇浪之中。

注释：

[1] 即加在骆驼身上以致压断其脊梁骨的最后一根稻草。——译者

[2] 即不管部大臣。——译者

第十六章　山雨欲来

478 新政府在 5 月 26 日首次召开会议。作为进行战争的工具，从一开始它就显露出诸多缺陷。原来的大臣为其政敌让出位置，但这样做不是由于功勋，而是迫于压力。新大臣们则对其前任的工作怀有根深蒂固的偏见。假如他们以前就一直负责这些工作，他们毫无疑问也会犯下稍稍有点不同的类似的错误。保守党人对首相没有什么信任可言。实际上，他们辩论最起劲的一个问题是，他们应不应该同意他留任政府首脑。劳合 · 乔治先生，这位炙手可热的政治家，其行动曾促使了联合政府的建立，可是他在成功之后却发现，自己所处的地位特别虚弱。他将财政大臣的职位拱手让给麦克纳先生，却在主要是由他创建的新内阁中发现了一批极度厌恶他政治生涯的保守党头面人物。保守党下议院领袖博纳 · 劳先生原先很有可能觊觎这个显赫的位置，虽然他本人并没有受私心的影响，但他的朋友们一直为此感到痛惜。上一届政府在处理有关战争的重大事务时只需要征求四五位大臣的意见，而现在至少要与十几个人商讨，这些人权力大、能力强、个性突出，而且都坚持自己的主张。

于是处理公务的过程变得极度劳累烦人，尽管真诚的爱国主义与忠诚精神能纠正这些弊端，但是其总的结果却必定令人失望。那些见多识广的人要为过去辩护；那些没有战争责任的人也没有战争经验。每逢讨论一件大事至少会出现五六种不同意见，每做出一个实际行动的决议都要经过一场漫长的、离题的、令人劳累不堪的讨论。最常见的情形是大家辛辛苦苦熬了很长时间，最后达成一个谁都不满意的妥协方案。与此同时，毁灭性的战争却在无情地大步向前发展。

虽然没有了实权，我仍受到新内阁的礼遇。我仍坐在基奇纳勋爵左手的老座位上。我被提名加入一个由 9 位大臣组成的委员会，该委 479
员会的名称是达达尼尔委员会，它实际上就是先前的战时会议。我受推举起草关于海军和整体局势的报告，海军部为我提供整理和核对事实的各种便利条件。委员会也要求基奇纳勋爵从陆军部的角度出发向新内阁提交同样的报告。这些文件以最快的速度准备完毕。与此同时，我们要继续安排新任大臣们熟悉内部和中央的观点，以及初步理解政府掌握的一些机密和特殊情报。舆论表明人们日益赞同执行达达尼尔宏伟计划，基本上与我对军事问题提出的看法相吻合。然而，直到 6 月 7 日下午达达尼尔委员会才召开第一次会议。参加会议的有首相、基奇纳勋爵、兰斯多恩勋爵、博纳·劳先生、贝尔福先生、寇松勋爵、塞尔伯恩勋爵、克鲁勋爵和我。

劳合·乔治先生虽然也是委员会成员，但是没有出席这次会议。实际上，从那时起有几个月时间他一直埋头于军火生产，并将全部精力投入这项工作。

委员会郑重地讨论伊恩·汉密尔顿爵士 5 月 17 日电报中提出的增援要求。基奇纳勋爵以最坚定的语气宣布，赞成以最大力量进行达达尼尔战役。他声称，除了低地本土师之外，他还要再从新军中抽调三个师去增援伊恩·汉密尔顿爵士，低地本土师已在政府更替之前奉命出发。他说如果放弃进攻加利波利半岛，他将不同意再对战争行为承担责任。委员会不仅宽慰而且满意地接受了这个明确的指导方针，意见是完全一致的。以下是记录下来的会议结论：

1. 将新第一集团军剩下的三个师派去增援伊恩·汉密尔顿爵士，并准备在 7 月份的第二个星期发起进攻。

2. 调派下列海军舰只，这些舰只比德·罗贝克中将指挥的军舰具有更好的防潜艇攻击的性能：

480 “恩底弥昂”号和“忒修斯”号（刚刚安装了防潜船腹的“埃德加”级轻巡洋舰）；

4 艘装备有 14 英寸大炮的重炮舰；

6 艘装备有 9.2 英寸大炮的重炮舰；

4 艘装备有 6 英寸大炮的重炮舰，其中一艘随后派去；

4 艘小型护航舰；

2 艘“E”级潜艇，目前已在途中；

4 艘“H”级潜艇。

由此可见，由新的海军部委员会和新的战时会议决定的海军措施从原则上说与先前我竭力推动执行的、费希尔勋爵辞职前的政策是一样的，只是范围稍有扩大。然而，有关陆军行动的决策要比基奇纳勋爵迄今为止赞同的规模大得多。除了计划中的分别在 5 月 17 日和 5 月 30 日派出的两个师之外（其中一个师已经出发），又增加了两个师；在派给伊恩·汉密尔顿爵士的 4 个师中有 3 个师是新军师，当时人们认为这支部队比本土师要优秀，这种看法或许并不公正。

达达尼尔委员会 6 月 7 日会议的决议在 9 日送交内阁；围绕着达达尼尔宏伟计划应该继续下去还是应该偃旗息鼓以“减少损失”的基本原则，出现了十分激烈的辩论。实际上辩论范围超出了达达尼尔委员会决议的允许程度。然而，内阁的看法总体上说是明显地与委员会一致，最后内阁同意给伊恩·汉密尔顿爵士增派三个师。

然而，内阁中的意见自始至终分成了两派，虽然这种分歧并不以党派划线，但却像是党的分裂，因而在达达尼尔作战行动后期的每一阶段都引起严重困难。假如首相掌握着或者能够得到完全的权力，假如他能够在 5 月份和 6 月份不受打搅或干扰地行使这种权力，我相信，根据他日常对事务的了解，他本来会采取措施，那么即使在这个阶段我们也能够获得决定性的胜利。但是自联合政府成立那天起，权力就
481 分散了，决策有了分歧，每一项军事决策必须经历玩弄手腕、拖延时

间与耗竭精力的同样过程，这种情况在和平时期只有下议院讨论一项引起尖锐争议的财政预算时才会发生。谈论这些事实，目的并不是提出指责，因为大家都怀着同样真诚与良好的意愿，而只是解释事态发生令人沮丧的转变的事实。

6 月 9 日，我们最终做出了使宏伟计划取得成功所必需的决议。为什么不在接到伊恩 · 汉密尔顿爵士 5 月 17 日的电报后 48 小时内做出这个决议，而要拖到 6 月 7 日和 6 月 9 日才做决议，没有任何军事上的理由可以解释其原因。做出决策所必需的一切事实在 5 月 17 日那天我们已经同样掌握了；所有的部队都已同样准备就绪，所有的论点也都已同样表露无遗。原因与敌人无关，完全是由这个国家统治工具自身出现混乱造成的，这使我们永远丧失了两到三个星期的宝贵时间。

结果是严重的。时间是首要因素。正如前文所说，两栖部队的力量只有在严格的限定时期内才能发挥出高度的机动灵活性和突击性。进攻能否取得突然、迅速和猛烈的效果，这完全取决于敌人在特定时期内的准备状态。一方采取一次行动，另一方就会采取反行动相抗衡。在这样的交锋中，时间与力量几乎同等重要，这两者在很大程度上可以画上等号。丧失一个星期的时间大约就等于丧失了一个师的兵力。2 月份时 3 个师就能轻而易举地占领加利波利半岛。3 月 18 日以后需要用 5 个师才能占领半岛。到了 4 月底用 7 个师也不够，需要用 9 个师才能够完成这个任务。7 月份可能需要 11 个师才足以达到目的。等到 8 月 7 日用 14 个师的兵力可能还证明力量不足。更有甚者，一次延误会导致更多延误接二连三地发生。

对加利波利半岛下一次大规模进攻的日期取决于两个因素：新部队的抵达时间以及月亮的状态，后一个因素较为次要。我们认为，要在一个新的登陆点突然登陆，在一个没有月亮的夜晚最易实现。因此，如果错过了 7 月份的月黑期，我们就必须等到 8 月份的同一个时期来到时才可以采取这种特殊形式的作战行动。据达达尼尔委员会 6 月 7 日做出的决议，他们考虑把进攻日期定于 7 月的第二周，他们相信那时3个新增派的师已经抵达，时机将最为有利。倘若在接到伊恩·汉密尔顿爵士的电报之后立即做出决定，或者说，倘若在总的政策性的决策尚未做出之前、政府尚在考虑此事之际，就将增援的几个师派出，这个计划无疑是可以获得成功的。但是实际情况是，现在为了7月份进攻派去增援的部队并没有而且也不可能准时抵达。事实上等到
482 新军的3个师完全抵达，7月份已经过去。因而，安扎克和苏夫拉湾的大战发生在8月的第二周而非在7月上半月，但本来在7月上旬进攻是完全可行的。在无端失去的一个月里，即从7月初到8月初，根据我们现在的确切了解，土耳其向半岛的守军新增援了10个师或相当于10个师的兵力，除此还增派了一些重要的特遣部队。因此，我们最终决定增派的几个师还没有到达目的地，其作用就被抵消了，而假如这几个师能够准时抵达，我们原本是可以稳获优势的。更糟糕的是，在这段政府交替期内，由于疾病和伤亡我们的陆军已遭受重大损失，舰队也一直受到德国潜艇的威胁。德国人对土耳其军队的控制不断加强，从而大大改善了整个防卫体系的组织工作。6月与7月间俄国在加利西亚的溃败对半岛上的土耳其人的士气产生了显著影响。被迫进入俄国主战场的伊斯托米涅将军的军队从巴土姆撤出，使土耳其得以腾出相当一部分部队，原先土耳其人不得不将这些部队集中在米迪亚或其周围以防敌军在那里登陆。6月份还没有过去一半，我们就已经清楚，增援部队无法及时到达达达尼尔海峡参加7月份的战役。8月份第二个星期是最早的进攻日期，那时增援军队已经到达而且夜间没有月亮。

我考虑到了所有这些因素，下一轮大规模进攻问题令我忧心如焚。于是我尽力使用我能够使用的所有办法，以求得到更多的增援力量，尤其是使援军尽快出发。

*　　*　　*

5月和6月俄国大撤退开始。直到3月末，兴登堡和鲁登道夫的战略目标一直在于包围并俘获俄国的全部陆军。他们首先想要在1914年11月向华沙挺进，但是要完成这么一个雄心勃勃的计划仅凭德国与奥地利的力量是不够的，他们的企图被尼古拉大公巧妙地粉碎了。于是，在1月份他们策划了第二次进军——这次是向北进攻俄国在东普鲁士的军队。尽管德军在马祖里湖区可怕的冬季战役中俘获了近10万俄军，但是在德军收紧包围圈时俄军的主力悄悄撤出，德军并没有取得战略性的结果。“这次计划是好的，动用的军队也足够，但是选错了季节，冬季战役的困难被低估了。”[1] 到了1915年3月初，整 483
个东部战线再度陷入了堑壕战；3月22日，俄国的南部集团军群攻占了普热梅希尔，从而使得俄国可以抽出大量的兵力入侵匈牙利。兴登堡与鲁登道夫第二次想在东部进行决战的企图失败了。就在此时，奥地利参谋长康拉德·冯·赫岑多夫提出建议，即突破某一段防线，将俄国人从战壕里驱赶出来。兴登堡和鲁登道夫仍想再来一场坦嫩贝格战役，他们反对奥地利的计划；虽然上次已经遭受挫折，他们仍希望通过从北部发动一场更大规模的包围战以便取得战略性的结果。要发动这场战役，德国总指挥部却没有必需的人力和弹药，4月4日，继毛奇之后担任德国参谋长的法金汉决定采纳奥地利的计划，遵照康拉德·冯·赫岑多夫的建议，企图在戈尔利采和塔尔努夫之间进行突破。塔尔努夫位于加利西亚，靠近克拉科夫，在比亚瓦河与杜纳耶茨河的汇集处；戈尔利采位于喀尔巴阡山脉以北，在塔尔努夫东南大约25英里处。攻击面选择了俄军加利西亚防线凸出部位的南侧，因此相当一部分俄军防线在德军推进路线以西，如果突破成功，俄军的这一部分防线将面临被切断的危险。这是由下往上的一击。

德、奥军的进攻于5月2日开始。这次进攻由马肯森负责。在毒气和猛烈炮火的帮助下，进攻立刻获得成功。俄军的第一道防线和第二道防线相继失守，证明康拉德 · 冯 · 赫岑多夫的战略思想是正确的，因为尼古拉大公并没有让缺口两侧的军队受侧翼进攻，他将这一段防线的部队全部撤了下来。在随后的几个月里，德军进攻某一有限地段防线的战术一再重复，每次进攻都导致俄军防线的大撤退，最后整个加利西亚和波兰的俄军全部被扫除一空，俄军依赖的所有要塞和城镇全都相继陷落。

我们的地图在 6 月和 7 月间天天都记录下这种令人沮丧的发展，基奇纳勋爵变得日益不安，他担心俄国会全面崩溃，然后德国人会将
484 大量部队从东线转移到西线。他不止一次地相信这种转移已在进行，敌人在法国的进攻迫在眉睫。由于上文已做充分解释的原因，我对这类忧虑感到不以为然，只要有机会我就可以努力消除它们。我相信俄国人能够在前线无限期成功地将大量奥、德军队拖住。我不相信德国人会放弃进攻俄国和回来在西线重新发动攻势。最后，我不断指出，达达尼尔战役的胜利是我们办得到的、能挽回不利形势的唯一和最好的补救办法。

*　　*　　*

正当国内大臣更迭和内阁陷于讨论之际，达达尼尔海峡和加利波利半岛的局势已经经历了几个关键性阶段。5 月 19 日，得知德国潜艇到达的消息的土耳其人发动了最坚决和重大的进攻，企图将澳、新军团赶入大海。在这场进攻中土耳其投入了 4 个师总计 30 000 人的步兵，战斗在黑夜和白天持续了好几个小时。这场进攻在各方面都被完全彻底地击退了。战斗停止后，土耳其人损失了至少 5 000 人，有 3 000 具尸体躺在澳、新军团的战壕前沿。另一方面，英国的损失不超过 600 人。次日，土耳其指挥官要求停火以便掩埋尸体和收集伤员，伊恩 · 汉密尔顿爵士同意了这个要求。

“5 月 19 日之后，”土耳其陆军部在战斗结束后说，“我们意识到英军在安扎克的防守十分牢固，如果没有重型大炮和足够的弹药，我们对它的攻打就无法实现任何目标。由于我们的防御阵地也十分牢固，于是就将战斗力较弱的两个师留在战壕里，其他两个师撤了回来。”

安扎克的阵地此后再没有遭到进攻。

6 月 4 日，英军与法军沿着海勒斯整条战线发动总攻。参加这场战斗的有第 29 师、第 42 师、第 2 海军旅和两个法国师。协约国投入了 34 000 名步兵，而土军为 25 000 人。尽管大炮和弹药的匮乏令人悲叹，但英军仍猛攻土耳其中央防线的战壕。法军在右翼也有进展，但是随后被反击赶回。这样一来便暴露了海军旅和第 42 师的侧翼，他们只得相继放弃了已取得的大部分战果。结果是，协约国军整个战线只向前推进了两三百码。双方都为这场战斗付出了高昂的代价。土 485
耳其的损失达到 10 000 人，而协约国方仅英国的损失就与此相等。如半岛上爆发的所有战斗一样，胜败的天平总是摇摆不定。土耳其人在只有两公里的战线上至少有 25 个营（或营的残部）混杂在一起，没有任何良好的组织，处于极度混乱中。在这种困境里，土耳其的师长报告说，他们已经无法抵挡英军的再次进攻。土耳其参谋长在争论激烈的会议上建议将整个防线撤到阿齐巴巴。敌人交了好运，在极度困难中于 6 月 7 日夜晚用一个新的土耳其师替换下了这些混杂的部队。

6 月 21 日，法军打了另一次重要的仗，他们斗志昂扬地进攻了海勒斯防线的右翼，占领了哈里科特和雷道特，并取得了实实在在的进展。次日，土耳其发起反攻，又从他们手中夺回了部分战果。

一个星期以后，也就是 6 月 28 日，英军得到了第 52 师的增援，对海勒斯防线的左翼发起了全面进攻。他们夺取了五条战壕，向前推进了约 1 000 码。土耳其动用了 38 000 名步兵、16 门野战炮和 7 门重型大炮。在这场战斗中，军舰的炮击证明非常有效，进攻的成功再次引起土耳其指挥部一场激烈争论。负责指挥南部战区的德国将军韦伯希望将整个防线撤至基利德巴赫尔高地。然而，利曼 · 冯 · 桑德斯否决了他的意见，要求迅速发起反攻。为达到这个目的，土耳其又往前线增派了两个师，并于 7 月 5 日黎明前发动了一场凶猛的突袭。土耳其人被击退，死伤 6 000 人。

卡尔韦尔将军对这次战役以他冷静而有教诲意味的风格总结说[2]：“古罗对防线的右翼发动进攻之后，紧接着左翼就爆发了 28 日的战斗，这似乎表明，在这个关键时刻，如果能有足够的后备力量投入海勒斯战线，就能占据心理优势并有助于发动坚决的进攻，以夺取克里提亚这个令人垂涎的村庄和村庄后面的高地，甚至可能夺取阿齐巴巴；然而，我们并没有这样的后备力量。”在组建联合政府和使新大
486 臣熟悉业务的时期，英国行政机构瘫痪，以致错失了良机。

沿整个战线的第三次进攻发生在 7 月 12 日和 13 日间，所有的弹药和部队全都投入了这场进攻。整个战线往前推进了 200 至 400 码，但是没有取得重大战果。从 7 月初起，土耳其人便得到了大量的增援，这是显而易见的。另一方面，英国陆军由于伤亡已可悲地减少。到 5 月中旬，经过第一场战斗，伊恩 · 汉密尔顿爵士的 5 个步兵师已经只剩下 23 000 人，这比战时的编制低百分之四十。陆军部派出的特遣部队从来未能弥补人员的不足。第 52 师和其余一些小批增援部队在 6 月份陆续补充了进去，但这只能抵补损耗的力量。虽然新增援的几个师已在海上，但原先的几个师却在不断削弱。在 5 月、6 月和 7 月这段时期，英国在半岛上和安扎克的兵力从未超出 60 000 人。

弹药的匮乏比部队的减员更令人沮丧。指挥英国炮兵的辛普森 - 贝基将军说[3]：“在 6 月和 7 月这两个月里，海勒斯角的 18 磅炮弹的总量从来没有达到 25 000 发。在一次进攻之前炮弹常常达到最高数量，约 19 000 发至 23 000 发。由于必须保留 6 000 至 10 000 发炮弹作为后备以防土耳其人的反攻，所以，18 磅的炮弹总量限定在 12 000 发左右。由于没有 18 磅的高爆炸力炮弹（除了 6 月 4 日用去的 640 发），我们只能使用榴霰弹。众所周知，榴霰弹对于摧毁敌人的战壕起不了多大作用。”到 7 月 13 日，海勒斯的野战炮炮弹仅余

5 000 发。迫不得已，我们停止了主动出击。

在加利波利半岛上，为支持英军任何一次进攻而准备的野战炮炮弹总重量从未超过 150 吨。为了能够判断大炮使用炮弹的规模，我们不妨拿同年 9 月末的卢斯战役作一比较，在那次战役的头两天就发射了 1 300 吨以上的炮弹；在 1918 年 8 月攻势中，两天内常常发射 25 000 吨炮弹。在每次战役中，防守一方的步枪与机枪火力在每次战斗中一直是不变因素。所以在加利波利的军队就要承担更加艰巨的任务，而胜败经常取决于士兵的勇敢与献身精神。

* * *

英国舰队在这段时期既没有进攻也没有威胁狭窄段的堡垒，也没有试图去清扫雷区，德国与土耳其的指挥官们便趁此机会将守卫海峡的中型可移动大炮调集在一起，目的是为了支援正在殊死战斗的土耳其第 5 集团军。首批大炮在 4 月 27 日开始转移。海军上将冯 · 乌泽多姆在4月26日执掌了达达尼尔海峡堡垒及所有海上防卫力量的指挥权，他在 5 月 23 日报告德皇说，直到此时，已不顾别人抗议将下列大炮移交给第 5 集团军： 487

6 门 8.2 英寸迫击炮，8 门 6 英寸野战榴弹炮，2 门 4.7 英寸速射野战榴弹炮，9 门 4.7 英寸野战榴弹炮，12 门 4.7 英寸攻城炮和 12 门野战炮。总计 49 门大炮。

在 6 月与 7 月间，陷于困境的土耳其第 5 集团军使海峡炮兵防卫力量越来越严重地受到损害。冯 · 乌泽多姆上将写给德皇的信表明，他对海军大炮被挪作他用，以及堡垒防卫体系和第 5 集团军都亟需德国军火的状况感到忧虑。他写道，得不到德国的军火，第 5 集团军的抵抗持续不了多久；土耳其必须不遗余力地通过巴尔干国家获得德国的军火。

这方面的努力并没有取得成功，冯 · 乌泽多姆在 8 月 16 日给德皇的报告中说："将定购的德国军火经由罗马尼亚运来的努力全部失败了。"因而，他不得不一个月又一个月地忍受着这种岌岌可危的局面。然而，我们必须看到，造成土耳其军火短缺的原因并不由他们控制，而造成英国军火短缺的原因，纯粹在于我们向各个战场分配现有军火时缺少正确的决策。

* * *

对付德国潜艇袭击我们海上运输所采取的措施基本上遵循了那些业已证明完全成功的原则。舰队躲避在穆德罗斯港内；战列舰只有在执行某项具体任务时才允许暴露，在6月份我们只使用驱逐舰和轻型军舰向陆军提供一般性的海上炮火支援。

这样做就已经足够了。军舰炮火的观察与射击的准确性每周都有提高。这个过程一直持续不断，直到海军在加利波利半岛与陆上的合
488 作成为战斗最有价值的因素。7月，重炮舰和装有"防潜船腹"的巡洋舰开始抵达。从此以后，土耳其亚洲沿岸的大炮受到控制，大部分被制服。到了7月末，已抵达战场的军舰有4艘装备了14英寸大炮的大型重炮舰、4艘装备了9.2英寸或6英寸大炮的中型重炮舰以及4艘装备了"防潜船腹"的巡洋舰（"忒修斯"号、"恩底弥昂"号、"格拉夫顿"号和"埃德加"号）。如果在最早向费希尔勋爵提出建议时就采取行动，这些军舰的到达日期还能提前三个多星期。但是这些日子的耽搁并没有给陆军造成严重的不利，当整个重炮舰舰队到达后，海军对陆军的支援不仅完全恢复，而且有了很大的加强。

同时，我们一直不间断地使用大量小型浅水船向军队运输物资，所以到7月中旬，在海勒斯角和安扎克岸上的所有军队已积聚了24天的后备物资。从国内派遣的增援力量由海军护航到目的地，虽然有几个运输队遭鱼雷袭击，其中一次有上千人丧生，但值得称道的是，所有重炮舰、"防潜船腹"的巡洋舰和浅水舰艇从来没有遭到过潜艇

的严重袭击或威胁。最后，大面积的区域设网被证明是制止潜艇进攻的有效办法。虽然在设网区域不断有各类军舰来往，但在整个战役中这些军舰没有一次遭到防潜网的干扰。由此可见，只要坚持在一定规模上应用恰当的防范措施，我们就能够完全排除那些似乎具有潜在致命威胁的险患。

随着德国潜艇对英国海上运输线的攻击被挫败，我们对敌人又施加了一种效果要大得多的压力。1914 年 12 月，海军少校诺曼 · 霍尔布鲁克驾驶潜艇 B11 号潜入达达尼尔海峡的雷区，击沉土耳其巡洋舰“梅苏迪赫”号，并因此荣获维多利亚十字勋章。4 月 17 日，为了配合伊恩 · 汉密尔顿爵士的即将开始的登陆行动，E15 号潜艇又试图进行这种拼命的计划。这次努力失败了。潜艇在达达诺斯附近的海峡搁浅，艇长 T.S. 布罗迪少校遇难，大部分船员被俘；经过一番激烈的争夺战之后，潜艇的残骸最终被英国巡逻艇发射的鱼雷击毁。4 月 25 日，当登陆正在进行时，澳大利亚的 AE2 号潜艇不顾前车之鉴，勇敢而机智地在雷区底下穿过，成功地潜入马尔马拉海。25 日至 30 日她在这片海域袭击了土耳其船只，击沉了一艘大型炮艇。然而在 4 月 30 日，由于她已经受伤无法正常潜水，在经过两个小时的战斗之后 489
被土耳其的一艘鱼雷艇击沉。但是我们并没有就此罢休。这条通道虽然危险重重，但并非不可穿越。损失了两艘潜艇令费希尔勋爵忧心忡忡，但并没有阻止海军这种坚忍不拔的崇高精神。4 月 27 日，C. 博伊尔少校指挥 E14 号潜艇下潜 95 英尺穿过布雷区，冒着堡垒的炮火，在 22 英尺水下经过基利德巴赫尔，在加利波利附近用鱼雷击中了一艘土耳其炮艇。从此以后直到战争结束，一艘或多艘英国潜艇始终不断地在马尔马拉海作战，她们几乎全凭自己的力量攻击土耳其的海上运输线，给敌人带来了灭顶之灾。

E14 号潜艇从 4 月 27 日至 5 月 18 日一直呆在马尔马拉海，她不断遭到鱼雷艇和其他巡逻艇的追逐，不断遭受的炮击使得她几乎没有喘息时间为电池充电以便继续行驶。尽管如此，她还是给土耳其的运输船造成了重大破坏。29 日她攻击了两艘运输船，击沉了其中一艘。5 月 1 日她击沉一艘炮艇。5 月 5 日她攻击了另一艘运输船，并将其他的运输船赶回君士坦丁堡。10 日她攻击了由两艘土耳其驱逐舰护航的两艘运输船，并朝两艘运输船射击。第二艘运输船是一艘满载军队的特大型船只，被鱼雷击中后发生可怕的爆炸，这艘运输船迅速沉没。整整一个步兵旅和几个炮兵连的总计 6 000 名土耳其士兵葬身大海。这场可怕的灾祸实际上阻止了土耳其的海上运兵行动。E14 号潜艇已经用尽了鱼雷，5 月 17 日她接到无线电叫她返航的命令。18 日她再次冒着堡垒的交叉火网，下潜 22 英尺，她以为是在雷区底下通过。然而，看情况她肯定是冒着极大的危险穿过几道水雷防线返回的。

次日，内史密斯中校驾驶 E11 号潜艇进入了马尔马拉海。他的潜艇新近装备了一门 6 磅大炮。几天巡航中，她捕捉了一艘帆船，击沉了一艘炮艇和几艘船只。5 月 25 日，内史密斯中校的 E11 号潜艇实际上已潜入君士坦丁堡水域，并用鱼雷击中停靠在兵工厂边上的一艘大船。E11 号有几次搁浅，极为困难地逃出敌人的港口。她现在给马尔马拉海带来了一片恐怖，她攻击战列舰“巴巴罗萨”号但未获成功，
490 她与驱逐舰战斗，击沉好几艘军需船和轮船，几次死里逃生。6 月 7 日，她穿过雷区回归，途中缠住一枚水雷，她在左侧水平舵拖着水雷冒着两岸堡垒的猛烈炮火行驶了很长一段距离。她在马尔马拉海逗留了 19 天，击沉 1 艘炮艇、3 艘运输船、1 艘弹药船和 3 艘军需船。

6 月 10 日，博伊尔少校第二次进入马尔马拉海，留在那儿 23 天，击沉了 1 艘大型轮船和 13 艘帆船。E12 号（布鲁斯少校）和 E7 号（科克伦少校）分别在 20 日和 30 日穿过海峡，一共击毁 7 艘轮船和 19 艘帆船，并多次炮击沿海岸的公路和铁路。

这条航道现在又增加新的危险。7 月中旬，土耳其人完成了纳加拉防潜网的布防。这道防潜网有 10 英尺的网孔，由金属线编成并加固，除了一个小小的出入口外，这条超过 220 英尺深的航道被完全封闭。5 艘携带深水炸弹并特意安装了数门大炮的摩托炮艇守卫着这

道屏障。

7 月 21 日，博伊尔少校驾驶 E14 号潜艇第三次穿行海峡。在狭窄段附近一枚水雷擦着了潜艇，但没有爆炸，她凭借好运气穿过了纳加拉防潜网的出入口。7 月 22 日她在马尔马拉海与 E7 号相遇，两艘潜艇继续一起对船只进行攻击。所有医疗院船不在攻击之列，虽然这种船只数量的增加，表明她们正被用于军事运输。博伊尔少校最后一次返航是在 8 月 12 日，这是他第六次穿越雷区。他是这样描述这次返航的：

我错过了出入口，碰着了防潜网。防潜网现在有可能扩大到几乎拦住整个航道。我在三秒钟里被从 80 英尺深处提升到 45 英尺，幸运的是只偏离我的航线 15 度。只听到一阵巨响，有摩擦声、撞击声、撕裂声和轰隆声。听上去，仿佛有两个不同的障碍物，第一声巨响快停止时又响起了第二声。我们显然两次受阻。我们用了 20 秒钟才穿过防潜网。在绕过基利德巴赫尔时我遭到了轰击，有一枚鱼雷从恰纳克朝我们射来，在我们后面几码处落入水中。在离恰纳克西南一英里处我们擦着了一枚水雷，但我们并没有被阻挡住。在我露出水面后，我发现有一些双绞电线缠在推进器上……船体的许多部位有电线划痕。

8 月 5 日，E11 号潜艇（内史密斯中校）第二次穿行海峡。当她在 70 英尺深处行至凯佩兹海外时，一枚水雷重重地撞着她的侧边。为了突破纳加拉的防潜网，她潜到了 110 英尺深度，然后冲过去。491
防潜网缠住了船首，潜艇被剧烈地拉向上方。在沉重拉力下防潜网的金属丝咔嚓一声绷断，潜艇才得以脱身。一小时以后，她向一艘运输船发射鱼雷；一整天她都受到巡逻艇的骚扰；第二天黎明她遭到了水上飞机的炸弹攻击。稍晚时候，她又向一艘炮艇发射了鱼雷。7 日，她与沿海岸公路上的军队发生战斗。8日，她用鱼雷击沉“巴巴罗萨”

号战列舰，当时正发生苏夫拉湾战役，这艘战列舰在两艘驱逐舰的护航下正急匆匆驶往加利波利半岛。在29天内，这种冒险和成功不间断地继续下去，最后，E11号平安归来，她一共击沉或击毁1艘战列舰、1艘炮艇、6艘运输船、1艘轮船和23艘帆船。

连续执行危险任务的有：E2号、E7号、E12号、H1号（皮里海军上尉）和E20号（克莱福德·沃伦海军少校）以及法国潜艇“绿松石”号。潜艇穿越纳加拉的次数总计达27次。每一次航行本身就是一篇史诗。进入或试图进入马尔马拉海的英、法潜艇共有13艘，有8艘被击毁，其中4艘潜艇的船员全部或几乎全部丧命。E15号和AE11号的命运前文中已经描述过，除了这两艘潜艇之外，科克伦的E7号在9月4日被纳加拉的防潜网兜住。受深水炸弹的轰炸达16个小时，她下潜到240英尺的超深处，试图坠穿网底，最后科克伦浮到水面，却发现自己被网缠住无法挣脱，于是便命令水兵跳出艇外，自己亲手将潜艇沉没。以后他被土耳其人俘虏又逃脱的历险，可以说是一个令人惊叹的故事，充满勇敢与坚忍不拔的精神。法国潜艇有3艘在入口处被摧毁或在防潜网中被俘获：“蓝宝石”号在1月份，“焦耳”号在5月份，“马略特”号在7月26日。“绿松石”号是唯一通过海峡的法国潜艇，她进入马尔马拉海不久就失去了活动能力，并在10月30日被俘获。敌人在“绿松石”号艇长的船舱内发现了他忘记销毁的笔记本。笔记本里记载了“绿松石”号将在11月6日与英国潜艇E20号会合的地点。德国潜艇U14号此时正在君士坦丁堡修理。随后，这艘潜艇如期赴约，E20号以为是朋友，结果被敌人的鱼雷炸得粉身碎骨。[4]

英国潜艇在马尔马拉海总共摧毁了1艘战列舰、1艘驱逐舰、5艘
492 炮艇、11艘运输船、44艘轮船和148艘帆船。土耳其的海上运输实际上已经瘫痪，这给敌人造成了十分严重的影响；到6月末，土耳其军队的粮食和弹药供应已经降至最低水平。只是在关键时候经过巨大努力，才组织起陆路运输渡过难关。从此以后，加利波利半岛上的全部供应都依赖于牛队在唯一一条100英里长的道路上运送，而且这条道

路也极易遭到来自海上的攻击。

英国海军史中最光辉的篇章莫过于对达达尼尔海峡英国潜艇英勇事迹的记载。他们以勇敢、机智、坚毅和不畏风险的精神建立功绩，是整个大战中潜艇作战的最优秀典范，此外，他们的功绩还以严格遵守公认的战争规则为特征。这些官兵们被禁锢在钢铁制作的、雪茄形状的潜艇内，里面挤满了复杂的机器；他们在海底深处的神秘莫测的障碍物中摸索碰撞；他们的四周堆放着爆炸物，只要碰上其中一个就会毁灭他们；他们一旦上升到阳光之下立刻就会成为大炮和鱼雷的靶子；他们受深水炸弹的袭击、炮艇和驱逐舰的追逐、德国潜艇的跟踪；他们每时每刻都有可能在海底被炸死、窒息而死或在绝望中饿死；但尽管如此，他们还是愉快地接受了一次就是几个星期的任务；他们一次又一次地死里逃生却毫不惧怕。当我们想到他们的英勇业绩和献身精神而其却未能享受到胜利的喜悦时，我们确实感到痛苦。

*　　*　　*

7 月第一周的周末，基奇纳勋爵决定增派第 53 和第 54 本土师，以增援达达尼尔海峡。

一切力量应为战争而聚集——在建立的所有军事原则中没有一条比这条更为重要。军事史上的教训、历代名将的实践以及教科书中自古以来的嘱咐都重视这条规律。我们见到，拿破仑在每一次战斗之前总要急切寻求他能得到的每一个人，无论多么小的资源他都不会忽略，高兴地接受其他方面的风险，满足于人力能掌握的任何有价值的东西。

看得出，基奇纳勋爵在这次准备工作中，缺乏高度的深谋远虑。他迟迟不做出决定派第 53 和第 54 本土师去增援达达尼尔海峡，直到
第二批增援部队已经不可能在战斗开始前抵达战场时他才做出决定， 493
这样这两个师必须在经历三个星期的航行之后马上投入战斗。驻扎在

埃及的部队的战略地位直到最后一刻依旧悬而未决。包括派往达达尼尔海峡的小部队在内，我们在亚历山大、开罗和苏伊士运河一共集结了近 75 000 人。只要我们对君士坦丁堡构成威胁，就不可能有土耳其人侵埃及的危险。还有可能从马克斯韦尔将军的部队中组织额外的至少 30 000 名步兵作为后备力量，可以在关键时刻和有限时间内投入加利波利战斗。如果马克斯韦尔将军得到命令组织这么一支部队，如果伊恩·汉密尔顿爵士得知他可以把这支部队算入作战部队之中，那么在制定战斗计划时，就可以将其考虑在内，这样这场战役的前景本来会大为改观。然而，基奇纳勋爵对这个问题的处理方法十分令人费解。他发给伊恩·汉密尔顿爵士的电报已经公诸于众。电文表明，他时而认为，如果达达尼尔战役需要，可以使用驻扎在埃及的大量部队，时而又指责伊恩爵士试图抽调这些部队。其结果是，在伊恩·汉密尔顿爵士的部署和计划中，英国在埃及的驻军没有发挥任何作用，这支部队与其他部队一样，投入战斗时已为时过晚。

在战斗前夕，也就是 7 月 29 日，基奇纳勋爵打电报给伊恩·汉密尔顿爵士，告诉他“在即将展开的战斗中所拥有的部队总数达 205 000 人”。将军在回电中说：“您所说的巨大总数并没有考虑到非战斗人员和伤亡人员；总数包括了第 54 师、第 53 师的一部分增援部队，而这些部队不可能及时到达参加战斗；总数还包括了义勇骑兵队和印度军，但是直到今天上午我还不知道这些部队是否已无保留地归我支配。在即将开始的战争中能使用的步兵大约只有您提到的一半，即 120 000 人。”陆军部也没有对这个数字有过明显的异议。

我未能发现增援力量不足，也不知道埃及驻军作为后备力量可否使用处于模棱两可的情况。但是有一位来自达达尼尔海峡的年轻参谋 7 月份到达伦敦，他向我披露了弹药短缺的情况，并建议使用铁路而不是水路将军需物资运往马赛，这样还能在战斗开始之前及时交付军队。于是我便敦促基奇纳勋爵将最近一个星期的产品全部经由铁路运输。他平时对我提出的要求十分和气与忍耐，这次却把我的要求看作很不恰当。我扬言会要求内阁做出决定，我们两人就此突然分手。我花了一个下午和一个晚上的时间整理思绪，并通知首相我要提出这个问题的用意。交手的场地清理就绪，我已受邀陈述自己的理由，然而就在此时基奇纳勋爵却将这件事平息了，他宣布他现在发觉可以颁布必要的命令。三列满载高爆炸力炮弹的火车按时开出。

在这样的序幕之后，正剧才开演。

注释：

[1] 冯·弗朗索瓦将军，德国的一名权威所说。

[2] 少将 C. E. 卡尔韦尔爵士，《达达尼尔海峡》(*Dardanelles*)，第 160 页。

[3]《加利波利日记》(*Gallipoli Diarlry*)，附录一，第 281 页；辛普森·贝基少将的陈述。

[4] 海军上尉冯·海姆堡，《潜艇对潜艇》（载《周刊》(*Die Woche*)，1917 年 3 月 10 日）。

第十七章　苏夫拉湾战役

495 回顾英国陆军漫长而多变的历史，其中最令人心碎的片断就是苏夫拉湾战役。眼见着就要取得辉煌战果，但胜利却转瞬间化成泡影；一些人表现得勇敢机智，另一些人却表现得庸庸碌碌，一些人竭尽全力，另一些人却麻木不仁。两个极端同时并存，战场上展示的厄运是我们历史上罕见的特色。这段事迹经常有人谈起，本文只想综述一下战役的前后经过。[1]

伊恩·汉密尔顿爵士计划中的首要目标是占领971山头（科雅切门山），这个山头是萨里拜尔山脊的制高点，然后从那儿推进，占领自加巴山到迈多斯一线这个半岛的脖子。设想的步骤如下：

（1）从安扎克发起突击，切断土耳其军主力与君士坦丁堡的陆路交通。

（2）占领炮兵阵地，以便切断土耳其军主力与君士坦丁堡或亚洲海岸的海上交通。

（3）夺取苏夫拉湾，使其成为澳、新军团和在邻近作战的其他部队的冬季基地。

为了达到这三个目的，陆军参谋部在7月份准备了三个独立的极其详细的进攻方案：第一，由6个师中的两个师在海勒斯角发起牵制性进攻，以防止土耳其人从这段防线调出任何一部分军队；第二，由两个澳大拉西亚师，在新军第13师、一个英国旅和一个印度旅的增援下，从安扎克向萨里拜尔山脊的主要制高点发起大规模进攻；第三，由两个师（第10师和第11师）组成第9军在苏夫拉湾登陆，占领阿纳法塔山脊，然后与右边安扎克的进攻相会合。

海勒斯角由戴维斯将军指挥的 35 000 人把守；伯德伍德将军指挥 37 000 人的部队负责安扎克的进攻；斯托普福德将军指挥 25 000 人的部队负责苏夫拉湾的进攻。加上各海岛上的后备力量和正在海上航行的部队约 20 000 至 25 000 人，战斗人员总计大约 120 000 人。 496

土耳其人相信英国军队已得到大约有 100 000 人的增援，并预料 8 月初与登陆同时会有一场大规模进攻。他们已经意识到萨里拜尔山脊是通往狭窄段的关键，所以担心登陆地点会在库姆山附近或布莱尔附近，除此之外他们还不得不防守亚洲海岸。他们知道苏夫拉湾和埃杰尔默湾也可能是登陆地点，但是认为这两个登陆点还不足以成为他们进一步分散兵力的理由。到了 8 月 6 日夜晚，他们是这样部署兵力的：在海勒斯部署了 40 000 步兵和 94 门大炮；在安扎克对面和在安扎克与海勒斯之间部署了 30 000 步兵，并得到 76 门大炮的支援；在布莱尔部署了 20 000 步兵和 80 门大炮；在亚洲海岸部署了 20 000 步兵和大约 60 门大炮。总体而言，包括防守海岸各处的小部队在内，土耳其已经布置了 20 个师，约有 120 000 步兵和 330 门大炮，其中实际在加利波利半岛上的有 90 000 至 100 000 步兵和 270 门大炮。

由此可见，双方为这场战事动用的兵力大致相等。英军方面并不拥有进攻所必需的数量优势。一旦进攻全面展开，整条战线全部进入战斗，没有理由期望他们能够打败土耳其军队。然而，在土耳其尚未调度好全部军队之前，英军有机会可以突然进攻，以抢占重要阵地。事实上，目前的形势正是 4 月 25 日形势的翻版，只是规模更大而已。海军的优势再一次由于耽搁而得不到发挥，而敌人再一次有时间可以集结与我们旗鼓相当的力量；一场惊心动魄而令人怀疑的折磨再一次取代了计划合理、稳操胜券的战斗；获胜的希望再一次寄托在部队的献身精神和领导者的指挥技巧上；所有一切都要再一次听凭时间和机会的摆布。

* * *

8 月 6 日下午，这场大战爆发了，兰开夏本土师和低地本土师进攻海勒斯角 1 200 码外的土耳其军防线。不巧的是土耳其人刚将两个新师调上这条防线。他们实力雄厚，战壕里挤满了士兵。一场激战立刻就爆发了，激战愈演愈烈，持续了整整一个星期。战斗以一个葡萄
497 园为中心展开，英军一开始就抢占了这个葡萄园，而且顶住了敌人的多次反扑，直到 12 日它才被敌人夺回，次日英军又把敌人赶了出去，并且据守着这个葡萄园直到战斗结束。付出高昂代价的英勇激战换取的战果不只这一个。集中在半岛南端的土耳其的 7 个师只有一个能够撤出，在战役的真正危机中发挥作用。

英军在海勒斯角进攻的同时，从 6 日晚上开始，澳大利亚军对安扎克阵地右边的孤松山脊发动了进攻。这次进攻本身是安扎克重点作战行动的辅助性前奏，其目的是欺骗敌人，将敌人引往安扎克的右边，与此同时在安扎克的左边进行决定性的战斗。日落前，澳大利亚第一旅开始强攻孤松山脊和山顶上的工事。土耳其的战壕上覆盖着粗大的梁木，变成了完全封闭的坑道，由于榴弹炮数量不够，这些坑道是凭借人力掀开的。澳大利亚人从掀开处跳进去，将坑道里面的守军杀死或俘虏。大批土耳其部队立刻展开了最凶狠的反扑。在这里，激烈而血腥的战斗持续了整整一夜。7 日进行战斗，9 日以更大规模战斗，但是敌人始终未能夺回孤松山脊，直到战斗结束孤松山脊仍在澳大利亚第一旅的牢固掌握之中。其他策应孤松山脊攻击的类似的进攻是澳大利亚军向防线中央各防守点发起的进攻，特别是对称为棋盘的棱堡的进攻。尽管澳大利亚军做出了极大牺牲，却寸土未得，有几次进攻部队几乎全军覆没。

当海勒斯角和孤松山脊的隆隆炮声在加利波利半岛上回荡时，安扎克的总攻开始了。提前一星期，每天夜晚都有强大增援部队秘密而

巧妙地聚集在安扎克小湾，他们隐藏在坑道和掩体里，8 月 6 日，伯德伍德将军的部队已经达到 37 000 人和 72 门大炮。在没有月亮的夜晚的黑暗中，16 000 人分两路纵队从安扎克阵地的左边爬了出来，他们默不作声地沿海滩艰苦前进了一英里，然后向右，沿着通向萨里拜尔山顶峰的三条雨水冲击成的崎岖不平、灌木丛生的沟壑发起进攻。这次非同寻常的进攻的第一阶段要求夺取三条沟壑左右两侧筑有工事的低地。承担这些任务的部队准时成功地拿下了两侧的工事，主力纵队夜间继续向山上推进，他们与黑暗、大石块、灌木丛和敌人的前哨 498
阵地进行搏斗。伯德伍德将军、伊恩·汉密尔顿爵士以及参谋人员都希望在天亮时能见到澳大利亚和英国纵队的先头部队占领丘努克拜尔和科雅切门山的制高点。这段路程如果在白天不受阻挡的情况下用不了两个小时就能走完。根据实际条件，给部队的时间是六个小时。但是由于夜间行军、路面崎岖和土耳其散兵的顽强抵抗造成的诸多困难，到拂晓时还没完成一半路程。部队已经疲惫不堪，在努力了几次均告失败之后，决定停下来巩固已夺取的阵地，使部队得到休息和休整准备，到 7 日或 8 日夜间重新展开进攻。

这是重要的命中注定的事情。倘若能再派一支增援部队越过已疲惫不堪的部队继续进攻，中午之前整个萨里拜尔山顶就完全可能被我们控制。可是面对路况和供应造成的困难，没有人认为有可能组织这样的进攻。此时我们进攻的方向和规模却已完全暴露给敌人。

* * *

说到此处，我们必须看看苏夫拉湾的情况。费希尔勋爵在 1914 年末曾为陆军在敌人海滩上登陆而设计了一种钢板摩托驳船，现在有一批驳船已经完工并运到了达达尼尔海峡。根据设计，驳船一次可以运输 500 名步兵，航速为 5 节，具有防弹性能，船首还安装了登陆桥。驳船因其外形而在整个爱琴海得到“甲虫”的绰号。第 11 师在前，第

10师在后，乘坐着13艘“甲虫”，连同许多驱逐舰、驳船和运输船在一个强大的海军中队掩护下，在这个最漆黑的夜晚朝苏夫拉湾驶来。午夜前两小时，第11师的三个旅率先抵达海岸，第34旅在苏夫拉湾内的“A”海滩登陆，第32旅和第33旅在尼布鲁内西角以南的“B”和“C”海滩登陆。尽管遭到了守卫海岸的土耳其前哨阵地的步枪射击，尽管有几艘“甲虫”还未到达海岸便已搁浅，尽管在“A”海滩附近地雷的爆炸引起混乱，三个旅仍然在两三个小时内顺利登陆，损失也不大。他们的当务之急就是占领已干涸盐湖两侧的两个高地，即
499 10号山头和拉拉巴巴，以及夺取北面通往基莱奇泰佩西尔特的高地。以后，作为第二步，部队从10号山头和拉拉巴巴向巧克力山发起联合进攻。如果进攻得手，部队就继续进攻崎岖不平、荆棘丛生、地形复杂的伊斯梅尔奥格卢山。参谋人员认为除非意外遇到敌人的精锐部队，我军很可能在拂晓时占领所有这些阵地。然而，实际结果却大相径庭。[2]

在守卫拉拉巴巴山头的土耳其半个营被赶跑，我军占领山头时是凌晨2点。与此同时，在“A”海滩登陆的第34旅的旅长发现海岸附近有一个沙丘，他把这个沙丘误当作了10号山头，于是在占据了这个沙丘之后就心满意足地守到天明。10号山头被真正占领时天已大亮，残存的守军慢慢退入平原的灌木丛中。就这样，7日早晨只有第11师完成了任务的第一部分，随着天色渐明，土耳其的大炮开始从山丘中隐蔽的阵地断断续续地朝各个海滩和登陆部队炮击。黑暗中，最有经验的军队也感到运动非常困惑和神秘莫测，以致参谋人员制定的时间表完全可以被认为要求过高。但是部队的表现也太过于辜负合理的期望。英国情报部门相信，守卫这段海岸的土耳其军队有5个营，总计有4 000人加上大炮。然而，实际上抵挡第11师的土耳其部队只有3个营，其中两个营是宪兵部队，总计约1 800人和20门大炮。

随后希尔将军率领的第10师也到达了拉拉巴巴附近的海岸，拂晓时分开始冒着零星的炮轰登陆。到上午8点，第11师的13个营、两

个山地炮兵连和掩护的军舰已全部投入战斗，跟在后面的第 10 师也有越来越多的部队登陆。随着白天的过去，这支部队增加到 20 000 人，他们只要从登陆处前进 3 英里，肃清在他们前面的 1 800 名土耳其人残余，就可以占领这个地区水源丰富、具有重要意义的阵地。然而所有的登陆部队非但没有这样做，反而在进攻巧克力山之前在拉拉巴巴附近无所事事地呆了好几个小时，或沿盐湖周围的沙滩忍受着白天的炎热行军长达 5 英里。这些年轻的士兵们受尽了干渴和劳累的折磨，经过一次猛烈进攻，他们终于拿下了巧克力山，此时早已进入了深夜。夜幕笼罩着疲惫不堪的军队，他们的单位混杂在一起，供水也陷入了混乱，他们只完成了最初几项任务，但已有上千人伤亡，他们几乎全 500
隶属于三四个营。苏夫拉湾的头 24 个小时就这样过去了。

* * *

8 月 6 日晚上，利曼 · 冯 · 桑德斯将军在加利波利的总部接到了战场上打来的电话，得知战斗已经打响了，几乎就在同时他也听到了大炮的轰鸣声。英军和澳军在海勒斯角和孤松山已经展开猛烈进攻，与此同时，英军在塞克罗斯湾和米蒂伦对面发起的佯攻在汇报中被当作了实际的或即将发生的登陆。尽管分分秒秒都是宝贵的，但在进攻者的意图完全暴露之前不可能采取任何措施。不过在午夜前传来的消息说，有大量的部队正从安扎克阵地的左边出动，并沿着海岸向北行进，随后，又发现苏夫拉湾有众多部队登陆。于是，在迈多斯的两个后备师得到命令去增援萨里拜尔的守军。这些部队第二天肯定可以投入战斗。然而，苏夫拉湾的登陆却实实在在出人意料，在那个地方事先做大规模的准备是不合乎情理的。谁能估量出进攻的力度？一个师，还是两个师，一个军，还是两个军——谁也说不准。但是不管入侵者力量如何，在他们和基雷奇泰佩西尔特、阿纳法塔山脊和伊斯梅尔奥格卢山这些重要阵地之间，只有德国少校维尔默率领的一个加利波利宪兵营、一个布鲁萨宪兵营和第 31 团的一个营以及 20 门大炮。从南面无法提供任何帮助；所有部队都被那里全面爆发的战斗拖住了。利曼·冯·桑德斯重复 4 月 26 日的做法，命令第 7 和第 12 师立即从布莱尔出发前往苏夫拉湾，亚洲海岸的所有部队渡过海峡去加利波利半岛。亚洲海岸和布莱尔的重要防线再一次处于实际上无人防守的状态，若是有新的部队登陆，就可以轻而易举地占领这些地方。“这已经是第二次了，”德国指挥官说，“塞克罗斯湾的北部已没有一兵一卒，整个亚洲海岸只有三个营和几个炮兵连留下来防守。”土耳其第 7 师得到命令在 8 月 7 日凌晨 3 点 40 分出发，第 12 师在上午 8 点 30 分出发。两个师的出发地点都在布莱尔周围，他们将经由两条向南的、沿着半岛的道路行进。从他们的出发地点到苏夫拉湾的距离超过 30 英里。

在冯·桑德斯将军看来，在 8 日晚之前似乎无法使维尔默少校和
501 他的宪兵得到有效的援助，因此在 9 日早晨之前无法展开认真的反攻。7 日的日光暴露了英军登陆的规模。海湾里挤满了庞大的舰队，军舰的大炮对各个山丘进行炮击，部队一拨又一拨蜂拥上海滩，然后在平原上聚集。这时，组成土耳其第 16 军的土耳其第 7 师和第 12 师还远在北边，他们才刚启程。然而，在那天下午，令桑德斯万分惊讶的是，据指挥第 16 军的土耳其将军费齐·贝报告说，他率领的两个师那天昼夜兼程急行军，已经抵达阿纳法塔以东的目的地。根据这个消息，桑德斯便命令 8 日拂晓向阿纳法塔平原发起全面进攻。8 日破晓前他骑马来到了部署进攻的地区。他四处转悠却找不到部队，最后找到土耳其第 7 师的一个参谋，这位参谋报告说正在寻找一个前哨阵地，第 7 师和第 12 师的大部分还远在后面，早晨发起进攻是根本不可能的事。于是总司令命令进攻改在日落时开始。8 日这一整天他一直忐忑不安，面对强大的入侵者，他除了一些精疲力竭严重减员的宪兵营之外一无所有。在伊斯梅尔奥格卢山只剩下 400 人，他们是布鲁萨宪兵营和 31 团 2 营的残部。在基雷奇泰佩西尔特只剩下 300 人，他们是加利波利宪兵营的残部。在这两个地点之间已经没有任何部队。卡瓦克山、泰

凯山与两座山中间的低地绝对无人占领。面对这种局面，所有土耳其大炮，一门除外，全都撤到了阿纳法塔山脊背后，否则，这些大炮似乎注定会被俘虏。傍晚时，冯·桑德斯将军从维尔默少校那儿获知土耳其第 16 军还没有抵达部署地区。他把指挥官找来，从指挥官那儿得知部队已经精疲力竭，无法在 9 日早晨之前发起进攻。由于空欢喜一场，他觉得受到嘲弄，于是一怒之下解除了第 16 军将军的职务，将奥斯曼帝国的整个命运交给了另一位军官，这位军官从前我们曾听说过——自从“那天晚上，”桑德斯写道，“我将阿纳法塔地区全部军队的指挥权交给第 19 师前师长穆斯塔法·凯马尔·贝。”

*　　*　　*

我们现在必须再回来看看澳、新军团和萨里拜尔的情况。7 日一整天，伯德伍德将军的部队都在休整，准备在拂晓时分重新进攻。由廓尔喀部队，英国部队和澳、新军团组成的战线横亘在山坡上，距离 502
山顶还有三分之一距离。但是现在山顶上的守军已相当于前一个晚上的三倍。

8 日拂晓前部队从安扎克重新发起了进攻。右边纵队和中间纵队从罗多登德伦山嘴出动，对丘努克拜尔展开了攻击。左边纵队从三条沟壑的最北端出动，对 Q 山头发起进攻，这个山头是主山脊上的一个圆丘，被科雅切门山的凹地断开。这就是进攻之初的战线形势。一场鏖战开始了，连续三天厮杀不断。天亮后不久，右边纵队新西兰军占领、制服并且守住了丘努克拜尔西南端的重要阵地，从而在主山脊上立住了脚。左边纵队和中间纵队由于得不到苏夫拉湾的任何支援，无法取得很大进展。血腥战斗由于夜晚的降临而暂时停息。同时，土耳其的新部队不断到达防线，进攻一方却由于积水和地面崎岖造成的困难在进攻中得不到增援。

9 日的战斗照旧是那样激烈。澳、新军团的右路依旧守着丘努克拜尔，其左路继续进攻 Q 山头，它的中路则试图占领山脊以便将左右两个阵地连接起来。舰队和陆军的所有大炮从战斗前就开始炮击并且一直不断。左路进攻由于天黑和地面状况而被拖延，进攻开始得晚，所以未能攻下 Q 山头。尽管如此，属于中间纵队的第 6 廓尔喀旅和第 6 兰开夏师的两个连竭力向上推进，占领了丘努克拜尔和 Q 山头之间的山脊上的重要阵地。领导这次进攻并指挥第 6 廓尔喀旅的勇敢的军官塞西尔·阿兰森上校，记录了随后发生的悲剧中他的经历 [3]。8 日到 9 日的那天夜晚他是在战火纷飞的山上度过的：

> 在距我军大约 35 度的方向上 100 码的地方是土耳其人……那天晚上将级指挥官给我发来一份电报，要求在早晨 5 点 15 分进攻 971 号山头，从 4 点 45 分到 5 点 15 分海军将炮击山顶。我要调动周围所有的部队进行合作……因为我只能得到英军的 3 个连，只得将就了……我还剩 15 分钟的时间；预先的炮击声震耳；那个几乎垂直挺立的山头似乎要被炮火炸飞了。我意识到如果我们想在炮击停止时登上山头，现在就应该向山顶进发。我将 3 个英军连与战壕里我的士兵编在一起，告诉他们只要见我持一面红旗向
> 503 前冲，每个人就开始进攻。我掏出手表看了看，5 点 15 分。我从未见过这么猛烈的冲锋前的炮击；敌人的战壕被炸得粉碎；由于我们就在战壕下边，炮击的准确率令人叹服。到了 5 点 18 分，炮击还没有停止，我怀疑我的手表是否有问题。5 点 20 分炮声平息了；我又等了三分钟，以便确定炮击确已停止，因为风险太大了。然后我们就联合冲锋，全都手牵着手……阵势壮观，无与伦比……在山顶上我们与土耳其人相遇；勒马尚德倒下了，刺刀穿透了他的心脏。我的大腿也被刺了一刀，在以后大约十分钟的时间里，我们与敌人展开肉搏，用牙咬，用拳击，把步枪和手枪当成棍棒；随后土耳其人掉头逃跑了，我感到很骄傲。整个加利波利半岛的重要阵地落入了我们的手中，与结果相比，我们的损失不算很大。

海峡就在我的下方，通往阿齐巴巴公路上的机动车和其他运输车辆历历在目。环顾周围，我发现并没有部队支援我们，于是我想最好的解救办法就是追击在我们前面逃跑的那些人（土耳其人）。我们朝着迈多斯方向冲了下去，但是只往下冲了约 100 码，我们海军重炮舰射出的 6 发 12 英寸炮弹就落到了我们身上，顿时一片大乱。[4] 这场灾难真是令人痛心疾首！我们显然被错当成土耳其人，于是只好撤回。那情景惨不忍睹：第一发炮弹炸着了一个廓尔喀人的脸；一时间血流满地、肢体横飞，惨叫声不绝于耳。我们全都逃回了山顶，进入山顶下面的旧阵地上。[5] 我和其他大约 15 人留在山顶上；景色太美了：下方是达达尼尔海峡，增援部队正从小亚细亚一边越过海峡，汽车在路上飞奔。我们已经控制了基利德巴赫尔和阿齐巴巴的后方以及所有通往他们军队所在地的交通线……腿上伤处的疼痛使我拐着腿独自落在后面，伤处流血大多已经变硬。我看到敌人向苏夫拉湾的挺进已经失败，虽然我不能断定面对的敌人是否超过一二千，但是我看见大批土耳其援军正在朝那个方向涌去。我的电话线已经炸断……我现在又向下走回到昨夜的战壕中。包扎好伤口之后，我就开始设法寻找我们这个团的人在哪里；我及时把他们召集回来，等待支援，以便再一次登上山顶。天呀！增援部队根本就没有来，我们得到通知，要继续在 9 日直至 10 日夜晚坚守阵地。那天下午，从 5 点到 7 点这段时期大批土耳其人向我们发起了五次反扑，但他们没有一次能到达我们防线 15 码以内……托姆斯上尉和勒马尚德的尸体都埋葬在丘努克拜尔的最高点……我奉命回去报告情况。我已经虚弱不堪，感到昏昏沉沉……我向将军做了汇报，告诉他，除非我们能得到强大的增援并得到食物和水，不然我们就必须撤回，但要是我们撤回，我们就放弃了加利波利半岛的关键阵地。将军随后告诉我，各处的进攻几乎均告失败，次日凌晨我们团可以撤向较低的山丘。

504 10日清晨展现出一派舍生忘死但劳而无功的奇景。12 000人已经倒下，其中至少有一半人参加了严酷的战斗，而各个高地虽然烈焰熊熊却依旧未被征服。然而，澳、新军团的右路增援部队坚守着丘努克拜尔的重要阵地，为了夺回这个阵地土耳其人正在秘密集结后备力量。

* * *

我们已经知道利曼·冯·桑德斯将军怎样度过5月[6]8日这一天，他在阿纳法塔背后的山丘里不耐烦地等待布莱尔援军的到来。此时苏夫拉湾正在发生些什么呢？在英国的军事史里，无论是过去的还是现在的，都不乏据实记载的令人望而惊叹的成就。

第9军司令，中将弗雷德里克·斯托普福德爵士在7日白天与其参谋人员乘坐“长寿花”号来到。他呆在“长寿花”号里，为的是利用无线电和信号通讯的便利条件。8日下午他上岸进行了一次察看。斯托普福德将军是一位和蔼可亲、颇有教养的绅士，15年前他曾参加过南非战争，在雷德弗斯·布勒爵士手下任军事秘书。担任过伦敦军区司令后，他于1909年离开军队，直到大战爆发之前他始终身体欠佳，过着不愉快的隐退生活。如同许多人一样，随着陆军大规模扩张，他也摆脱了与世隔绝的生活。基奇纳勋爵委任他在英国负责训练一个军团的任务，这是他一生中头一次就任高级和负直接责任的位置，要面对敌人实际指挥作战。在这种环境里，我们当然有权设想他应尽最大努力完成任务。

想到夜间要在敌人海岸登陆，他的心情自然不安，这种不安刚刚因为登陆成功而轻松，另一些严重的问题就又出现了。敌人的数量可能超出了参谋部的预料；敌人的战壕可能比侦察飞机所报告的更多。不仅如此，敌人还随时可能恢复对几个海滩漫无目标的炮击，这种炮击在7日夜晚逐渐停息。面对这种形势，他认为当务之急就是整顿已经登陆的部队，改善他们的补给尤其是水的补给，挖掘战壕以便确保已夺取的阵地，将尽可能多的大炮运上海岸以便支援军队进一步前进。 505
8月8日，部队就在这些已经占领的阵地上安然度过了登陆后的第二个24小时。参谋长里德将军与他的司令的观点完全一致，他起草了命令，安排在9日拂晓开始进攻。“第9军在苏夫拉湾的第二天，”当时任陆军部作战局长的卡尔韦尔将军如此写道，“从战斗的角度来说，实际上是休息的一天。”[7] 我们不妨看一下在8月份这个阳光明媚的下午双方战线的图景。一方是一位温和谨慎、年事已高的英国绅士率领20 000士兵散落在海滩四处；前沿的士兵坐在浅浅的战壕顶上，有的在抽烟，有的在做饭，偶尔可以听到一两声枪响；其他几百名士兵则在碧蓝的海湾里洗澡，难得射来一颗炮弹打乱平静，大战舰在海面上下浮动。另一方，一位老谋深算的德国人焦急得跺脚，他盼望着增援部队快速赶到，无时无刻不担心自己那一点儿掩护部队会被一扫而空；与此同时，怒气冲冲的凯马尔正鼓励他狂热的士兵朝着战场急奔而来。

*　*　*

伊恩·汉密尔顿爵士作战处的参谋官阿斯皮诺尔上校奉命向总司令汇报苏夫拉湾的局势。总司令将于8日上午到达。他将自己目睹的太平景象做了生动的描述。[8] 他在海岸巡视了一趟，消除了最初的怀疑后，就登上了“长寿花”号，总司令仍将以这艘军舰作为司令部。

……斯托普福德将军见到我便说：“嘿，阿斯皮诺尔，大家都干得很棒，真了不起。”我回答说：“但是他们并没有占领那些山丘，先生。”他说：“是的，但是他们已经上岸了！”我回答说：“我敢肯定，如果总司令知道部队并没有按照命令到达控制海湾的高地，他会感到失望的。”我提醒他，尽早向前推进是至关重要的，不然敌人的增援部队就会抢先一步登上那些山头。斯托普福德将军回答说，他完全知道争分夺秒的重要性，但是在士兵们得到休息之前不可能进攻。他打算次日进行新的进军。

我随后又登上了将军的旗舰，并向总司令部发去下列电文：

“我刚登上海岸，发现一切平静。没有枪声，也没有炮声，显然没有土耳其人。第9军在休息。我深信大好机会正在丧失，我以为形势是严峻的。”

506 发出这份电报后不久，我就听说总司令已经启程来苏夫拉湾，几分钟后他进入海港，上了海军中将的快艇。

* * *

总司令的到来破坏了苏夫拉湾傍晚的和谐气氛。伊恩·汉密尔顿爵士原本听从了他的参谋的意见，认为在这场三地进攻的大战役中他的合适位置是在因布罗斯的正规的司令部。7日一整天和8日上午他都留在那里研究前线各部分用电报发来的情报。但是到了8日上午11点30分，他因为苏夫拉湾没有消息而坐立不安，他再也忍受不了这种隔绝状态，决定立即去那儿。在这场战役期间，海军特意将驱逐舰“阿诺”号供他使用，于是他就给“阿诺”号发出了立即出发的信号。但是当地的海军少将因为某些与锅炉有关的原因而命人将煤炉从船上拆了下来，所以六七个小时内船根本动不了。总司令发现自己已经被——用他自己的话说——“放逐到孤岛上”，他感到既沮丧又恼怒。当地的海军少将见他抱怨，便请他乘“三合一”号快艇前往，快艇在下午4点15分出发去苏夫拉湾。将军的快艇在6点钟左右到达苏夫拉湾。在那儿他见到了“查塔姆”号，并见到了

船上的德 · 罗贝克中将和凯斯准将。他们对部队似乎陷于瘫痪状态向他表示了深切不安。正说得起劲时阿斯皮诺尔上校来到。听完了他的汇报，总司令便登上了“长寿花”号军舰，在舰上看到斯托普福德将军，除了发现将军在岸上走了一趟后有点疲倦，除此外一切安好。斯托普福德将军说：“一切很好，进展顺利。”他接着解释说，士兵们已经很劳累，他还不能像他希望的那么快就能把水运送给他们或者把大炮运上岸；他决定将攻占高地的行动推迟到明天，因为攻占高地“可能会导致一场正规战”；与此同时，各旅旅长们都得到通知，要求他们在避免激战的前提下夺取他们所能占领的阵地，但是实际上他们并没有占领任何起作用的战术点。

总司令无法接受这个结果。他知道布莱尔的敌人援兵正在南下。他相信阿纳法塔山脊并没有了不起的敌军在把守。他颇为担心，8 日晚上可能兵不血刃地占领的地方，天亮后占领就要付出血战的代价。他竭力主张立即向伊斯梅尔奥格卢山和泰凯山进军。斯托普福德将军 507
提出许多反对意见，于是总司令决定到岸上师司令部亲自察看。斯托普福德将军没有陪他同去。

师长哈默斯利将军无法很清楚地介绍局势，在经过一番讨论之后总司令决定亲自干预。哈默斯利将军告诉他可以使用在苏拉日克附近的第 32 旅，这支部队可以向前推进。据此伊恩 · 汉密尔顿爵士用最明确的语言告诉这位师长，他希望这个旅向前推进，在山顶上挖壕固守。哈默斯利将军显然赞同这一点，后来他声称他是自己负责采取行动的，他的行动不是直接命令的结果，而是总司令亲自表示其愿望的结果。就这样，伊恩 · 汉密尔顿爵士回“三合一”号快艇后，哈默斯利将军指示第 32 旅集中力量，努力设法占领库丘克阿纳法塔以北的高地上的一个立足点。他特别提及第 6 东约克郡营应从目前阵地上召回而后集中。做完这些决策之后夜幕就降临了。

然而，第 32 旅的情况并不像他们的师长所想象的那样。相反，有两个营积极性可嘉，远远冲在了第 9 军其余部队的前面；他们并没有

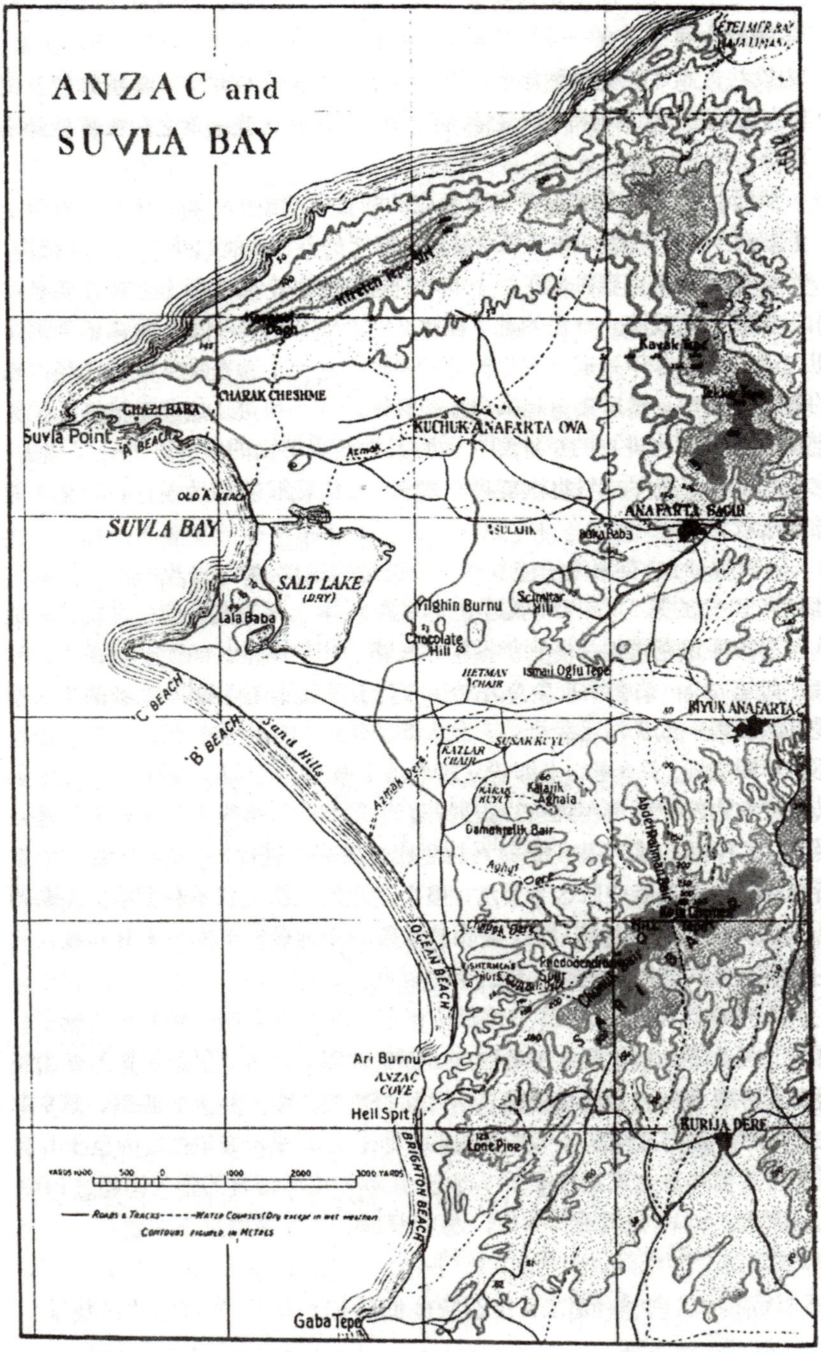
ANZAC and
SUVLA BAY
Suvla Point
'A' BEACH
OLD 'A' BEACH
SUVLA BAY
CHARAK CHESHME
KUCHUK ANAFARTA OVA
ANAFARTA SAGIR
SALT LAKE
(DRY)
Lala Baba
Yilghin Burnu
Chocolate Hill
Scimitar Hill
Ismail Oglu Tepe
HETMAN CHAIR
BIYUK ANAFARTA
'C' BEACH
'B' BEACH
Sand Hills
Azmak Dere
SUSAK KUYU
KAZLAR CHAIR
Kaiajik Aghala
Damakjelik Bair
Aghyl Dere
OCEAN BEACH
Rhododendron Spur
Ari Burnu
ANZAC COVE
Hell Spit
Lone Pine
BRIGHTON BEACH
KURIJA DERE
Gaba Tepe
YARDS 1000 500 0 1000 2000 3000 YARDS
Roads & Tracks - - - - Water Courses (Dry except in wet weather)
Contours figured in Metres

安扎克和苏夫拉湾

A Beach A 海滩	Kajaik Aghala 卡雅日克阿格哈拉
Abdel Rahman Bair 阿布德尔拉曼拜尔	Karakkuju 卡拉克库尤
Aghul Dere 阿古尔河谷	Karakol Dagh 克拉科尔山
Anafarta Sajir 阿纳法塔萨吉尔	Kavak Tepe 卡瓦克峰
Anzac Cove 安扎克凹形地带	Kazlar Chair 卡兹拉切尔
Ari Burnu 阿里角	Kiretch Tepe 基雷奇峰
Azmak 阿兹马克	Kuchuk Anafarta Ova 库丘克阿纳法塔平原
Azmak Dere 阿兹马克河谷	Kurija Dere 库里雅河谷
B.Beach B 海滩	Lala Baba 拉拉巴巴
Baka Baba 巴卡巴巴	Lone Pine 孤松
Biyuk Anafarta 比尤克阿纳法塔	Ocean Beach 大洋海滩
Brigton Beach 布赖顿海滩	Old A Beach 旧 A 海滩
C.Beach C 海滩	Salt Lake (dry) 盐湖(干涸)
Chaliak Dere 恰利亚克河谷	Sand Hills 沙丘
Charak Cheshme 恰拉克奇什梅	Sari Bair 萨里拜尔
Chazi Baba 加泽巴巴	Scimitar Hill 斯西米塔山
Chocolate Hill 巧克力山	Sulajik 苏拉日克
Chunk Bair 春克拜尔	Susakkuyu 苏萨克库尤
Damakjelik Bair 达马克雅利克拜尔	Suvla Bay 苏夫拉湾
Ejemer Bay 埃热梅尔湾	Suvla Point 苏夫拉岬
Gaba Tepe 加巴峰	Tekke Tepe 泰凯峰
Hell Spit 地狱岬	Yards 码 道路和小径沟渠(除雨季外沟渠内干燥)以米标出等高线
Hetman Chair 海特曼切尔	Yilghin Burnu 伊京角
Ismeil Oglu Tepe 伊斯梅尔奥格卢峰	

发现抵抗，一个营在阿布里克雅占领了一个有利阵地，另一个营实际上已经在西米塔山上掘好四面战壕。奇怪的是，在这么一个宁静的日子里，距离不到两英里之遥的师部却不知道所发生的这些事情。这两个营从他们已经占领的阵地上全被召回，然后集中起来向库丘克阿纳法塔挺进。这些举措打乱了原定拂晓时分发起进攻的总计划，同时又把西米塔山的宝贵阵地让了出去，这个阵地后来费尽力气也未能再夺

回来。而且，第 32 旅要直到天亮才能发起进攻。

9 日拂晓时分英军终于恢复了苏夫拉湾的进攻。参与进攻的部队有第 11 师、第 10 师的第 31 旅以及新近登陆的第 53 本土师的几个营，进攻目标是从左边的库丘克阿纳法塔到伊斯梅尔奥格卢山的高地。然而，就在同一时刻，利曼 · 冯 · 桑德斯也命令开始反攻。土耳其第 7 师和第 12 师的先头增援部队在前一天夜间已经抵达，敌人的力量已相
508 当于前一天的三倍，而且还在不断增强。第 6 东约克郡营一从西米塔山撤出，土耳其人就占领了它。如果要对右边的伊斯梅尔奥格卢山展开有效的攻击，事先占领西米塔山是必要的。第 10 师的第 31 旅于是就对这个山丘发起了进攻，但是却无法重新将它夺回，由于未能夺回这个要点，整个进攻的右路受到不利影响。左路的第 32 旅同样也未能达到目的，整个战线的若干地段的英军被土耳其投入战斗的新部队的锐气挫败，情况十分混乱。

第 53 师的其余部队在 9 日登陆，10 日上午战斗重新开始并且持续了一整天。西米塔山和伊斯梅尔奥格卢山都曾被部分攻占，但是在猛烈的反击压力下又再度丢失。当夜幕降临战场时，猛烈燃烧的灌木林火光耀眼，第 9 军占据着的阵地与登陆头一天所获得的阵地相比几乎没有进展，大量土耳其军在重要阵地上筑起战壕并洋洋得意。在苏夫拉湾，7 日的损失不超过 1 000 人，而 9 日和 10 日两天官兵伤亡近 8 000 人。

*　　*　　*

现在必须交代一下战役的尾声。当 10 日早晨阳光再一次出现时，来自安扎克的英军依旧在丘努克拜尔守着他们艰苦攻占的阵地。第 13 师的两个营——第 6 北兰开夏营和第 5 威尔特郡营——将攻占这个山脊的疲惫不堪的部队替换了下来。他们在新的阵地上尚未安定下来就遭到一次猛烈进攻。穆斯塔法 · 凯马尔 9 日在苏夫拉湾获得成功之

后，一整夜都在策划一次全力以赴的进攻，以便夺回这个极其重要的山脊。穆斯塔法·凯马尔亲自领导这场进攻，参加进攻的部队有从亚洲海岸调过来的整个土耳其第 8 师，另外还有 3 个营，并有强大而集中的炮兵支援。上千名英国步兵——他们在狭窄的山顶上是可以找到退路的——被这场凶猛的血战吞没和压倒。兰开夏营逃出的人寥寥无几，威尔特郡营实际上已被彻底消灭。在胜利的鼓舞下，土耳其人越过山顶，以稠密的人潮沿着陡峭的山坡汹涌而下，企图将入侵者赶入大海。但是此时他们直接遭到来自舰队和安扎克英军阵地上所有大炮 509
和机枪的暴雨一般的火力的袭击。在这种暴风雨般的痛击下，大批前进的土耳其军事实上已被击垮。从朝海一侧山坡冲下来的三四千土耳其人只有几百人逃回山顶。但是他们却留在那儿，而且一直呆到战役结束。就这样，第二次试图夺取达达尼尔海峡的巨大努力，到 10 日就在各处都没有取得重大收获的情况下结束了。

在最终承认失败之前又进行了两次重要战斗。第 54 本土师此时已在苏夫拉湾登陆，在这个师的支援下，第 10 爱尔兰师的两个旅在 15 日和 16 日对环绕苏夫拉湾北面的基雷奇泰佩西尔特山脊发起进攻。这些由马洪将军率领的部队在海军炮火的有效支援下起初进展顺利，但是最终在反击和炮轰下被迫放弃大部分夺取的阵地。这次战斗在英国人的记载中没有占据太大的位置，其重大意义似乎也没有被充分认识。利曼·冯·桑德斯是这样评述这次战斗的：

> 如果在 8 月 15 日和 16 日的进攻中英国人攻占并守住基雷奇泰佩西尔特，第 5 集团军的整个阵地将被侧翼包抄。那时英国人有可能取得决定性的最后胜利。

8 月 21 日又开展了另一次进攻，这次的目标是夺取伊斯梅尔奥格卢山。为了实现这个目的，从海勒斯角调来了第 29 师，从埃及调来了不骑马的义勇骑兵师，以加强已经在苏夫拉湾登陆的第 10 师、第

11 师、第 53 师和第 54 师的力量。考克斯将军指挥的强大的澳、新军团左路部队也参与配合。但是土耳其军现在已完全建筑起防御工事，实力雄厚。英军用于支持进攻的大炮不足 60 门，其中只有 16 门是中等口径，炮弹供应也是少得可怜。战斗在熊熊燃烧的灌木林里激烈进行，突然间一阵不寻常的浓雾妨碍了大炮的轰击，虽然澳、新军团左路部队占领并守住了几个有价值的阵地，但是并没有获得全面战果。“这次进攻，”利曼 · 冯 · 桑德斯说，“是在土耳其军遭受重大损失、并投入最后包括骑兵在内的后备力量后才被击退。”英军尤其是进攻最坚定的义勇骑兵师和第 29 师损失惨重，而且一无所获。在这个烟雾弥漫、火焰冲天的倒霉战场上，准将朗福德勋爵、维多利亚十字勋章获得者肯纳准将、维多利亚十字勋章获得者约翰 · 米尔班克上校等英烈永远倒下了。这是在加利波利半岛上发生的最大战斗，同时
510 也注定是最后的战斗。自从英国发动新的攻势以来，损失人员超过 45 000 人，而土耳其损失的人员不少于 40 000 人。16 日，伊恩 · 汉密尔顿爵士就已经打电报给基奇纳勋爵说，要求再增加 50 000 步兵和 45 000 名特遣部队，否则无法继续进攻。英国政府发现无法提供这些增援，原因将在下一章予以阐述。在双方均遭受重创且精疲力竭的军队之间的战线凝滞不动，完全僵住，于是战事也陷入了全面僵局。

在这次战役的每一个阶段，甚至直到 21 日的最后战斗，胜败的关键始终悬而未决。双方行动的先后次序稍有变动就足以改变天平的倾斜。可是第 9 军在苏夫拉湾浪费了宝贵的 48 个小时，本来利用这段时间肯定可以占领那些对战役的胜负具有决定性意义的阵地。桑德斯写道，“我们都觉得，自 8 月 6 日英军开始一批又一批地登陆，他们的指挥员在海滩上呆的时间太长了，他们应该命令部队从各个登陆点不惜一切代价向内陆推进。”如果此时英军能运用富有战斗经验的第 29 师，如果从一开始就使用埃及的义勇骑兵队，英军几乎可以稳操胜券。为了替换那些应对此悲惨结果负责的麻木不仁、能力低下的军官，一批最得力的指挥官被从法国战场调来，他们是宾、范肖和莫德，但是为

双方力量比较

日期	土耳其兵力 师：	步兵：	英法实际兵力 师：	步兵：	英法可用兵力① 师：	步兵：
2 月 18 日	无	5 000	无	2 000	4	36 000
(海军进攻开始) 天气变幻莫测						
3 月 20 日	2	14 000	4	40 000	5	60 000
(海军进攻结束)(但第 29 师不在内)						
4 月 25 日	6	42 000	5	50 000	5	60 000
(第一次陆军进攻)						
7 月 7 日	10	70 000—75 000	8	52 000	14	150 000②
(第二次陆军进攻的最早日子)						
8 月 7 日	20③	120 000	14	120 000	14	120 000④
(苏夫拉湾战役)						

三次有利时机以横线标明。白厅只需要挥笔批准，这些机会就可以得到利用。

注：

①所谓“可用兵力”，指的是那些已经做好准备却无所事事的部队，他们可以在提到的日期派往战场，而实际上被派往战场的日期整整晚了一个月。

②来自国内：第 29 师、第 42 师、第 52 师、第 10 师、第 11 师、第 13 师、第 53 师、第 54 师和皇家海军师，计……………………………………………9 个师

来自埃及：义勇骑兵师，印度师及其他小部队，计………………2 个师

澳大拉西亚军：澳大利亚和新西兰军团，计………………………2 个师

法国军团（1 个师和其他部队），计…………………………………1 个师

总计……………14 个师

③土耳其投入战场上的师有：第 1 师、第 2 师、第 3 师、第 4 师、第 5 师、第 6 师、第 7 师、第 8 师、第 9 师、第 10 师、第 11 师、第 12 师、第 13 师、第 14 师、第 15 师、第 16 师、第 19 师、第 20 师、第 26 师和第 27 师。

④比 7 月份人数减少是由于这一个月这些师在半岛上有净损失。

时已晚。调派新的将军们在灾难之后已无必要，他们的来到不一定能取得成功。

苏夫拉湾战役的许多方面都遭到了严厉指责和追究，但是历史宣布战役的失败原因不是在加利波利半岛，而是因为失去机会——机会难以追回。然而，尽管在战事之初我们犯了一些错误和遇到些不幸，但是机会依旧一再落入我们手中。黄金时刻不是在 8 月份，而是在 6 月末或 7 月初。我们白白丢掉了这个黄金时刻。达达尼尔委员会指出（结论 5）：“随着首次登陆而发起的进攻失败之后，为决定未来命运而制定方针时有过不必要的延误。伊恩 · 汉密尔顿爵士在 5 月 17 日就提交了报告。但直到 6 月 7 日之前，无论是战时会议还是内阁都没有讨论过这个报告。在这个最为关键时刻进行的政府改组是造成延误的主要原因。其结果是，伊恩 · 汉密尔顿爵士在报告中要求增派的援军被推迟了 6 个星期。”由于拖延，由于忽视了对埃及的多余部队的利用，我们丧失了人数上的优势，而这种优势我们原是有能力获得的，它对于取得胜利是必不可少的。从 5 月 17 日起我
512 们才采取合理的行动，协约国的 15 个师合起来可以达到 150 000 步兵，他们可以在 7 月份的第二个星期对总计 70 000 至 75 000 步兵的土耳其 10 个师发起进攻，上面的表格清楚地说明了这一点。与此相反，唐宁街和白厅所犯的错误迫使我们不必要地在 8 月份与敌人打一场势均力敌的战役，迫使我们陷入极端严重的危险，最终导致我们失败。战场上的失误和不当不能隐瞒，但这些失误和不当不能与最高层所犯的不可弥补的方向性错误相提并论。

我们可以根据这个表格明白无误地分析出失败的原因。[9]

注释：

[1] 见原书第509页的地图。

[2] 所有这些阵地见原书第509页地图。

[3] 事后48小时所写。

[4] 炮弹的大小和谁打的炮始终未能确定。

[5] 据称共有150人被炮弹炸死。

[6] 按上下文此处应为8月。——译者

[7] 见本书第三十六章。

[8] 阿斯皮诺尔上校将他的书面汇报交我处理。

[9] 见下章。

第十八章　巴尔干诸国的毁灭[1]

513 信奉基督教的巴尔干诸国就像是一群受压制要反抗的孩子。四百年来他们忍受着土耳其征服者的奴役。他们只是在最近这一百年里经过残酷斗争才恢复了自由。艰辛的经历锻造了他们的民族特性。宪法和王朝正是由这些经历产生的。这些国家的民众生活贫穷，性格粗犷而高傲。各国政府互相因不可调和的野心与妒忌而鸿沟甚深。每一个国家在历史上的某个阶段都曾是这一地区的霸主，虽然与希腊的荣耀相比，塞尔维亚和保加利亚的辉煌历史犹如昙花一现，但是它们都把各自的鼎盛期视作衡量其国家权利的尺度。因此，所有国家都同时将几百年前曾占有过的土地视作自己有权拥有的领土。所有国家都为此陷入没完没了的钩心斗角。

正是这个原因，它们注定要忍受难以形容的苦难。对于这些小国家来说，要想摆脱这种悲惨境遇和危险的泥沼，或寻求一个立足之地并不容易。在这些国家中，除了各种民族社团互相纠缠不清之外，每一个国家里还存在党派和政治的分歧与仇恨，这些足以使强大的帝国倾覆。每一位巴尔干政治家通往权力的道路都是曲折的，他必须经历各种复杂、危险的局面，经历令人目瞪口呆的变化，它要比大国国内斗争暴露出来的变化更凶猛、更激烈。掌握大权之后，他依旧受自己的过去的牵制，成了政敌和嫉妒心的攻击目标；而且，处于困扰之中和地位受到削弱的他，还不得不应付巴尔干政治多变的联盟关系，就如受世界大战巨大冲击所产生的那种朝秦暮楚的关系。

除此之外，还有协约国三个大国的政策带来的影响。法国和俄国都有各自的利益和打算，都有各自喜爱的巴尔干国家，而且在每一个国家里都有各自喜爱的政党。英国虽然并未明确地表示希望见到巴尔 514
干国家团结一致，但那种高尚的中立和超然令人困惑，再加上巴尔干各国君主的日耳曼血统或不列颠与日耳曼民族的关系，英国难以明确抉择。其结果是，这一地区的形势一直动荡不安，众多激烈的观点此起彼伏，使得英、法、俄三国的政治家从来也未能成功地制定出一种坚定、全面的政策。相反，由于他们单独的、半心半意的而且往往是互相矛盾的干涉，对混乱不堪的局面起到的只有火上浇油的作用，导致这些小国家先后堕入可怕的毁灭境地。

然而，三大协约国和四个巴尔干王国的主要利益一直是相同的，只要有一项简单的政策就可以使所有利益都得到保护和扩展。在牺牲土耳其帝国和奥地利帝国的基础上，所有巴尔干国家的野心都能够实现。大家都能够有足够的收获，而且比希望的更大。三大协约国的利益应该是联合巴尔干国家反对这两个帝国。巴尔干国家如果能够团结一致，它们就会安全；它们如果加入三大协约国，就一定能得到它们所觊觎的领土。巴尔干国家联合加入协约国必定会造成奥地利和土耳其的崩溃，从而迅速赢得这场战争。每一个国家都可以得到实实在在的好处。对罗马尼亚来说，可以得到特兰西瓦尼亚；对塞尔维亚来说，可以得到波斯尼亚、黑塞哥维那、克罗地亚、达尔马提亚和泰梅什堡的巴纳特；对保加利亚来说，可以得到阿德里安堡和埃诺斯—米迪亚地区；对希腊来说，可以得到士麦那及其内陆地区；对所有这些国家来说，可以得到安全、财富和实力。

要想获得这些好处，巴尔干各国之间必须互相做出些让步。罗马尼亚可以把多布罗加还给保加利亚；塞尔维亚可以放弃马其顿的保加利亚区；希腊可以让出卡瓦拉；作为对希腊的直接补偿，可以将塞浦路斯作为保持平衡的筹码。作为最后手段，英国可以提供财政援助，协约国可以决定在这一地区运用陆、海军力量。

令人惊讶的是，虽然所有的利益都是一致的，而且有这么多实现这些利益的强有力的手段和刺激，可是所有事情无一例外还是被搞砸了。如果在 1915 年 2 月，或在 1914 年 11 月土耳其宣战之后，英、法、俄三国政府能够就巴尔干事务达成共识，并派最高级别的全权大使去巴尔干半岛，与各国在坚定、明确的基础上谈判，那么我们就能制定
515 并实施一套统一、连贯的行动方案，各方面都会因此而受益匪浅。但与此相反，我们总是根据事态的扑朔迷离的迅疾变化而采取一些权宜之计以应付局面。协约国前前后后所提供和所做的一切全都付诸东流，而如果能选准时机一次性做这些工作，目的本是可以达到的。

在 1915 年初，巴尔干国家给协约国外交提供了最大的选择余地。但是从来没有人像对待一场巨大战役一样认真研究、策划此事。而此事实际上就是一场大战。俄、法、英三国的政治家们唯一会干的事就是采取一些断断续续、零零落落、半心半意、变幻无常、互不相关的权宜之计。三国的公众舆论一致谴责巴尔干国家，谴责巴尔干的政治家或君主，这也是不公正的。罗马尼亚国王之所以犹豫不决，斐迪南国王之所以诡计多端，康斯坦丁国王之所以躲躲闪闪，这一切都源于巴尔干问题的令人困惑的性质和协约国缺乏相应的良策。塞尔维亚确确实实展开了一场盲目的殊死搏斗，她除了自己的利益之外不考虑任何别人的利益，结果是自己也受害不浅，直到大战最后胜利才算得到弥补。罗马尼亚的生存自始至终面临威胁，连她的生存基础都被动摇。经过长时期的举棋不定、讨价还价之后，她终于决定加入战争；在打还是不打这个问题上，她的决定为时已晚，但她还未曾让别国把自己打得一败涂地。保加利亚不仅背叛了自己的过去，也背叛了自己的未来；她辛辛苦苦，最后却落了个战败国的悲哀下场。希腊凭借其勇气和智谋在最关键时刻得到拯救，她以极小的代价出现在战胜国一方，但她旧习难改，把自己所得到的一切又白白浪费了。然而，罗马尼亚有塔凯·约内斯科，他的观点总是清晰而正确；保加利亚有斯塔姆布利斯基，他敢于触怒斐迪南国王，长期监禁并没有让他屈服，他始终倾向英国和俄国；希腊有韦尼泽洛斯，他道路曲折，经受了不可言状

的难堪，战胜了难以想象的困难，凭他个人的努力保全了自己的国家，并且很可能也减轻了欧洲的苦难。

* * *

1915 年 8 月，俄国的灾难达到了顶峰。到了 6 月末，德、奥的进攻将俄国人从加利西亚—波兰的巨大凸出地区的几乎整个南半部赶了出去。俄国占领的区域缩减为一个跨度为 170 英里的半圆形，布列斯特—立陶夫斯克在中心位置，而华沙几乎处在外围边缘上。伦贝格已 516
经失陷。马肯森的战线现在几乎朝向北方，在他前面有四条为凸出地区供应物资的铁路线。7 月 13 日，他率领一个德国军和两个奥地利军对最南边的铁路线（科韦尔—乔尔姆—卢布林—伊万哥罗德铁路线）发起了进攻，韦尔施元帅则在他的左面向东推进。到了 8 月 1 日，他已经在乔尔姆和卢布林中间穿过铁路线，四天以后，俄国人撤出了伊万哥罗德和华沙。在新格奥尔吉耶夫斯克集结着 85 000 名二流部队，这些部队做了一下防守的姿态，但是在 20 日就投降了。灾难并没有就此结束。在北方，在立陶宛，兴登堡率领的德国第 8 和第 10 军在得到了南方德军（那里的战线已经缩短）的增援后开始推进，并于 8 月 10 日夺取了科夫诺。在科夫诺和里加之间的所有俄军，于是都陷入被包围的危险，开始后退。即便是布列斯特—立托夫斯克这个被吹嘘了很久的模范要塞也未能长时间坚守。8 月 11 日这个要塞三面临敌，26 日西南防线的堡垒被攻破之后它就被放弃了。这样一来，这片巨大凸出地区的最后外貌也消失了，俄国的防线除去防守里加的那一段向前弯曲处以外，已经接近于南北一条直线。俄军逃脱了被包围和覆灭的命运，但他们在加利西亚的一切收获全都付诸东流，他们失去了波兰，丢下了 325 000 名俘虏和 3 000 多门大炮，此外还失去了许多步枪和其他一些不可能替代的装备。最糟糕的是，沙皇因此剥夺了尼古拉大公的指挥权并派他去高加索。

4 月以来，俄国的失败对意大利产生了最为不幸的影响。在 1914 年，奥地利只能让几个地方部队监视意大利边界。等到意大利宣战之日，奥地利设法调集了 122 个营、10 个骑兵中队和 216 门大炮对付意大利，这些部队都混合编队，驻守在精心建造的战壕里。但是此后增援部队从加利西亚战场上源源不断地涌来。意大利人在 6 月和 7 月向的里雅斯特发起了两次进攻，即所谓的伊松佐河第一战役和第二战役，在进入敌人领土 6 英里之后意大利人就如同西线上对峙的军队一样深深陷入了堑壕战。意大利人在蒂罗尔展开的几次军事行动的结果，也仅仅就是占领了奥地利领土的五小块凸出地区。继俄国的灾难之后意大利也陷入了僵局，这两件事对保加利亚人的心理产生了灾难性的影响。

* * *

517 然而，在苏夫拉湾战役未见分晓之前，巴尔干人全都把眼睛盯在加利波利半岛上。在这场战役失败之前，保加利亚人一直拿不定主意，在整个 7 月份一直还有希望将他们拉入协约国一边。在 2 月份，奥地利和德国似乎迫不及待要对塞尔维亚发动进攻，但在整个夏季的几个月里都未见行动。幸运的是，随着几个月的悄然流逝，塞尔维亚的某些内阁成员所感到的、并为此严重不安的入侵的巨大威胁并没有得到证实。我不知道这次进攻拖延的其他原因，唯一的原因应该是达达尼尔行动对巴尔干国家和对保加利亚产生的影响。巴尔干国家广泛相信英国不取得胜利是决不会善罢甘休的。加利波利半岛上持续战斗，人们知道大量援兵正源源不断地到来，以及这个战场上即将爆发的另一场大规模的较量，这些将决定保加利亚的行动；而保加利亚的行动事实上又转过来影响到奥地利和德国对塞尔维亚的进攻。

在 7 月份，我坚决主张我们不应当把我们的巴尔干政策全部押在加利波利战役的结果上，虽然我们应尽力赢得这场战役，但我们也应尽力争取保加利亚。只要迫使希腊和塞尔维亚做出领土让步，再加上贷款许诺和对达达尼尔战役胜利的期望，保加利亚是可以被争取过来的。塞尔维亚大祸临头，协约国能向她提供保护的条件有限，在这种形势下她别无出路只有让步，如果必要，可以要她把马其顿这一无可争议的地区让给保加利亚，因为这个地区无论根据种族、历史、条约还是根据征服的事实，都应属于保加利亚，保加利亚直到第二次巴尔干战争时才失去它。甚至在1914年遭到奥地利第一次进攻时的危急关头，塞尔维亚仍旧觉得有必要将大量军队驻扎在马其顿的保加利亚地区以便镇压当地居民。考虑到让步的正确性和合理性，考虑到伸张正义的要求，考虑到自己的当务之急，塞尔维亚至少应该让出这一无可争议的地区。除了在外交上进行一般性的规劝之外，协约国的君主和统治者也发出过特别呼吁。塞尔维亚的摄政王收到了来自沙皇的呼吁、来自法兰西共和国总统的呼吁和乔治五世国王的呼吁，要求塞尔维亚做出让步，这种让步本身是正确的，对共同事业是必需的，对塞尔维亚的安全是至关重要的。但是塞尔维亚政府和议会对所有这些呼吁置若罔闻。协约国的外交努力举步维艰，每一份电报和每一次举措都要征得其他协约国的同意，正当协约国决定：除非塞尔维亚答应他们坚 518
持的要求，否则就拒绝向她提供进一步物资或财政援助。入侵却终于爆发了。

关于卡瓦拉也发生了同样的事情。M．韦尼泽洛斯在大事情上几乎总能判断无误，他打算将自己在希腊享有的个人威望拿出来冒险，并且不惜违逆国王的意思而使自己处于十分不利的地位，他宣布可以在一定条件下将卡瓦拉割让给保加利亚。如果协约国能够保证保加利亚能立即得到在马其顿的一块无可争议的地区和卡瓦拉港口，那么保加利亚人就很有可能在7月份愿意助我们一臂之力，开始向阿德里安堡进军。

即便我们不能取得所有这些成果，但是如果在协约国的敦促下将领土确实割让给保加利亚，那么斐迪南国王不可能将他的国家投入到我们的敌人阵营。拉多斯拉沃夫先生以十分坦率的语言对这几个月保加利亚的立场进行了完全真实的描述。然而，我们没有采取任何有效的措施，把所有精力集中在加利波利半岛的冒险战役上。

如果不承认爱德华·格雷爵士当时所面临的特殊困难，那是不公正的。他必须将四个大国的外交行动联合起来处理如此敏感而痛苦的问题，即迫使友好的希腊和受俄国特别保护的正在遭受苦难的盟国塞尔维亚在领土上做出令他们无比反感的让步。虽然在外交上联合一致能发挥一些作用，但只有在达达尼尔取得决定性胜利，才能真正和防止抵消俄国的惨败在巴尔干各国引起的可怕浪潮。

到了 8 月的第三个周末，在这个关键地区取得迅速胜利的全部希望已经化为泡影。当索非亚的军队掌权人物已经完全看清了我们的失败之后，保加利亚国王和政府终于下定了决心加入德国一方。从那一刻起，塞尔维亚的毁灭已经注定而无可挽救。达达尼尔战役这道长时间来阻挡洪水的堤坝终于崩溃了。从此以后，奥、德军队的进攻只是一个时间问题了。塞尔维亚虽然已经完全意识到自己面临危险，却依旧不肯听从各方面的呼吁，不肯做出实际的让步。直到最后关头，她依旧占据着被她征服的马其顿的保加利亚地区，面对正在集结准备进攻她的占压倒优势的军队保持顽强的姿态。

*　　*　　*

519 一个新的大事件即将震撼日益恶化的局势。7 月初在加来举行的一次会议上，英国的内阁代表，即首相基奇纳勋爵和贝尔福先生，按照内阁压倒多数的成员的观点，对 1915 年在西线展开进一步的英、法联合进攻表达了反对意见。他们建议协约国在法国和佛兰德的作战行动应该限制在所谓的“攻势防御”的范围内，更准确地说，就是积极防守。法国方面同意了；霞飞将军也同意了。这是一个公开、正式的协议。正是在此基础上我们才开始了加利波利半岛新战役的准备工作。然而，霞飞将军在离开会议后不久就把协议抛在一边，平静地重新制定对香槟地区发起大规模进攻的计划，他信心十足地以为，这次进攻可以突破德军的防线，将德军赶回去。直到苏夫拉湾战役终于失败，我们比以往任何时候都更深地陷在加利波利半岛上时，我们才知道这件事。

为了避免秘密文件出现不必要的流传，战时委员会的成员如果想阅读陆军部的每日电文，他们需要每天上午，去陆军部基奇纳勋爵的候见厅里阅读。我每天都要在那儿逐字阅读文件。8 月 21 日上午，我正在那里读文件，私人秘书通知我说，刚从法国司令部回来的基奇纳勋爵想见我。我走进他的房间，见他正背对着光站在那儿。他侧对着我，脸上有一种非常奇怪的表情。我知道他有重要的事情要宣布，就等待着。犹豫了一阵子后，他告诉我，他已经同意法国人的计划，准备在法国展开大规模进攻。我立刻回答说进攻根本没有成功的机会。他说进攻的规模之大将超过以往的想象；假如成功，一切都将得到弥补，当然也包括达达尼尔战役的损失。他的神态透露出一种压抑在内心的激动，仿佛一个人刚做出了一项重大却又非常没有把握的决策，现在正要将决策付诸实施。当然，他正在全力以赴准备一项声明，当天上午他就要向战时委员会和内阁宣读这个声明。我始终没有被说服。到了 11 点，他驱车带我去唐宁街。

委员会成员到齐了。基奇纳勋爵无疑事先已经向首相汇报了此事，会议一开始就立即请他发表声明。他对我们说，由于俄国的局势，他不能再保持在加来与法国人商讨时的同意态度，即在西线展开真正的大规模进攻应该推迟到协约国做好准备之后。按照他对我们的解释， 520
他本人也曾经敦促霞飞将军采取进攻。正如我们现在所知道的那样，法国人已经计划和准备了很长时间，而且确实从来没有中断过，由此可见，这一定是未经商定的工作。我立刻提出抗议，反对这种背离决议的做法，这个决议是经过内阁充分考虑并由加来会议批准的，同时我也反对展开一次只能导致大规模无谓屠杀的行动。我指出，我们既没有足够的弹药，也没有人员上的优势，根本无法保证对敌人的牢固防线发起的这么一场进攻可以获胜；这么一场进攻并不能及时有效地解救俄国，不能阻止德国人在西线之外的其他战场上发动主动进攻；它还将严重破坏我们打通达达尼尔海峡的计划。我的讲话保留在如下记录中：

> 丘吉尔先生对此表示遗憾。德军在西线的兵力并没有减少，以200万对协约国的250万。协约国享有的优势为五比四，这点优势对展开进攻是不够的。自从最后一次进攻以来，我们的相对力量并没有改变，而德军的防御却加强了。
>
> 他似乎认为，为了解救俄国，为了满足我们想解救俄国的伟大而发自本性的愿望，协约国可能要付出20万或30万人生命以及（许多）弹药，而这有可能只取得少许进展。5月9日的进攻（费斯蒂贝尔—阿拉斯之战）已经失败了，战线并没有因此而改变。我们如果以这种方式消耗生命和弹药，德国人就会有机可乘，他们就会觉得从东部将大量军队撤回是值得的。规定进攻所需要的优势是二比一，而我们（协约国）并不具备这个条件。

我的这些观点没有引起严重争议，但有人竭力主张，法国人无论如何都要进攻，如果我们不予配合，联盟就完了。基奇纳勋爵小心谨慎，没有提出“决定性胜利”的预期，当要求他对“决定性胜利”下定义时，他援引了我的解释，即“战线发生了根本性的战略改变”。他说：“丘吉尔先生所言很有道理，但是不幸的是，我们必须打仗，这是因为我们必须，而不是因为我们喜欢。”

战时委员会会议结束后一小时又召开了内阁会议，我向内阁恳求
521 不要因为法国失去耐心而让步，应该重新召开一次会议将所有的理由都摆出来，并最后请求他们放弃进攻。我得到了其他人的有力支持。我被迫承认，如果法国在听了我们的意见之后仍旧坚持他们的打算，

我们当然应当配合他们，但是我强烈要求做最后一次努力，以避免即将到来的一场徒劳无益的、灾难性的大屠杀。约翰 · 弗伦奇爵士当时在伦敦，内阁征求他的意见。他也不愿意对胜利做出保证，他尤其对要求他承担进攻任务的那段地区感到极其不满。他现有的弹药只能维持 7 天的进攻。尽管如此，如果接到进攻命令，他将全身心地投入战斗。他在兰开斯特门过夜，我私下里去那儿拜访了他，向他阐述了我的观点。他举出了应该和法国人协调行动的通常的理由，然后向我透露，霞飞将军仅在法国攻击地区就准备动用至少 40 个师。虽然我必须承认战役的巨大规模似乎将这个问题引入了未知领域，但我依旧反对这次行动，我忧虑重重地告别了朋友。我感到我们在东、西两条战线上都面临着一败涂地的前景。

* * *

在法国展开全面进攻的决定立刻导致了加利波利半岛上的军队出现了弹药和兵员的短缺，或至少是不足。虽然仍有大批士兵被派往半岛以弥补伊恩 · 汉密尔顿爵士在战场上的部队的缺额，但是这个数量对别处来说是个重大损失，在这儿却不足以产生有价值的结果。加利波利半岛上的战事停顿了下来，土耳其人急忙补充他们的严重损失，修筑那些摇摇欲坠、有几处已经被摧毁的工事。与此同时，疾病和失望情绪开始在我们的部队里蔓延。差一点就可以得到而最终失去辉煌胜利的痛楚，国内支持不足的舆论，对政府今后意图的茫然，弹药的短缺，冬天来临造成的威胁，官兵生活必需品的匮乏，这些都使达达尼尔部队遭受最为悲伤的折磨。那些为数众多、势力强大的反对这次行动的人，那些主张撤退的人，还有那些对立方案的吹鼓手，发现他们已经得到了他们想要得到的一切。形势令人沮丧，只有依靠英国军队的坚忍不拔的毅力和澳、新军团的不屈不挠精神，才能使陆军牢固的态势和它随后的存在保持下去。

522 但是现在发生了一个非常奇怪的偶然事件，它使英国政府大感困惑。要想确定或解释萨拉伊将军的政治势力和其影响力的基础，当时并不是一件容易的事。这位军官在7月份被霞飞将军解除了使之成名的凡尔登司令的职务，但是他通过某种深厚的政治势力，受命接替严重受伤的古罗将军担任法国东方部队的司令。不管对他的军事业绩有何争论，他反宗教的信念却是无可置疑的。在法国的统治圈子里似乎对任命他担任东方的一个重要而独立的职务存在一种谅解，这个职务给他机会获得军事殊荣，而法国激进的社会主义分子决心让反教会的将军们在得到这些殊荣上不受阻挠。9月1日那天，在法国发动大规模进攻的准备工作正处于紧锣密鼓之际，在达达尼尔海峡我们自己的军队所能得到的兵员和弹药的供应已经减至最低限度之时，海军部突然从法国的海军武官那儿接到请求，希望我们帮助法国海军部将4个新的法国师从马赛运往达达尼尔海峡。我们的惊讶是可想而知的！随后我们得知法国政府决定单独建立一个由6个师组成的东方军团，这个军团归萨拉伊将军指挥，并将在10月份由达达尼尔海峡的亚洲海岸登陆，然后从那儿向恰纳克的堡垒进军，以配合我们对加利波利半岛展开的新一轮进攻。法国人要求我们设法替换下海勒斯角的两个法国师，目的是将这两个师与新到的4个法国师合在一起组成一个独立军，以便执行新任务。一时间，由于法国政治力量发挥的作用，那些我们无论怎样尽心、尽力、尽责都解决不了的问题似乎都迎刃而解了。我们已陷入困境的委员会顿时迎来了柳暗花明。我们匆忙接受了法国人的建议，基奇纳勋爵立即答应派两个师去接替海勒斯角的法国部队。贝尔福先生马上着手筹集必需的运输船队，博纳·劳先生和我共同要求增派更多的英国部队，以便“把事情干得漂漂亮亮。”英国的内阁啊！他们十分清楚地看到事情的本质，他们的基本观点也正确无误。他们失败并不是因为判断失误，而是因为意志薄弱。在这种时代，天国只能用武力夺取。

523 但是随后我们又产生了疑问。“霞飞将军已经同意了吗？”调查表明他确实表示有条件的同意。他自己的地位还没有牢固到足以不理会来自政治左翼的压力。他被迫调兵遣将，但条件是：在即将爆发的战役的主攻开始之前，以及在战役是否能取得决定性的结果获知之前，增援达达尼尔海峡的 4 个师不能离开法国。在 9 月 11 日的加来会议上，当基奇纳勋爵要求知道确定这一点需要多少时间时，他说在第一个星期的战斗结束时无论如何都将会知道；如果到那时仍旧无法迫使德军在西线全面溃退，所有指定去达达尼尔海峡的部队将可以离开法国；如果德军全面溃退，那么所有的部队都要穷追不舍。10 月 10 日是确定先头部队登船出发的日子。然而，我们发现萨拉伊将军并没有听从基奇纳勋爵的强烈要求，赶到达达尼尔海峡在现场观察形势并完善他的计划，相反，他宁愿呆在巴黎处理一些无疑很重要的公务。

* * *

9 月 20 日，坏消息传到了伦敦：保加利亚即将开始总动员，这个国家已经加入了中欧同盟国的阵营。次日，保加利亚首相在一次会议上对其追随者说，协约国败局已定，保加利亚不能站在失败的一方；他还说，关于被占领的无可争议的地区在战后应如何处理，四国同盟只向保加利亚提出了一些含糊的建议，如果保加利亚参战，同盟向她保证罗马尼亚会保持中立。22 日午夜，土耳其人签订协议，同意将杰贾加赫铁路让给保加利亚；就在同一天，塞尔维亚发出警报：奥、德军队正向她的北部边境逼近。担心已久的南进就要开始了。

值得注意的是，虽然保加利亚在下狠心投入战争之前曾耐心等待苏夫拉湾战役的结局，但是当另一场规模要大得多的战役眼见着就要在法国爆发的前夕，她的统治者却毫不迟疑地表态。德国人不可能不注意到大批大炮和部队在阿图瓦和香槟集结的动向，但他们已经做好迎接这次攻击的充分准备。正是他们对大战结果的信心才使保加利亚参谋部拥有了相同的感觉。

* * *

524 9月26日凌晨，西线的大战役爆发了。英、法的大约30个师从洛斯发起辅助性进攻，而主攻则由法国的40个师在香槟展开。为了与法军联合行动，约翰·弗伦奇爵士被迫放弃自己更正确的看法，接受了进攻任务；但是一旦同意遵从霞飞将军的计划，他便以其固有的决心全力以赴执行任务。法军在香槟展开的进攻被描述为“放手进攻”，即投入进攻的部队可以“觉得无影无踪地”尽情推进，充满信心地期望他们不仅可以夺取已遭受炮击的前沿阵地，而且可以夺取在敌人后方可能碰上的所有阵地和防御工事。参谋部在错误观念的指导下荒谬地认为，投入大批骑兵便能取得决定性的胜利。遵从致命的信号，勇敢的士兵们迎着炮火冲了上去。法国步兵的斗志丝毫不低于英国步兵。然而，人们从来没有怀疑过这一点：德国人对他们防线上的敌人的力量以及需要多少兵力才能守住防线所做的计算是精确无误的。他们进攻俄国和对付巴尔干的计划都进展顺利。英、法进攻的第一个星期在各点上只得到没有战略意义的微小进展，夺得了几十门大炮，抓获了几千个俘虏，为此付出的代价却是30多万人的伤亡。

霞飞将军把部队抽出来派往东方的时候到了，但是他当然不愿意承认失败，他通过继续战斗来掩饰希望的破灭，派往达达尼尔去的4个师动身的日子一周又一周地拖了下来。与此同时，冬季却日益向加利波利半岛上的部队逼近，巴尔干的灾难也降临了。

9月25日，保加利亚军队开始总动员。对于我国军方和法国军方所提供的有关法国战况的乐观描述深信不疑的那些人，是不可能相信德国人能腾出新的兵力去征服塞尔维亚的，因为德国不仅在西线面临可怕的进攻，而且在广大的东部战场上也负担着巨大的战争任务；因此，他们直到最后一刻还怀疑这一点。但在9月的第三和第四个星期，大量奥、德军队在多瑙河以北集结已是确凿无疑了。10 月 4 日，我们的情报表明，马肯森已经在蒂米什瓦拉出现。虽然为时已晚，协约国还是极尽许诺与恫吓之能事，想拼命制止保加利亚人，但所有这些均碰了钉子，保加利亚军队的动员照常进行。斐迪南国王依旧不折不扣地推行他经过深思熟虑的但又十分危险的政策。铁的纪 525
律控制了农民出身的士兵，无情的镇压平息了议会的各派势力。直到最后一刻仍执迷不悟的塞尔维亚人已做好迎接毁灭的准备，他们一方面向协约国大声疾呼，另一方面要在战场上决一雌雄。

我们现在必须要研究一下这些事件的影响。此时能够及时给予塞尔维亚援助的唯一国家是希腊。因此，协约国所有国家终于联合起来恳请希腊投入大战。希腊曾经两度将自己交由协约国支配，但她却两度遭到断然拒绝。现在轮到协约国求她了。根据条约，希腊有义务援助塞尔维亚抵抗保加利亚的进攻。康斯坦丁国王和支持他的希腊人声称，这个条约不适用于目前这场战争，因为塞尔维亚不仅遭到保加利亚而且遭到另一个大国的入侵。塞尔维亚拿出这个条约要求希腊支援，同时也呼吁协约国派 150 000 名士兵。M. 韦尼泽洛斯已通过选举再度担任首相并且是议会多数党领袖，他要求协约国派军队赴萨洛尼卡，以便能让希腊加入战争，履行其光荣义务。作为一种直接援助塞尔维亚的军事措施，协约国军此时在萨洛尼卡登陆是荒谬的。除非希腊进行支援，否则，在有效的援助到达之前，集中在塞尔维亚东部和北部战线上的敌军将彻底蹂躏那个国家。作为一种鼓励和催促希腊采取行动的政治举措，向萨洛尼卡派遣协约国军队是合理的。但是问题是：抽调何处的军队？显然要抽调达达尼尔的军队，而且也只有抽调达达尼尔的军队。于是，在 9 月份的最后几天，从伊恩 · 汉密尔顿爵士的处于强大压力下的部队中又抽调了一个法国师和一个英国师，只能腾出这两个师，也只有这两个师能及时赶到萨洛尼卡。

将达达尼尔的军队调出起到了事与愿违的作用，能够了解这个问题实质的读者对此一定不会感到吃惊。康斯坦丁国王一生受的都是军事教育。他十分仔细地研究了本国的战略形势，并在这方面以权威自居。只有完善的军事计划才能打动他的心，从协约国那儿他从来没有得到过这样的计划。当他得知协约国将从达达尼尔海峡撤出两个师前去增援的消息时，他得出的结论自然是达达尼尔行动计划将要被放弃了。他觉得，倘若他加入战争，要不了多久，他不仅要
526 对付保加利亚人，而且还要对付目前被拴在加利波利半岛上的土耳其主力部队。他从英国和法国的行动中看出，这两个国家已经明确承认达达尼尔行动计划即将失败，这个行动计划的成败在整整一年的时间里一直主宰着东方的战争形势。要从国王的心中消除这些忧虑是不可能的，何况他对德国原来就颇有好感。这一切终于对他产生了决定性的影响。弗朗西斯·埃利奥特爵士（10月6日）说："部队从达达尼尔海峡调往萨洛尼卡这件事令陛下感到不安。他认为这是放弃远征计划的开始，并将使土耳其的全部军队得到解脱，可以去增援保加利亚人。"

这两个师已经启程上路，英国海军在萨洛尼卡海港布下了防潜网，此时康斯坦丁国王却解除了邀请协约国部队的韦尼泽洛斯的职务。协约国因而发现与他们打交道的希腊已经变成了一个亲德国的国家，并且决心拒绝履行其对塞尔维亚承担的条约义务。这样一来，远征萨洛尼卡的目的便完全消失了。但是英国与法国的那些主张这次远征的掌权人物却执意坚持下去。眼睁睁地看着塞尔维亚人与强敌展开殊死搏斗所遭受的苦难，眼睁睁地看着一个弱小的盟国被蹂躏而感到的耻辱与悲伤，加之对达达尼尔战役的厌倦和忧虑，这一切形成了一股不可抗拒的舆论浪潮。我一再指出达达尼尔海峡是解决问题的关键，要想让保加利亚改变行动计划，并让塞尔维亚免遭毁灭，唯一的机会就是使用海军打通海峡。甚至到了最后关头，英国海军进入马尔马拉海仍旧可能改变局面。已经动员起来准备向一方发起进攻的保加利亚人有可能会转而进攻另一方。如果德·罗贝克将军和第一海务大臣亨利·杰克逊爵士愿意动手，贝尔福先生毅然准备完全承担主要责任，然而，

他觉得自己没有理由强制他们或用别人替代他们。因此，只有等待灾难降临了。

内阁对这种绝望的局面已忍无可忍，显然，法国政府也有同样的焦虑。人们产生了一种速派部队去援助塞尔维亚的强烈愿望。部队要及时到达是不可能的，但是解释这一点也无济于事。在 10 月 6 日星期五这一天，内阁展开了一场激烈而混乱的讨论，随后决定由海军部和 527
陆军部的联席参谋会议认真判断这种纷乱的形势。人们向帝国参谋长和第一海务大臣召集的有陆、海军专家出席的会议提出了一个重大的问题：怎么办？整个星期六和星期日这些军官们一直在考虑和准备他们的报告；在 10 月 9 日星期一这天，大臣们开始传阅一份不同寻常的文件。参谋部与在法国的总司令部忠实地保持一致意见，并根据几乎所有的正统军事观点，建议应该将一切力量集中起来支持洛斯战役，他们认为这场战役有可能取得决定性的战果。在这一点上，不仅 1915 528
年的事件，而且 1916 年和 1917 的事件都证明了他们的错误。英国军队在最大的支持下用最充分的弹药继续在那里战斗，但是他们不仅未能突破德军的防线，而且由于德军的反击还丧失了原来的很大一部分战果。道格拉斯 · 黑格爵士在 1916 年的索姆河战役和 1917 年的帕斯琴达尔战役，耗费了大量弹药和生命尚且不能取得任何决定性的战果，约翰 · 弗伦奇爵士在 1915 年依靠那么一点进攻力量就能有什么机会吗？最好、最正统的军事观点此时已经与现实大大脱节，以致参谋部至今还在考虑使用大批骑兵突破德军的防线。突破防线之后骑兵又该怎么办？对此他们却没有解释。

但是在关于法国进攻的一般问题到东方局势所提出的特殊问题的讨论中，陆军参谋部和海军战时参谋部总算能以肯定的语言反对萨洛尼卡行动计划和支持继续进行达达尼尔战役。主张萨洛尼卡行动计划的人正是那些强烈要求将争执不下的问题移交给海、陆军专家做公正判断的人，可是他们对于他们诉请裁决的专家的决定却完全不愿接受。

10 月 9 日夜晚，这些问题被提交给战时会议（其成员已经增加，争执双方的头面人物都包括了进去），显然，在萨洛尼卡和达达尼尔之间无法达成任何一致意见。在另一方面，尽快派大批部队去增援东方战场已是双方的共同立场。由于部队调动需要几个星期的时间，似乎有理由可以认为，在这个时间里形势的发展可能最后会使双方达成一致。会议的最后决定是从法国撤出 6 个师派往埃及，至于这 6 个师以后怎么办的问题留待以后再解决。首相感到自己同意这种安排是迫于无奈，在我看来，他的个人意愿一直是想在达达尼尔海峡坚持下去，他竭力耐心地运用各种手段引导大家支持这个观点，以便能保证尽早
529 做出必要的决策。操之过急有可能会使政府破裂。我始终强烈认为，让内阁垮台也许会好得多，与其保留所谓的“全民团结”而牺牲至关重要的实际行动，还不如让内阁中这个或那个派别完整地贯彻自己的一套主张。但是除此之外还有与法国人之间出现的麻烦。

法国政府此时已全力主张萨洛尼卡计划。他们宣称打算派萨拉伊将军的军队去萨洛尼卡而非去达达尼尔，并且要求我们尽力支持他们。于是，内阁围绕着这个建议又爆发了新的一轮争辩，该建议要求将已经奉命奔赴埃及的部队转而开往萨洛尼卡，从而放弃打通达达尼尔海峡的进一步的大规模行动。大家再一次求助于军事专家；参谋部在一份文件中表明，拯救塞尔维亚人已无任何可能，萨洛尼卡行动是一个危险而无效的、使军队力量分散的错误方针；以后发生的事件完全证实了这份文件的观点。有了所有陆、海军专家的明确结论做后盾，内阁拒绝了法国人的建议，坚持要将英国的增援部队按照协议派往埃及，在那儿更换亚热带装备等等。为此，法国政府派霞飞将军来到英国。香槟战役失败之后他已没有资本抗拒自己政府强有力的倾向，也不太想让萨拉伊将军留在巴黎。他来到英国后，由于首相一时生病无法见他，便会见了内阁的主要成员。我受排挤未能参加这次会议，因为大家都知道我肯定不会买他的账。会议结束之后内阁获悉，霞飞将军保证他的军事判断万无一失，确认萨洛尼卡远征是必要而且也是可行的，他还威胁说，如果英国不给予有

AUSTRIA
HUNGARY
Budapest
TRANSYLVANIA
MOLDAVIA
ROUMANIA
CROATIA
BOSNIA
Belgrade
SERVIA
Bukharest
DOBRUJA
BULGARIA
Turnu
HERZEGOVINA
MONTENEGRO
NOVIBAZAR
Nish
Sofia
EASTERN
RUMELIA
SCUTARI
KOSOVO
Uskub
Adrianople
CONSTANTINOPLE
TURKEY
MONASTIR
SALONICA
MACEDON
JANINA
Salonika
Enos
Gallipoli
GREECE
Smyrna
Athens
THE BALKAN
PENINSULA
20
25°
30°
45°
40°
35°
20°

巴尔干半岛

Adrianoplia	阿德里亚诺波尔
Athens	雅典
Austria	奥地利
Belgrade	贝尔格莱德
Bosnia	波斯尼亚
Budapest	布达佩斯
Bukharest	布加勒斯特
Bulgaria	保加利亚
Constantinople	君士坦丁堡
Croatia	克罗地亚
Dalmatia	达尔马提亚
Doburoja	多布罗加
Easter Rumelia	东鲁米利亚
Enos	埃诺斯
Gallipoli	加利波利
Greece	希腊
Herzegovina	黑塞哥维那
Hungary	匈牙利
Janina	约阿尼纳
Kosovo	科索沃
Macedon	马其顿
Moldavia	摩尔达维亚
Monasdtir	莫纳斯提尔
Montenegro	门的内哥罗
Nish	尼什
Novibazar	新巴扎
Roumania	罗马尼亚
Sahonica	萨霍尼卡
Saldruka	萨尔德鲁卡
Scutari	斯库塔里
Servia	塞尔维亚
Smyrna	士麦那
Sofia	索菲亚
Transylavania	特兰西瓦尼亚
Turkey	土耳其
Uskub	于斯屈布
Varna	瓦尔纳

效的合作他将辞去法军司令的职务。尽管英军参谋部坚决拒绝，并最坦率表示不考虑他们的意见，但内阁还是在这种粗暴的威胁下屈服了。

英国政府的最终政策虽然在方向上有错误，在时间上已经太迟，但仍有其崇高之处。10月12日，英国向罗马尼亚和希腊发表了下述声明：

能够帮助塞尔维亚的唯一有效方法就是由罗马尼亚和希腊立即向奥、德和保加利亚宣战。如果宣战，英国政府将毫不迟疑地
530 与罗马尼亚签订军事条约，根据条约英国将保证在巴尔干战场上投入至少20万人的军队，这不包括已经驻扎在加利波利半岛上的

军队。如果法国也派部队——他们现在正在考虑这么做——他们的部队将投入20万人；如果他们不派，英国政府将独自提供全部的军队。

这支军队将包括几个最训练有素的师，他们将代表我们协约国留在这个战场上直到完成任务。一旦运输条件具备，部队将陆陆续续而且源源不断运去。我们估计到11月底15万人将可望抵达，到年底20万人将全部抵达。

在军事条约中将清楚地列出这支部队各个单位的抵达日期。我们将向希腊重申这个提议，如果罗马尼亚准备立即行动，我们将敦促希腊立即履行其对塞尔维亚所承担的条约义务。

如果在三个月以前能表现出这种精神，我们就可以避免这场灾难，而正是因为大难临头才激发起我们的这种精神。如果在8月或9月能向加利波利半岛或亚洲海岸派出这么一支军队，我们就可以击垮已经精疲力竭的土耳其军队，从而反败为胜，扭转整个东方的战局。现在我们提出这么优厚的条件并非出于先见之明，而是迫于形势发展的压力。可惜这些优厚的条件已无人理睬，对罗马尼亚和希腊全然不起作用。

由于未能挽救塞尔维亚，在这种痛苦的挣扎中，爱德华·卡森爵士辞去了职务。由于试图挽救塞尔维亚未成，德尔·卡塞先生也辞职了。

*　　*　　*

10月9日，毁灭的风暴席卷了巴尔干半岛，马肯森率领9个德国和奥地利师渡过多瑙河，从北面进入了贝尔格莱德。两天后，保加利亚人从东面入侵塞尔维亚。这种两面夹击是难以抵挡的。于斯屈布在10月22日陷落，尼什在11月2日陷落。又过了一个月，莫纳斯提尔沦陷，到了12月中旬，塞尔维亚军队或者被消灭或者被赶出塞尔维亚土地。

由于保加利亚人严酷无情的追逐，溃退的塞尔维亚军队和人民受尽了战争和冬季的折磨。成千上万失去保护的塞尔维亚人丧失了生命，整个国家惨遭蹂躏，陷入了被彻底征服的境地。与此同时，大批在萨洛尼卡集结的英、法军队成为这些事件的旁观者，加利波利半岛上的协约国军队被闲搁着，达达尼尔海峡的英国舰队依旧无所事事。

注释：

[1] 见原书第527页巴尔干半岛地图。

[2] 显然这儿指的是“士兵”，即伤亡的人员。

第十九章　放弃达达尼尔海峡

前一章所描述的事件直接导致了攻打达达尼尔海峡的行动计划的 531
放弃。首先，德国与土耳其之间的即将开放的交通线，似乎能使土耳其人得到各类物资的大量供应，尤其是重型大炮和弹药。我们驻扎在加利波利半岛上的部队，由于他们的阵地无法局部撤离，因而遭到敌人大大加强的炮火的威胁。其次，萨洛尼卡远征一定会成为达达尼尔行动厉害的竞争对手，进一步削弱那儿已经陷入困境的军队的现有力量，截住或转移了本来应向他们提供的增援力量和物资。到处充斥着临近失败（如若不是最终灾难）的忧虑。撤离加利波利半岛和放弃整个行动的计划之所以被耽搁了一阵子，只是因为我们害怕士兵会在海滩上被屠杀，部队会因此而损失大半。作为撤离的第一步，基奇纳勋爵在 10 月 11 日给伊恩 · 汉密尔顿爵士去了一份电报：

> 如果我们决定撤离加利波利半岛，并且以最小心的方式执行撤离计划，你估计部队可能会遭受什么样的损失？[1] ……

伊恩 · 汉密尔顿曾经声称撤离是“不可想象的”，他在 12 日的复电是：

> 理智地计算一下，我们撤出加利波利除了会损失必须要使用到最后的大炮以及贮存物资、轨道设备和马匹之外，还可能

> 使部队损失过半……我们或许会很幸运，损失会比我估计的要小得多。

10月14日，政府决定召回伊恩·汉密尔顿爵士，并派门罗将军去接替他的位置。这位军官曾在法国指挥过一支部队，西方的观念在他的头脑里根深蒂固。在他看来，这场大战的最高战略概念就是“杀德国佬”。能杀德国佬的任何办法都是好办法。不能杀德国佬的任何办
532 法都是没有价值的，即便这种办法能使别人杀德国佬和能杀更多的德国佬，或者能够制止德国佬有能力杀我们。在他这种人的心目中，占领君士坦丁堡只不过是小打小闹，摧毁土耳其的军事力量或将巴尔干国家团结在协约国的周围只不过是些政治把戏，所有的军人都应对此嗤之以鼻。内阁并不了解门罗将军的这些奇特的观点。何况他以往所谈的都是纯军事性的话题。他应对下述问题发表见解：加利波利半岛是应放弃还是应做另一次努力占有它；需要多少军队才能够（1）占领半岛，（2）保证海峡通畅，（3）拿下君士坦丁堡。[2] 在这个从根本上说属于两栖作战的行动中，他的话没有提到舰队可能发挥的作用。大量的军队正离开法国奔赴东方战场，应如何部署这些军队还是一个悬而未决的问题。形势紧迫，大家焦急万分地等待着门罗将军的报告。

然而，用不着有悬念。门罗将军是一位决策迅速的军官。他来了，他看了，他决定投降了。10月28日他来到达达尼尔海峡，到了29日他和他的参谋人员什么也不讨论，只讨论撤离。30日他在加利波利半岛登陆。他没有去海滩以外的地方，他只用了六个小时就熟悉了安扎克、苏夫拉湾和海勒斯角长达15英里的战线的情况，在每一处他都会对主要指挥官扔下几句令人泄气的话。他在各个军指挥部将师长们叫来，挨个问他们类似这样的问题：“假如你再也得不到任何兵员补充，而土耳其人却从德国得到源源不断的重炮和弹药的大量供应，你能顶得住吗？”用这种方法他搜集到了一些含含糊糊的答复，带着这些答复他回到了因布罗斯。从此以后，在他执掌指挥权的任期内，他再也

没有踏上半岛一步。他的参谋长也是一位主张撤离的热心分子，但却根本就没去过半岛。10 月 31 日门罗将军发来了电报，建议完全撤离加利波利半岛，彻底放弃这场战役。根据他自己的说法，他认为除了整个战役宣告失败之外，部队将损失 30% 到 40%，也就是要损失 4 万官兵。这是他准备接受的前景。两天后他动身去埃及，将达达尼尔的指挥权临时委托给伯德伍德将军。 533

门罗将军要求“撤离”的电报，对基奇纳勋爵来说犹如晴天霹雳；震惊之余，他又鼓足力量挺立起来，这时候他体现出了我们民族性格中的不屈不挠的品质。

基奇纳勋爵致伯德伍德将军

绝密　　　　　　　　　　　　　　　　1915 年 11 月 3 日

门罗送来的报告你想必已经知道。我将去你那儿，明晚动身。我已见过凯斯舰长，相信海军部会同意由海军做强行通过达达尼尔海峡的努力。我们必须尽力帮助他们，我想我们的军舰一旦进入马尔马拉海，我们就能夺取布莱尔地峡，如果土耳其人依旧坚持到底，我们可以利用这个地方向海军供应物资。

在克塞罗斯湾的顶端的沼泽地附近仔仔细细寻找最佳登陆点，以便我们可以获得一条横贯地峡的道路，让军舰守在两头。为了调集军队执行这项任务，我们将不得不把战壕里的士兵人数降到最低水平，也许我们要撤离苏夫拉湾的一些阵地。我们要调集所有优秀的战士，包括你的安扎克小伙子们和我能在埃及召集到的所有士兵，让他们集中在穆德罗斯港准备执行这个行动计划。

海军指挥层可能会有一些调整，在这次行动中将任命威姆斯负责指挥海军。

至于陆军指挥权，全部军队都归你负责，要仔细挑选指挥官和部队。我推荐莫德、范有、马歇尔、佩顿、戈德利、考克斯这几位人选，让其他人依旧坚守防线。请制定行动方案，或把你觉得最好的替换方案制定出来。这次我们一定要成功。

我绝对不会签署撤离的命令，我认为撤离将会酿成一场最严重的灾难，将会导致我们的战士大量阵亡或被俘。

门罗将被任命指挥萨洛尼卡的部队。

这才是基奇纳的本色。无论布莱尔是否是最佳地点，但从这份火辣辣的电报中我们看到了一位坚定、自信、有创造力、有雄狮胆魄的人，不列颠帝国相信他，千百万人信任他。

不幸的是，到了第二天：

基奇纳勋爵致伯德伍德将军

1915 年 11 月 4 日

我即将依照安排动身……我越研究这个问题，越看不到出路，所以你最好悄悄地和秘密地制定一个将部队撤出半岛的方案。

* * *

534 我们可以再一次利用我们特有的便利，把目光穿越敌人的防线，了解一下德国当局是如何判断形势的。10 月 31 日这天，也就是在门罗将军发电报给基奇纳勋爵要求撤离的同一天，德方冯·乌泽多姆——读者会记起就是负责指挥达达尼尔堡垒和海峡所有海军防卫力量的那个海军上将——发送给德皇一份急件，报告过去一个月里局势的发展。

他写道：

由于 8 月 7 日在阿里布努防线以北从新的登陆点开始的进攻被阻止，我们一直预期的陆上战线的大规模进攻并没有发生。9 月底，关于敌人部队和车辆调动的报告增多。来自萨洛尼卡的情报证实军队正从达达尼尔战线调往该地。然而，我并不认为敌人会不经过激烈战斗就撤离阵地。为了把敌人赶出去，我们必须准备全面彻底的炮击，为达到这个目的，战场上或可以提供到战场上的弹药是不够的。

他接着阐述了削弱海峡要塞防御力量的危险做法：而整个防御系统所依赖的可移动大炮尤其是榴弹炮正不断撤走。除了5月和6月有49门榴弹炮和可移动大炮连同炮弹被撤走之外，在8月和9月他还被迫让出了21门最有价值的榴弹炮和可移动大炮。整个至关重要的中间防线的堡垒，此时仅存20门可移动榴弹炮和迫击炮。

*　　*　　*

此时，德·罗贝克中将的参谋长凯斯准将已经对达达尼尔海峡的局面忍无可忍了。他一直深信，舰队在做好准备之后可以随时以充分的力量突破达达尼尔海峡进入马尔马拉海。夏天时，海军参谋部在他的指导下为这次行动制定了详细的方案。这些方案已经完成，凯斯准将声称自己对方案的成功抱有信心。在他看来，他得到了威姆斯少将最有力的支持。后者实际上比德·罗贝克中将资历更深，但由于前文中已解释过的环境，[3] 在3月18日战斗前夕他接受了副司令的位置。他在战争中表现出来的优秀品质和判断力使他注定了要从海军少将晋升为第一海务大臣。在这个高级职位上他最终肩负起了这场大战最后 535
14个月的重任。因此，回顾起来，他的观点具有很高的权威性。然而，德·罗贝克中将并没有接受参谋长和副司令的共同意见。于是凯斯准将就要求解除对他的任命，以便可以回国向海军部委员会展示自己的方案。德·罗贝克中将表现出了宽宏大度的姿态，他要求凯斯保留自己的职位，并许给凯斯假期和完全的自由，以便准将能寻找一个“公正的地方”陈述自己的想法，但是要讲清楚，他在任何情况下都不再对下一步的海军行动承担责任。于是凯斯准将立即启程，10月28日回到伦敦。

凯斯方案以大胆的作为让人注意。方案摒弃了逐步推进的方式，而迄今为止只有这种方式才可能得到海军方面的全体认可。方案将舰队分为 4 个中队，其中 3 个中队参与进攻，而第四个中队为陆军提供支援。第二中队由大约 8 艘旧战列舰和巡洋舰组成，4 艘非常旧的战列舰担任供应任务，另外尽量多采用伪造的战列舰，用一些商船运输煤和弹药。所有这些舰船都要安装水雷防护器。第二中队由 4 艘最好的扫雷舰开道，并由 8 艘驱逐舰和两艘侦察舰护航，在黎明前不久进入海峡；天明以前要躲开照明区域，天明时中队以最高速度穿越狭窄段。凯斯准将提议亲自带领这个中队。他坚信，配备经过改进的扫雷艇和水雷防护器，借助于烟雾和黑暗，只要能出其不意，中队的大部分舰只肯定都可以到达纳加拉上方。未被击沉的战列舰就可以立即从敌人暴露无遗的后方攻击狭窄段的堡垒。

同样也是在黎明时分，第一中队将从凯佩兹雷区下游同时发起对狭窄段堡垒的进攻；这个中队包括“纳尔逊勋爵”号、“阿伽门农”号、“埃克斯默思”号、2 艘“爱德华国王”级、4 艘法国军舰、“光荣”号和“老人星”号，并由 8 艘小型护航舰和 10 艘驱逐舰扫雷。第三中队的任务是掩护陆军，并从加利波利半岛的另一边配合对狭窄段堡垒的进攻；这个中队由 2 艘重炮舰和“速捷”号以及 5 艘巡洋舰和轻型巡洋舰组成。三个中队对狭窄段的堡垒一起开炮，扫除被第二中队经过时搅乱了的雷区，工作要一鼓作气刻不容缓地进行。参
536 谋人员拟定的一份深思熟虑的备忘录规定了这次进攻的每一阶段的行动，在命令第一中队经由狭窄段最后推进之前，这次进攻很可能要持续两天，如有需要则为三天。简而言之，凯斯方案原则上与老方案相同，即在扫除水雷的同时采取远距离和连续的炮轰制服堡垒，但是所增加的是运用最旧的军舰在进攻前出其不意迅猛突击，其目的是为了打乱敌人的防守，清扫并突破雷区和获得可以从那里以相反方向炮击敌人堡垒的位置。凯斯准将写道：“（在参谋的备忘录中）建议的这次行动

采取了起始突击与坚决和陆军进攻相结合的办法，它代表了许多有经验军官的普遍观点，他们强烈主张使用海军进攻达达尼尔海峡，并对胜利抱有信心。如果取得胜利，加利波利半岛上的土耳其军队将完全依赖于布莱尔地峡供应一切。而这条交通线将会被日夜骚扰。”这个方案最后还包括详细的安排，为成功进入马尔马拉海攻击土耳其交通线的军舰进行维修。

* * *

11 月 2 日，首相改组了战时会议或人们迄今所称的达达尼尔委员会。新的机构称为“战时委员会”，它的成员仅限于首相、贝尔福先生、基奇纳勋爵、爱德华 · 格雷爵士以及劳合 · 乔治先生。在保守党的压力下，10 天后又增添了博纳 · 劳先生。我被排挤在外。据称，这个新的委员会将指导整个战争并向内阁负责。11 月 3 日，新委员会开会讨论从达达尼尔海峡撤离的问题。基奇纳勋爵的观点在那天给伯德伍德将军的电报中已经表露无遗。他先前还给门罗将军去过电报，问他半岛上军事首长们是否赞同他的观点。他得到的回答是：宾将军赞成撤离，他认为只要能在德国的大规模增援到达之前撤离苏夫拉湾，我们就不会遭受太大的损失；负责海勒斯角指挥任务的戴维斯将军同意门罗将军的意见；但是指挥安扎克部队的伯德伍德将军反对撤离。负责指挥埃及部队的马克斯韦尔将军也单独打来电报，主张应进一步坚持下去。这样一来，陆军的观点有了分歧。委员会还把由威姆斯少将签署的凯斯准将的方案交给他们研究，有关这个方案海军战时参谋部没 537
有宣布决定意见。凯斯还只是一个挂准将军衔的上校。他被认为是一位智勇双全的军官，但是他没有担任高层指挥的资历，并不具备足够的权威可以压倒德 · 罗贝克中将的消极观点。倘若在此关头，具有多佛尔巡逻舰队指挥官名声的他能获得委员会的重任，这场大战的历史就有可能大大缩短。

在当时的条件下，对新的战争委员会来说，要将做出最后决策的倒霉日子拖延下去并不是件困难的事。基奇纳勋爵去达达尼尔实地调查了情况，并提出了下一步的建议。这位战时国务大臣于11月4日离开伦敦，他显然十分赞同凯斯准将的方案。在途经巴黎时他发表了极其坚定的谈话，并指示凯斯准将向法国海军部长拉卡兹上将解释这个方案，然后全速追赶他去达达尼尔。拉卡兹上将完全赞成这个方案，当即答应增派6艘旧法国战列舰去执行方案。

基奇纳勋爵于11月9日抵达达达尼尔海峡。在亲自视察了部队和防御的情况之后，他相信部队能够守住阵地，除非面临德国的大规模增援，而这在近期内是不可能的。然而，在凯斯准将没有出席的情况下，与德·罗贝克中将的几次会晤又使他放弃了恢复海军进攻的想法。为取代这个方案他设计了一个新的计划，打算在亚历山大勒塔湾的阿亚什登陆，其目的有两个：一是要堵住土耳其入侵埃及的道路，二是要掩护即将开始的加利波利半岛的撤退。这个计划既没有推荐给海军部也没有推荐给战时委员会。这两个部门手头上已经有达达尼尔和萨洛尼卡两处的战事，他们自然不愿意对一个新的和完全独立的充其量只能达到一些次要目的的复杂计划承担责任。于是他们通知基奇纳勋爵不同意他的观点，同时还宣布，他们已经决定将加利波利问题交付给几天后就要在巴黎召开的大会做最后裁定。

* * *

5月底，我在离开海军部之后，在新政府中得到了一个位置，此
538 后我一直觉得我有责任尽最大力量支持达达尼尔战役，而且希望借助于自己在战时会议里的席位来做到这一点。这就是我接受这个挂名职务的唯一条件。现在这个条件已经不存在了。我的观点与大多数人的观点发生了冲突，而首相最终屈从于他们的观点。意见对立和迟疑不决让我感到烦恼，这种对立在当时屡屡出现，使得作战指挥总是陷于

瘫痪。凯斯准将和威姆斯少将的方案遭到拒绝更令我倍感绝望。我确信，既然打算撤离加利波利半岛，那么撤离必然会作为结果而发生。

这个决定具有可怕的风险，如果不从海上或陆地采取大规模作战行动，那么执行这个决定将是不可避免的。与其让部队在得不到支援的状况下被毫无目的地逐渐消耗掉，还不如让他们早早撤离。假如英国的内阁或海军部不能承担海军进攻的责任，那么此时采取进一步的陆军行动仍然为时不晚。集结在近东、埃及和萨洛尼卡的几支重要的新军可以在贝希卡湾登陆，然后沿亚洲海岸推进；或者在塞克斯湾的某处登陆，切断布莱尔地峡。这两处登陆都需要大量额外的小船，如拖网渔船、驳船、"甲虫"[4]等，只要德国大炮和弹药的大量供应还没有使驻守加利波利半岛的协约国军防守不住，不论在何处登陆都是可以实现的。无论哪一种情况，土耳其人都没有足够的后备部队可以抵挡新的入侵。协约国军不论在哪里取得胜利，集中在加利波利半岛上的土耳其军全部20个师都将被消灭或俘虏，而我们的14个师将因此而解脱出来成为新的力量。保加利亚已加入了我们的敌人一方，塞尔维亚已遭到蹂躏。但是我们依旧可以争取希腊和罗马尼亚，依旧可以占领君士坦丁堡，依旧可以打通与俄国的交通联系，依旧可以将土耳其赶出欧洲——即便不能把她彻底赶出战争舞台。

但是无视占优势的多数人的意见而只顾宣扬自己的这种策略是没有意义的，即便我在战时委员会里获得了一席之地也无济于事。明智的做法是，应该给已经占主导地位的那套战略和政治思想一个机会，让信奉这种思想的人将其完整地运用于实践。我了解得太多，又过于敏感，所以不能接受内阁给我的位置，不能为我相信是完全错误的作战概念承担责任。于是，在11月中旬我请求退出政府。 539

当时，要想在议会中讨论本章所揭示的这些严重而令人感到痛苦的论点，已经是不可能了。我心里别无他念，只有我对同僚和首相的最友好的个人情意，凡是会给他们或给国家增添麻烦的话我一句也不说。在我们的事业如此糟糕之际，我无法再保留这个报酬优厚的挂名职务，放弃这个挂名职务，我感到心满意足。

我试图揭示在这场悲剧中各种势力的活动和各种事件所产生的后果之间的交错影响。可以写大量的文件，以说明和诠释这场悲剧的各个阶段的情况，但若要将许多小插曲都包括在内，那只能和只会引起混乱。但是根据已写的文件，我们不难理解，那些竭力想要忠实、认真履行自己重大职责的人（不论其持什么观点）所面对的可怕的困难和痛苦的困惑。我已将自己当时的看法记录了下来。未来如何尚不得而知。没有人什么都知道。专家们会常常出错，政治家们则常常正确。外国政府的愿望经常与我们的政策背道而驰，他们自己也被与我们同样的内忧搞得焦头烂额。没有真正的成就作为资本，就没有权力发号施令，从而赢得别人绝对的尊重。权力被广泛分布在许多重要人物手中，而就是这些人在这段时期组成了统治机器。大家对情况的了解程度也是很不相同的。人们对所有这些复杂的问题的各个方面都会产生无数片面的争论，而局势本身在不断和剧烈地动荡。我们任何时候都未曾再有主动权，我们总是被局势牵着鼻子走。我们从来没有能够跟上局势或把握局势。简明的解决办法自始至终都是存在的，这些办法可以迅速地给我们带来宝贵胜利的苗头。

作为本章的结尾，我或许可以重说一下那些有普遍重要意义的话，这些话是我用来解释我辞职原因的：

没有理由对战争的进程感到灰心丧气。我们正在度过一段困难时期，在形势好转之前也许会变得更为困难，但是只要我们坚忍不拔，形势一定会好转的，对此我坚信不疑。以往的战争是由各个阶段的战役而不是由战争的趋势所决定的。在这场战争中，趋势比阶段战役重要得多。不取得战役的辉煌胜利我们仍会赢得这场战争。即便我们遭遇一连串极其失望和气恼的挫折，我们还是可以赢得这场战争。我们没有必要为了赢得这场战争去逼迫德国人的防线后退，迫使他们退出所有占领的领土，或试图去突破他们的防线。虽然德国人的战线伸展
540 到远离其边界的地方，虽然他们的旗帜正在别国被征服的首都和被奴

役的省份里飘扬，虽然表面上他们正耀武扬威，但假定协约国军在战争的第一年就进攻柏林，而不是在前线对抗，那么相比之下，德国在战争第二年或第三年的失败便显然是命中注定的。

……毫无疑问，看到像保加利亚这样一个国家的政府，在经过全面调查之后居然还相信胜利将归属于中欧同盟国，我们不免要耿耿于怀。所有的小国家都被德国军队的壮观和精确所迷惑。他们看到的是华丽的外表和历史的片断，他们没有看到或理解与德国人交战的那些古老而强大的民族所具有的能力——她们能够忍受逆境，能够忍受失望与失策，能够恢复力量和振奋精神，能够在无比的苦难中以无比倔强的精神走向事业的成功。

注释：

[1]《加利波利日记》，第 249 页。

[2]《伦敦报》(*London Gazette*)：C. C. 门罗将军的电文。

[3] 见原书第 397 页。

[4] 指一种驳船。——译者

第二十章　1915 年的结果

541 达达尼尔战役临近尾声时我正在拉旺蒂附近的近卫步兵第一团的第 2 营服役。我从内阁和总司令部的朋友那儿得到关于时局进展情况的消息。在那个时候，与那些优秀的军人研究他们整顿军纪和陆军堑壕战中的无与伦比的方法，以及在冬季的严酷条件和敌人的炮火下与他们共度艰苦的日常生活，这对我来说是一种快慰。我在近卫师体验军旅生活期间得到亲切接待，对此我将永远铭记在心，感激不尽。在 11 月的某个夜晚的阴影中，我首次带领一个近卫步兵排穿越一片通向我们战壕的湿地，一路上看到此起彼伏的大炮明亮的闪光，间或听到流弹呼啸的声音，这时我心中产生了一个无比坚定的信念：这些单纯的士兵和他们的指挥官们为了共同的事业，最终将能够以自己的美德弥补参谋部、内阁、海陆军将领们和政治家们的错误和无知，当然也包括我的许多错误和无知。但是，为此要付出多少毫无必要的代价呀！在获得胜利之前，这些已经经历了许多个腥风血雨的日日夜夜而生存下来的官兵们，在未来无尽的磨难与困苦的岁月里还要经历多少次屠杀！

*　　*　　*

11 月 22 日这天，在阿亚什湾方案被否决之后，基奇纳勋爵批准撤离苏夫拉湾和安扎克。他仍旧希望保留海勒斯角，德 · 罗贝克中将也强烈主张保留这个地方。然而，战时委员会决定将三个立足点全部放弃。对于这个决定，德·罗贝克中将表示了不同意见。他反对撤离苏夫拉湾和安扎克，当 11 月 25 日有人特意问他是否同意撤离海勒斯角时，他坦率地说他“不明白这个决定。”然而，由于他对使用舰队所持的态度，局势已经无法挽救。由于长期辛苦工作，他的健康暂时欠佳。于是他请了一段时期的假，立即动身回家了。 542

指挥权现在移交给威姆斯将军。新上任的海军总司令并没有因为过去的事情而气馁，为了挽救局势，他尽了最大的努力。在一系列的电文中，他强调了冬季撤离的危险性。他研究了撤离的困难，同意门罗将军的估计，即在撤离时可能会损失 30% 的兵力；他要求再做一次努力，以求转败为胜。以皇家海军无可指责的精神，他坚决主张舰队应该发挥它的作用，即便陆军不能配合，他也要贯彻凯斯方案，以海军的单独力量夺取达达尼尔海峡。

这个强硬的决策又将一切彻底推翻。内阁反对新的战时委员会做出的决定。最后达成的一致意见是，在没有与法国人进一步协商之前和在新建立的协约国常务委员会定于 12 月 5 日在加来开会之前不做决定。基奇纳勋爵又振作了起来。他与英国参谋部采取一致的态度，强烈反对整个萨洛尼卡远征计划。12 月 2 日他给门罗将军发去如下电报：

> 亲启，机密。
>
> 内阁一整天都在讨论加利波利的局势。鉴于其政治后果，有一种强烈反对撤离的情绪，即便是部分撤离。普遍的看法是我们应该保留海勒斯角。
>
> 如果萨洛尼卡多达 4 个师的部队由你指挥，然后由你发动一次改善苏夫拉湾阵地处境的进攻，这样的进攻能否及时实施？能否占领更高阵地并向纵深处推进，从而确保能守住苏夫拉湾？海军将发起进攻配合你的行动。

*　　*　　*

与此同时，英国潜艇在马尔马拉海的活动几乎切断了土耳其军队的海上交通，而且还阻碍了他们沿马尔马拉海岸的陆路供应。在最近这两三个月里，危险局面明显、稳步和急速地迫近，为了应付这种危险局面，德国参谋部在土耳其的铁路主干线上又建立了一条支线，通往塞克罗斯湾顶端的卡瓦克。这条支线完成得正是时候，当海上运输线失去作用之后，它成为加利波利半岛上 20 个土耳其师供应、补充
543 或增援的唯一交通线。从新建的卡瓦克铁路终点站，所有物资都靠牛车或骆驼沿穿过布莱尔地峡的道路运送，这条道路经常遭到舰队炮火的骚扰。12 月 2 日，威姆斯少将利用"阿伽门农"号、"恩底弥翁"号和一艘重炮舰的炮火成功地炸毁了卡瓦克桥的三个中央桥孔。道路也被炮火炸得弹坑累累，带轮子的交通工具完全无法通行。土耳其第 5 集团军陷入了严重困境。英国得到的情报表明，由于伤亡、疾病、供应物资短缺、严冬气候和海军炮火的日益猛烈，敌人的士气已越来越低落。我们现在知道这些情报是确实的。敌人的食品、衣物、靴子、弹药都极其匮乏。土耳其士兵一周又一周地守在战壕里，他们经常是光着脚，衣衫褴褛，饥肠辘辘，这使他们的德国主子在惊诧之余动了恻隐之心。当时的德国驻君士坦丁堡大使梅特涅伯爵在利曼 · 冯 · 桑德斯的陪同下，于 12 月视察了半岛上的土耳其防线。战后他谈起这些事情时说："假如你们当时知道土耳其军队的处境，我们的处境就不妙了。"然而，我们并不是缺乏情报，我们缺乏的是将情报化为战果的集体意志力。

威姆斯少将及其参谋部现在深信，即使不强攻海峡，他们的力量也不仅能够阻止德国运来大规模的大炮增援，而且能够严重威胁加利波利半岛上的全部土耳其军队的生存。这样一来，战场上的希望又重新燃起。就在这个当口，当强有力的海军指挥部第一次宣称有把握获

得胜利之际，上面终于做出了没有远见的撤离决定。12 月 8 日，联合参谋会议在法军总司令部召开，一致宣布立即组织保卫萨洛尼卡和立即撤出加利波利。自此，英国政府的困惑宣告结束。他们一直牢牢地坚持这个怯懦的决定。然而，得到凯斯支持的威姆斯少将并没有轻易屈服；这两个水手现在要与内阁、战时委员会、英法联席会议、海军部和陆军部的联合力量抗争，这成为未来英国海军历史学家喜欢谈论的一段插曲。为了为皇家海军主持公道，至少必须将威姆斯少将 12 月 8 日的电报录在下面：

> 海军正准备攻取达达尼尔海峡，并准备无限期地控制海峡，切断土耳其人从马尔马拉海由水路运来半岛或者从亚洲海岸跨越达达尼尔海峡抵达欧洲海岸，然后再运到半岛的全部供应。他们 544
> 剩下的唯一运输线就是沿布莱尔地峡的道路，这条道路几乎完全可以从马尔马拉海和塞克罗斯湾加以控制。因此，我们可以向陆军提供的帮助就是实际、完全切断土耳其人的所有运输线，并摧毁达达尼尔海岸上的大量储备物资。
>
> 首先，我强烈主张海军进攻应与陆军攻势同步展开，我们对陆军别无所求，只要他们做好准备在机会有利时发动进攻。这里的海军准备发动这次战役，有成功的完全把握。假如您能提供 11 月 24 日的信中所提到的那些部队，胜利的希望将大大提高，同时可能的损失将大大降低。
>
> 我可以断定，海军部 422 号电报所说的军方一致意见自然是受了查尔斯·门罗爵士的军事评估报告的很大影响。我没有读过这些报告，但是从谈话中我已了解了报告的要旨。我知道，军长们以最大的疑虑看待撤离。正如我在电报中所概述的那样，强攻达达尼尔海峡的事从来没有提交给他们讨论过；我相信，考虑到海军进攻胜利会产生的一些成果，尤其是考虑到半岛上土耳其军队的低落士气（对此我们已有了充分证据），海军会对按照上述指

导方针发起的进攻表示支持的。

*　　*　　*

我确信，德国在整个近东地区开展大规模宣传攻势，花费大量的资金，其用意绝不仅仅是把近东战事作为欧洲战争的陪衬。

两大主要战场的战线出现僵局，似乎是目前形势的自然结果。希腊军方的高层人士自由表达了这个观点，看来是受德国人的鼓励——这一点值得注意。

我们在胜利在望之际放弃阵地，等于帮助敌人取得战场，而掌握战场后敌人就能够在已经开始的消耗战中拖垮协约国。

进攻得手可以一劳永逸地驱散疑云，可以解脱大量的船运能力，可以解决希腊和埃及问题。

我不知道有关君士坦丁堡的问题是怎么决定的，但是假如告诉土耳其人我们进入马尔马拉海是防止德国人占领君士坦丁堡，这样一来他们之间就会不可避免地出现分裂，他们的力量也就因此会削弱。

我担心不战而退对海军产生不好的影响。

虽然除了我接近的参谋人员和海军将领们之外，我没有对任何别人提及过进攻二字，但我敢肯定，所有官兵都会觉得我们是还没有充分运用海军这个最强大的力量便早早放弃了战斗。

545 处境非常危急，以致没有时间再拘泥礼节，我建议现在必须让执行进攻或者按照命令撤离的伯德伍德将军做一次局势评估。

因此，依照逻辑得出的结论是：选择撤离或选择强攻达达尼尔海峡。我认为从战术和战略上讲撤离将是灾难性的，而进攻则是可行的，只要部队留在安扎克，进攻就能产生决定性作用。

我深信积极进攻的时机已经成熟，我对于胜利满怀信心。

战初概况图

Africa 非洲
Alexandria 亚历山大
Amsterdam 阿姆斯特丹
Antwerp 安特卫普
Archangel 阿尔汉格尔
Athens 雅典
Austria 奥地利
Beilena 贝莱那
Belgrade 贝尔格莱德
Berlin 柏林
Berne 伯尔尼
Bielustok 别卢斯托克
Bosnia 波斯尼亚
Bucharest 布加勒斯特
Budapest 布达佩斯
Bulgaria 保加利亚
Canal 运河
Ceuta 休达
Christiania 克里斯蒂娜
Constantinople 君士坦丁堡
Cyprus 塞浦路斯
Czerowitz 切尔诺维茨
Danzig 但泽
Debregzen 德布勒森
Denmark 丹麦
Dover 多佛尔
Dublin 都柏林
Edinburgh 爱丁堡
England 英格兰
France 法国
Gallipoli 加利波利
Germany 德国
Gibraltar 直布罗陀
Greece 希腊
Hamburg 汉堡
Holland 荷兰
Hungary 匈牙利
Irelamd 爱尔兰
Italy 意大利
Jerusalem 耶路撒冷
Kiato 基亚托
Kolemum 科莱蒙
Kolenda 科伦达
Konigsberg 柯尼希山
Libau 利包
Lisbon 里斯本
London 伦敦
Lublin 卢布林
Luxemburg 卢森堡
Madrid 马德里
Marselle 马赛

战初概况图

Minsk 明斯克	Salonik 萨洛尼卡	Temesvar 泰梅什堡
Mitau 米陶	Scotland 苏格兰	Toulon 土伦
Moscow 莫斯科	Scufari 斯库台	Trieste 的里雅斯特
Nice 尼斯	Servia 塞尔维亚	Tripoliza 特里波利斯
Norway 挪威	Shumla 舒姆拉	Tunis 突尼斯
Novibazor 新巴扎	Silistria 锡利斯特拉	Turkey 土耳其
Odessa 敖德萨	Smyrna 士麦那	Tver 特韦尔
Paris 巴黎	Sofia 索非亚	Varna 瓦尔纳
Petrograd 彼得格勒	Spain 西班牙	Vienna 维也纳
Port Said 萨得港	Stockholm 斯德哥尔摩	Vilna 维尔纳
Portugal 葡萄牙	Suez 苏伊士	Wales 威尔士
Rome 罗马	Sweden 瑞典	Warsaw 华沙
Russia 俄国	Switzrland 瑞士	

8 月 18 日海军部曾打电报给德·罗贝克中将，授权并含蓄地鼓励他动用舰队中的老式战列舰攻打达达尼尔海峡，但是却被德·罗贝克中将委婉拒绝了。如今情况倒了过来。12 月 10 日，同样是这个海军部委员会却答复说他们并不打算授权海军单独攻打狭窄段。这个冷冰冰的否决再也不可能推翻了。

人们在一定环境下准备冒险，往往会出现某种最奇怪的心理：为了躲避灾难，他们会发挥一点点胆量，这一点点胆量往往取得成功。相反，例如，现在在英国政府和海军部面前有两种风险可供选择：一方面，按照所有专家们的意见得出的概率，撤离会损失 40 000 人，而撤离如果成功也只能是造成这场战役的彻底失败；另一方面，在进攻中可能会损失一个中队的旧军舰和少数人员，但如果进攻得手，就可以使战局一举反败为胜。然而我们发现，内阁和海军部能够面对第一种选择，而在第二种选择面前却畏畏缩缩。当时间绰绰有余时，当前景相当乐观时，当可能得到无法估价的成就时，他们却谨小慎微、犹豫再三、半心半意、裹足不前，不敢行动。在战局不利、前途不妙时，他们只能做出孤注一掷的决定。当一切充满希望时，他们舍弃有希望的积极行动，当形势充满可怕的失望时，他们心中只有逃跑；能取得胜利的精力和信心在考虑逃跑方案中消耗殆尽。

英国政府不惜一切代价做出让步的决心坚定不移。海军部重申撤离苏夫拉湾和安扎克的命令。12 月 12 日，威姆斯少将“怀着最大的遗憾和忧虑”屈从于这些命令。人们用了一个月的时间仔细制定出的撤离计划现在已经完成，少将确定 12 月 19 日或 20 日夜晚为撤离行动的日期。

希望完全破灭。在下达的撤离苏夫拉湾和安扎克的命令中，政府同意暂时保留海勒斯角，保留这个阵地就保留了重新发起海军进攻的 546
可能性。为了确保海勒斯角，少将亲自在那儿坐镇指挥，在戴维斯将军的全力配合下，他精心制定了一个由舰队和陆军对阿齐巴巴发起联合进攻的方案。对从重炮舰和带“防潜船腹”的几艘“埃德加”级军舰发射炮火的控制能力和炮击的准确性都已经达到了很高水平。戴维斯将军写道：“在进攻中进行合作现在已成为现实。”因此，这两位战地海陆军指挥官的意见完全一致。没有必要预测这次进攻行动的前景，因为此时门罗将军从萨洛尼卡返回。自从他对加利波利半岛视察了一天又去埃及逗留了一下之后，他就一直呆在萨洛尼卡。12 月 1 日他就禁止伯德伍德将军和各军指挥官在未经他的允许下与海军少将协商。10 日，他断然禁止伯德伍德将军与海军少将讨论任何军事问题。14 日，他给国内去电报，声明他和海军少将的观点没有关系，并且抗议威姆斯海军少将对陆军事务发表意见。然而，他也同意海军和当地陆军的观点，即不占领阿齐巴巴，海勒斯角就不可能无限期保留下去。由于占领阿齐巴巴被认为是不可能的事，完全撤离加利波利半岛就这样最后决定下来了。

*　　*　　*

12 月 19 日夜晚，这次重大的撤离行动没有流血就顺利完成。我在法国听到这个消息后，既感到忧郁又感到如释重负。最高荣誉应归属于那些不折不扣按计划完成所布置任务的海陆军军官们，以及那些全面成功地执行计划的海陆军将领们。一切全依赖于天气，在至关重要的 48 小时里天气一直良好，土耳其人完全没有怀疑。确实，当黎明降临时，花费了昂贵代价才夺得的那些战壕和著名的阵地上已经空无一人，就像环绕在它们周围的坟墓一样寂静，面容憔悴的土耳其士兵们和他们不屈不挠的长官们几乎无法相信自己的眼睛。他们的地位、他们国家的地位以及他们以英勇顽强的精神保卫的这个国家的首都，转瞬间从极度危险转变为面貌一新和生机勃勃。尽管他们在数量上和各类资源上都处于劣势，尽管他们的地位从战略上说具有天然危险性，但是高级指挥部牢固保持的信念、决心和争取胜利的意志为他们赢得
547 了保卫战的胜利。他们压倒性的潜力和资源、他们实际的人数和装备、他们的勇敢、他们的献身精神和他们遭受的可怕牺牲，这一切都使他们有权赢得胜利。我们的权力顶层缺乏这样的品质，从而使攻击者未能赢得对全世界有重大意义的应得的胜利。

1 月 8 日撤离海勒斯角的行动进行得同样井然有序，运气也同样不错，达达尼尔的这段插曲终于宣告结束。一些浅薄与不知内情的人对这个结局喝彩叫好，仿佛取得了一场胜利。

* * *

可是，不但有必要叙述随后发生的事情，而且有必要概括一下这些事件所产生的巨大影响。

达达尼尔战役的每一个阶段，都因在法国的法、英最高指挥部反对从战争的主战场上抽调部队和军需品而深受供应不足和严重削弱之苦。放弃达达尼尔海峡导致了协约国军事力量的转移，其规模之大超过最热情鼓吹者曾经想象过的。塞尔维亚已被摧毁；保加利亚加入了敌人一方；罗马尼亚和希腊保持恐惧的中立不敢动弹。但是，只要英

国的旗帜在半岛上飘扬，英国的舰队在海峡外游弋，土耳其的主力就会被拖住，就会陷入瘫痪。撤离使土耳其在半岛上的20个师得到了解脱，从此土耳其便可以在色雷斯与保加利亚组成共同战线，进攻俄国，援助奥地利，威吓罗马尼亚。土耳其同时还有能力威胁埃及和增援美索不达米亚。撤出的13个英国师[1]经过休整之后还要防范最后的两种新危险。由法国和英国从法国战场调拨过来的全部新军总计有7个师，这些部队是指定去守卫萨洛尼卡的。除了澳、新军团之外，协约国的这20个师在大战的其余时候几乎都没有和德国人打过仗，在将近6个月的时间里这些师几乎没有一个与任何敌人有过直接接触，而在这同一时期，得到解脱的20个土耳其师中有13个师加入了其他战场上的敌军阵地，即11个师去了高加索，2个师去了加利西亚，这两股力量增加了俄国不得不承受的负担。于是，我们可以用不同方法计算撤离加利波利半岛的初步结果：协约国的力量总损失达30到40个师， 548
其中一半是一流的部队。显然，仅仅由于这个原因，战争就必定会延长许多时间。

一旦放松了对土耳其帝国的心脏施加的压迫并让它得到喘息的空间，它的广泛伸延的四肢就会在德国人的刺激下恢复并增加力量。在萨洛尼卡、埃及和美索不达米亚已经或即将爆发的三场战役迅速发展为极大规模的战事，三处战事一直继续到大战的最后一天，使得英国的资源耗费巨大。法国也耗费了资源，虽然不及英国那么大。到了1918年，英国和印度的7个师组成了一支27万人的部队（不包括随后补充的人员）在美索不达米亚作战。起先守卫苏伊士运河，后来又通过入侵巴勒斯坦攻击土耳其，发展成为一场单独的战争，这场战争若发生在其他任何时期，都将引起举世瞩目。我们不去直捣土耳其的心脏君士坦丁堡，不去打击她的腋窝亚历山大勒塔或胳膊肘海法，却从她的手指尖向北开展攻击。我们缓慢而痛苦地前进，没完没了地消耗自己的力量，以人力与组织的惊人业绩走过沙漠，在几百英里的灼热的沙漠上用自己身躯刻画出一条条人工河流。我们受尽千辛万苦， 549

土耳其战场

Adrianople 阿德里亚诺波尔
Aegean Sea 爱琴海
Black Sea 黑海
Bosphorus 博斯普鲁斯海峡
Brusa 布鲁萨
Chanak 恰纳克
Chatalja 恰塔尔贾
Constantinople 君士坦丁堡
Dardanelles 达达尼尔海峡
Dedeagach 代顿加赫
Enos 埃内兹
Eregli 埃雷利
G.of Enos 埃内兹湾
G. of Eros 伊兹米特湾
Gallipoli 加利波利
Ganos 加诺斯
Gulf of Smyna 士麦那湾
Gulf of Xeros 萨罗斯湾
Imbros 伊姆罗兹岛
Injir Liman 英吉尔湾
Ismid 伊兹米特
Karak 卡拉角
Karak 克拉克
Kum kale 库姆卡莱
Lemnos Nudros 利姆诺斯努德罗斯岛
Lesbos 莱斯沃斯岛
Marmora 马尔马拉岛
Midia 米迪亚
Mitylene 米蒂莱内
Panderman 班德尔马
Rodosto 罗多斯托
Seddel Bahr 塞德埃尔巴赫
Smyna 士麦那
Tenedos 特内多斯岛

在战斗中一英里一英里甚至一码一码地向前推进，从加沙到耶路撒冷，从耶路撒冷到大马士革，但从来也未能让敌人付出超过我们三分之一的代价。大战停火时，由 12 个英军师组成的一支将近 28 万人的军队（不包括随后补充的人员）陷在巴勒斯坦和叙利亚作战。萨洛尼卡的战役同样在可怕地扩大。在 1917 年末，12 个英国和法国师和 2 个意大利师正在联合对付土耳其军和保加利亚军；如果达达尼尔战役坚持下去，这些土耳其军队可能早就被逐出战争舞台，如果我们采取及时和慎重的政策，这些保加利亚军队就有可能站在我们一边。协约国这次大规模部署的唯一额外收获就是，在国家毁灭之后从海上过来的 6 个塞尔维亚师，及韦尼泽洛斯先生与康斯坦丁国王闹翻之后召集的 4 个希腊师。最后，守在萨洛尼卡前线上的协约国部队达到了 63 万人。

为了支持这三次长距离的海上远征，英国的海上资源一直十分紧张，加上德国的无限制潜艇战，到了 1917 年春季我们几乎达到完全崩溃的境地。那些只顾及大舰队的海军将领们和那些只顾及主力部队的陆军将领们现在应该明白，拒绝命运之神最初提供的大好机会后来要遭到何等残酷的报复。

虽然在方法上是浪费和绕圈子的，但是促成东方政策的战略概念最终被证明是正确的；经过三年战争后，保加利亚的垮台成了中欧同盟国普遍垮台的信号。

* * *

与俄国建立直接和持续联系的希望随着达达尼尔战役的结束化为 550
泡影。本可以建立一条通往摩尔曼斯克的 1 200 英里长的铁路，符拉迪沃斯托克的增援物资可以穿越 4 000 英里运送过去；建立人员与军需物资方面的密切合作，南俄小麦的大量出口，生气勃勃的贸易的扩大，这些只有通过黑海的门户才能进行，不过现在已经永远失去了机会。

放弃加利波利半岛令俄国人梦想破灭。在最困难的岁月里，当俄军在鲁登道夫的沉重打击下被赶出波兰、被赶出加利西亚时，当她的军队忍受着灾难而且经常手无寸铁地面对死亡时，当生活费用在她幅员辽阔的封闭帝国里持续上涨时，俄国总是以君士坦丁堡这个巨大的战利品鼓舞自己。但现在俄国各阶层人民都已深感灰心，那种根深蒂固的疑心也随之出现。英国人并非真心要攻打达达尼尔海峡。从英国同意俄国对君士坦丁堡提出的要求起，她就没有一心一意要拿下这个城市，她已经失去了对这次行动的兴趣。她行动不坚定，意见出现分歧，这些都归因于这个国家内心隐藏的秘密动机。而这一切都发生在俄国正经历一场人类历史上任何民族都未曾经历过的残酷战争的时候，俄国正在流血牺牲。这些原是人们的窃窃私语，但德国人熟练的宣传机器使它生上翅膀，现在已遍布沙皇的整个领域，紧随其后，各种颠覆势力从中获得力量。最后，战争不可避免的延长证明对俄国是致命的。在我们终于注定要打一场被吹捧为军事思想的最后启示的消耗战时，俄国第一个倒下了，她垮台本身或许就会掀起使几百万人生灵涂炭的浪潮。直到今天我们依旧感觉得到这些事件产生的后果，它将给我们子孙后代的世界投下阴影。

* * *

达达尼尔远征的失败对基奇纳勋爵来说是致命的。在整个 1915 年期间，他独自负责英国的全部陆军战事，在 11 月份以前所有重大问题都要服从他的意思。与旧内阁中的主要成员一样，新内阁现在也已经对他领导战争失去信心。加利波利战役的指挥，十分清楚地表明了这位伟大人物在晚年这种严峻形势下作为一名组织者和执行者的局限性。他主张在法国发起攻势，结果却在洛斯和香槟遭到显著失败，这些都被记入了史册。加利波利撤离给他带来的痛苦使得他的意志力出现明显崩溃，他在处理这个可怕的问题时做出的一连串自相矛盾的决定，凡是了解情况的人都看得明白。

在 11 月份，基奇纳已经遭到冷遇。他打算在亚历山大勒塔湾重 551
新登陆的方案，虽然是他在实际战场上制定的，但是仍旧遭到了内阁新的战时委员会和协约国会议的决定性的否决。一系列的电报毫不含糊地表明这么一种意向：鼓励他把去达达尼尔的明确使命改变成一次对东方的一般性的广泛视察。他迅速返回伦敦，这说明他本人对自己地位的变化已有所察觉。自苏夫拉湾和安扎克撤离之后，他决定的英军在东方的部署肯定无助于挽救他日渐衰落的威望。埃及在他的心目中分量额外重大，这是自然的事。他的一生几乎都是在那儿度过，他的声望也是在那儿建立的。现在他相信自己心爱的国家正面临土耳其大规模入侵的威胁。为了挡开他想象中的威胁，他将一个又一个师派往埃及，当然也考虑到为保卫苏伊士运河在不久就将到来的殊死搏斗。在较早时期，例如 1914 年末至 1915 年初，土耳其就计划过，派两万人去威胁苏伊士运河，制造尽可能多的混乱，因为这样做可以拖延协约国，将军队从印度、澳大利亚和新西兰调往欧洲战场。但是随着东地中海战场的战斗规模在全年中不断增大，这种行动的意义和可行性已不复存在。德国和土耳其的参谋人员满足于威胁和吹嘘，以公开声张其意图来取代真正的调兵遣将。恩维尔帕夏在 12 月扬言：“埃及是我们的目标。”这么一个简单的骗局就使英国热情地在埃及实施兵力集中。

最重要的一点是美索不达米亚形势出现的逆转，对此基奇纳勋爵并没有直接责任。汤申德将军挥师巴格达，战时委员会相信基奇纳本人是这次行动的主要策动者。美索不达米亚的总司令尼克松将军并没有通知战时委员会，他的这位莽撞但迄今已取得光辉成功的下属已经书面记录了他对这次行动的担忧。在这次行动中，汤申德的大约两万人的部队在克泰西封进行激烈争夺战之后于 11 月 25 日被迫后撤，经过迅速而损失重大的撤退才得以逃到库特的一个临时避难所。

552 12月3日，战时委员会决定在陆军部重建一个富有效率的帝国参谋部。这是一个重大决策。让陆军元帅担任战时国务大臣的尝试已经结束。基奇纳勋爵可能依旧掌握着陆军部的大印，但是他以前那种压倒一切的包含和体现大臣和职业军人双重领袖的权力，现在被局限在一定范围以内，这种受限制的权力是担任国务大臣职位的政治家所愿意接受的。在法国的参谋长威廉·罗伯逊爵士被召回白厅，颁布的枢密令为他确认了严格而广泛的权力和责任。这样一来，不但基奇纳勋爵享有的特殊个人权力被废除，而且他的职位历来固有的一些权力也被废除，对此他都默认了。

他伟大的经历即将结束。他漫长的一生充满战斗，他靠艰苦奋斗取得了辉煌的成就，很少有哪一个英国人曾掌握像他那样大的权力，他得到了大英帝国所能给予的一切尊重和荣誉，但现在所有这些正在阴影下衰退。那个夜晚，巡洋舰的突然爆炸沉没[2]使他和他的名望注定要保留在北方的深水区域，而不是留在浅滩处。

与其在岩石上渐渐腐烂，

不如轰然一声沉入海底。

他担任英国安全的守护人且站在最前面的庄严时代已经结束了，在他的指导下没有受过军事训练的人都做好战争的准备。像斗士一样地死去是他忠于职守的一生最好的结局。在大战中，作为战略家、行政官和领袖人物，他的业绩将不能由我们这一代人，而要由子孙后代去评价。我们希望他们能够记住，在最艰苦的岁月里他的性格和个性曾给他的同胞带来的莫大安慰。

* * *

要将一长串丧失的重大机会都罗列出来是不可能的，这些机会的丧失阻止了对达达尼尔海峡的进攻，却没有让人感到恐惧。最后回顾起来，前后出现过十几次敌人没有能力控制的形势，只要我们能把握其中任何一次，做出与之前不同的决策，就可以稳获胜利。倘若在决定发动海军进攻时我们就知道可以得到一支陆军的协助，那么当时就可以在陆军的善意支持下决定对加利波利半岛展开一次海、陆联合 553
突然进攻。假如不派陆军参战，在 3 月 18 日受阻之后，有组织良好的扫雷设施的海军原本也可以恢复进攻；假如恢复进攻，我们就可以很快使土耳其堡垒的弹药消耗干净，并扫除雷区的水雷。假如派遣第 29 师的命令没有在 2 月 20 日撤销，假如这个师以准备就绪状态登上运输船，一登陆就能投入战斗，伊恩 · 汉密尔顿爵士在 3 月 18 日之后几乎立即就可以进攻加利波利半岛，并会发现半岛的防守相当薄弱。6 月与 7 月的战斗紧张到了极点，给进攻部队以实实在在的增援将会起决定性的作用。5 月份组织联合政府期间行政工作的瘫痪，使英国的增援部队推迟了 6 个星期才到达，这使土耳其的军队力量增强了一倍。7 月初的有利时机就这样丧失了。8 月份的苏夫拉湾战役的特点是战争中同时发生了几件不寻常的坏事。倘若不是真实发生的事故，那么英国第 9 军和整个苏夫拉湾登陆战的遭遇是令人难以置信的。费希尔勋爵辞职，我又被解职离开海军部，而达达尼尔战役由于人们的无知而不受欢迎，这使得海军部委员会中我们的后任心有余悸，不敢承担必要的风险责任。1914 年希腊要求与我们结盟并提供军队却遭到了拒绝；1915 年我们请求与她结盟并提供军队也没有成功；俄国人不顾一切地排斥希腊；保加利亚在做出重大决策时依赖了那种微妙平衡；1915 年 9 月巴黎的特殊环境导致任命了萨拉伊将军，并促使法国政府建议派一支大规模远征军去占领达达尼尔海峡的亚洲海岸，这是一项具有许多成功机会的政策，但随后又被废弃；在 1915 年临近结束时，又把所有可以使用的部队从达达尼尔海峡和君士坦丁堡这样极为重要的目标派往参加萨洛尼卡战役，结果损失浩大，而且几近三年没有结果；当土耳其军队的处境已经万分危急而英国海军信心十足之际，我们却做出了撤离加利波利半岛的最后决定——所有这一切构成了一幕幕独立的悲剧。

*　　*　　*

达达尼尔战役的结束意味着大战的第二大阶段告终。在陆地上除了消耗战之外我们一无所获，不仅军队精疲力竭，国家也一样。打仗不仅没有战略指导，而且战术也难得运用；只有因交换生命而越来越衰弱地陷入单调的衰竭的双方，而且双方只有成倍增加武器来更快地消耗它们衰竭的力量。绵延不绝的战线现在不仅从阿尔卑斯山脉延伸到海边，而且横贯巴尔干半岛、巴勒斯坦和美索不达米亚。中欧各帝国已经成功地保卫了它们的南翼，即巴尔干国家和土耳其。它们的胜利同时也消除了任何企图攻击其北翼波罗的海的可能性。
554 所有这些想法都已经寿终正寝。现在军事艺术的唯一表现就是老实、简单、一直向前的正面进攻，以及单纯的“杀德国佬”的口号，让那些勇敢的血肉之躯扑向铁刺和机枪。其结果就是协约国军被德军杀死的人数比平常多一倍，然后召唤 40 岁、50 岁乃至 55 岁的人和 18 岁的青年上前线，把伤员几次三番送进屠杀场。最后的结局是，三年之后，一大批身着制服的、曾经在僻静的办公室里沾沾自喜地操纵这场令人敬畏的战争的官员们，将胜利献给自己精疲力竭的国家，此时，这个胜利对胜利者来说只是比失败者的灾难小一点而已。

注释：

[1] 法军已经离开。

[2] 基奇纳勋爵因乘坐的“汉普郡”号巡洋舰在奥克尼群岛附近触水雷沉没而失踪。——译者

图书在版编目（CIP）数据

第一次世界大战回忆录 ：世界危机 . 2，1915 ／（英）温斯顿 · 丘吉尔著；
刘立译 . —北京 ：北京时代华文书局，2017.6
ISBN 978-7-5699-1602-7

Ⅰ . ①第… Ⅱ . ①温… ②刘… Ⅲ . ①丘吉尔（Churchill，Winston Leonard Spencer
1874–1965）– 回忆录②第一次世界大战 – 史料 Ⅳ . ① K835.617=5② K143

中国版本图书馆 CIP 数据核字（2017）第 125297 号

第一次世界大战回忆录：世界危机 2（1915）

DIYICI SHIJIE DAZHAN HUIYILU ：SHIJIE WEIJI 2（1915）

著　　者 |〔英国〕温斯顿 · 丘吉尔
译　　者 | 刘　立
校　　译 | 吴良健　吴衡康

出 版 人 | 王训海
选题策划 | 梁明德　邵鹏军
责任编辑 | 周连杰
装帧设计 | 格林文化
责任印制 | 刘　银　訾　敬

出版发行 | 北京时代华文书局 http://www.bjsdsj.com.cn
北京市东城区安定门外大街 136 号皇城国际大厦 A 座 8 楼
邮编：100011　电话：010 - 64267955　64267677
印　　刷 | 北京京都六环印刷厂　010 - 89591957
（如发现印装质量问题，请与印刷厂联系调换）
开　　本 | 710mm×1000mm　1/16　印　张 | 19　字　数 | 255 千字
版　　次 | 2017 年 8 月第 1 版　印　次 | 2017 年 8 月第 1 次印刷
书　　号 | ISBN 978-7-5699-1602-7
定　　价 | 48. 00 元